MEXIKO

FÜHRER ZU DEN HISTORISCHEN STÄTTEN

Davide Domenici

WHITE STAR VERLAG

Text
Davide Domenici

Redaktionelle Leitung
Valeria Manferto de Fabianis

Redaktionelle Koordination
Fabio Bourbon

Layout
Patrizia Balocco Lovisetti

Zeichnungen und Karten
Roberta Vigone, Monica Falcone,
Fabio Bourbon, Elena Tagliabò

Übersetzung
Susanne Tauch
Katharina Gewehr

Inhalt

1 Diese Totenmaske aus Jade mit Türkisen stammt aus Teotihuacán.

2–3 Der Stadtkern der Maya-Stadt Palenque in Chiapas zählt zu den ganz herausragenden Beispielen mesoamerikanischer Architektur.

Via Candido Sassone, 22–24
13100 Vercelli, Italien
www.whitestar.it

Für die deutsche Ausgabe

Wiesbaden
www.whitestar-verlag.de

ISBN 978-3-86726-112-8
1 2 3 4 5 6 14 13 12 11 10 09

Producing: SAW Communications,
Dr. Sabine A. Werner, Mainz

Gedruckt in China
Litho: Fotomec, Turin (Italien)

MESOAMERIKA UND SEINE VÖLKER

Die Geschichte Mesoamerikas als kulturell-historisches Siedlungsgebiet in Mittelamerika ist die Geschichte vieler Völker, die im Verlauf von 4000 Jahren eine gemeinsame kulturelle Tradition und damit eine Einheit schufen. Noch heute ist die gemeinsame Wurzel in den Kunstwerken dieser Völker zu erkennen. Auch wenn die archäologischen Stätten eine große Vielfalt in Architektur, Bildhauerei und Malerei aufweisen, kann man doch immer wieder Gemeinsamkeiten erkennen, die sich im Laufe von Jahrtausenden entwickelt haben – einer großen Zeitspanne des Handels, der Kriege und der Allianzen. Die Teotihuacán-Kultur ist noch immer rätselhaft, und Tolteken, Zapoteken, Mixteken, Totonaken, Mixe-Zoquen, Maya und Azteken sind nur einige der Völker, deren Kulturen in Mittelamerika nebeneinander existierten. Die Menschen hatten sich entweder in einfachen bäuerlichen Gemeinschaften zusammengeschlossen oder bildeten Stadtstaaten. Diese Staaten

und Reiche, deren Spuren in den großen Grabungszentren noch heute bewundert werden können, sind Thema des vorliegenden Buches.
Wir möchten Sie einladen, uns auf fünf Routen zu begleiten, die zu den wichtigsten archäologischen Stätten in Mexiko, Guatemala und Honduras führen, und Ihnen eine Reise in die Vergangenheit der mesoamerikanischen Kulturen bieten.
Die in diesem Buch beschriebenen Grabungsstätten stellen selbstverständlich nur eine Auswahl dar. Wichtige Siedlungen und Kulturstätten im Norden und Osten Mexikos werden zum Beispiel außer Acht gelassen. Für ein erstes Kennenlernen der älteren Geschichte Mesoamerikas sind die vorgestellten Rundwege jedoch hervorragend geeignet.
Wenn man die Ruinen des antiken Mexikos bereist, bedeutet das, Tempel, Paläste, Grabstätten und Wohnsitze von Königen und Adeligen zu besuchen – Bauwerke, die von Herrschern der mesoamerikanischen Antike errichtet wurden und dem Ziel der Repräsentation von Macht und dem Andenken dienten. Betrachtet man die Zeit vor der spanischen Eroberung ausschließlich anhand dieser Bauwerke, so taucht man in die prunkvolle und „offizielle" Vergangenheit ein und lässt die Bauern und einfachen Leute außen vor, die ebenfalls, wenn auch heute kaum noch erkennbar, Protagonisten der jahrtausendealten Geschichte waren.
Man sollte die Ruinen nicht nur unter dem Aspekt von Prunk und Pracht betrachten. Die Analysen der Bauten und ihrer komplexen Symbolik ermöglichen es, die Ideologien zu verstehen, auf die sich die politische Macht gründete, und die kosmologischen Konzepte nachzuvollziehen, die sich in der Machtausübung widerspiegelten. Selbst wenn diese Konzepte von einer kulturellen und geistlichen Oberschicht ausgearbeitet worden waren, so wurden sie doch von allen Gesellschaftsschichten angenommen, auch von denen, die wenige oder keine Spuren hinterlassen haben. Auf der Reise zu den Ruinen des antiken Mesoamerikas begegnen wir somit der Mentalität der Ureinwohner, und jedes Bauwerk ist als historisches Momument ein Ausdruck dieser Mentalität.
Man sollte sich auch nicht von der überwältigenden Detailfreude und Präzision der astronomischen Berechnungen, der Vielschichtigkeit der Kalender und Schriften verwirren lassen. Natürlich sind dies wichtige und faszinierende Aspekte der mesoamerikanischen Gesellschaft, aber würde man die Aufmerksamkeit nur darauf richten, ginge man der antiken Darstellungsweise mit einem überzeichneten Bild von der Welt der Ureinwohner in die Falle. Die einmal weit verbreitete Vorstellung von einem Mesoamerika der friedlichen Astronomen und Mathematiker entsprang genau diesem Irrtum. Eine aufmerksamere Betrachtung der Ruinen lehrt, dass die antiken mesoamerikanischen Völker der Kriegsführung ebenso zugetan waren wie der Mathematik und der Astronomie.
Es scheint, dass die Alte Welt – von den spanischen Eroberern bis hin zu den heutigen Mysterienfanatikern – Probleme damit hat, selbst die grundlegenden menschlichen Gemeinsamkeiten anzuerkennen, die sie mit der Welt der amerikanischen Ureinwohner verbindet. Vielleicht fällt es deshalb so schwer, die Welt der Eingeborenen mit all ihren Parallelen, aber auch Unterschieden zu akzeptieren, weil Europa den Beginn der Moderne in Mittelamerika durch die Zerstörung dieser Welt einläutete. Bei der Eroberung Mexikos und Perus kam es zu Genoziden, die zu den größten in der Geschichte der Menschheit zählten; der Genozid in Mexiko bereitete der mesoamerikanischen Kultur ein jähes Ende. Doch auch wenn die vorkolumbischen Monumente Teil einer vergangenen Zeit sind und man nur selten Spuren findet, die kontinuierlich bis in die Gegenwart führen, so ist die Welt der Ureinwohner doch nicht gänzlich ausgelöscht, und ihre Spuren finden sich nicht nur in den Grabungsstätten und Museen. In Mexiko werden zum Beispiel noch heute über fünfzig Sprachen der Ureinwohner gesprochen, darunter die der Maya, der Nahua, der Mixteken und der Zapoteken. Viele andere ethnische Gruppen, die direkte Nachkommen der präkolumbischen Völker sind, leben noch in ihrer einstigen Heimat. In ihrer Art, sich zu ernähren, ihrer Kleidung und ihrem Glauben lebt das Erbe des antiken Mesoamerikas fort.

6 Geschmeide wie dieser goldene Lippenschmuck der Mixteken in Form eines Adlers war, wie auch die Ohrgehänge und Juwelen, allein dem Adel vorbehalten und zeigten den hohen Rang des Trägers.

7 Diese Stuckskulptur stellt vermutlich den Herrscher von Palenque, Pacal II., dar. Viele mesoamerikanische Kunstwerke beziehen sich auf historische Persönlichkeiten und Ereignisse und dienten der Repräsentation von Macht und der Politik.

Die Geschichte und die Kulturen Mesoamerikas

Der historische Kulturraum Mesoamerika umfasste zur Zeit seiner größten Ausdehnung Teile von Mexiko, Belize, Guatemala, Honduras, El Salvador, Costa Rica und Nicaragua. Innerhalb seiner Grenzen entwickelten sich im Verlauf von 4000 Jahren zahlreiche Kulturen in landschaftlich und klimatisch sehr unterschiedlichen Gegenden, deren Charakteristika die Beziehungen zwischen den verschiedenen Völkern förderten.
Der historische und künstlerische Werdegang der einzelnen Völker fügt sich folglich zu einer Gesamtheit zusammen, zu einer mesoamerikanischen Geschichte, die Wissenschaftler in Perioden und weitere Unterperioden einteilen, die sich durch besondere soziale und politische Merkmale deutlich voneinander unterscheiden.

Die frühe vorklassische Zeit: Verbreitung der Agrikultur und die ersten Dorfgemeinschaften (2500 v. Chr. bis 1200 v. Chr.)

Mesoamerika entstand mit der Verbreitung der Agrikultur und der ersten Keramiken. Schon circa 7000 v. Chr. hatten die Gemeinschaften der halbnomadischen Jäger und Sammler in den kargen und bergigen Gegenden mit der Kultivierung wilder Pflanzen begonnen. Ihr Eingriff in die Vegetationszyklen der von ihnen gesammelten Pflanzen führte nach und nach zur Kultivierung jener Pflanzen, die die Grundnahrungsmittel der mesoamerikanischen Völker werden sollten: Kürbis, Mais, Bohnen, Amarant und Chili. Jäger und Sammler waren es auch noch, die den Truthahn und den Hund domestizierten, die bis zur Ankunft der Europäer die einzigen Haustiere blieben.
Ab 2500 v. Chr. entstanden die ersten dörflichen Niederlassungen im Hochtal von Mexiko, Tehuacán und Oaxaca, in der Sierra von Tamaulipas und entlang der Pazifikküste in Chiapas und Guatemala. Diese Dörfer der antiken vorklassischen Periode, die nur selten aus mehr als zwanzig Hütten aus Holz, Blattwerk und Lehm bestanden, bildeten das kulturelle und wirtschaftliche Fundament der gesamten späteren mesoamerikanischen Gesellschaft.

Die mittlere vorklassische Zeit: die Kultur der Olmeken und die ersten sozialen Hierarchien (1200 v. Chr. bis 400 v. Chr.)

Die mittlere vorklassische Periode war für Mesoamerika eine Zeit großer technischer und kultureller Entwicklungen. Verbesserungen der landwirtschaftlichen Geräte führten zu einem Anstieg der Produktion, und innerhalb der Gemeinschaften wurde das soziale System differenzierter.
Diese Entwicklungen legten den Grundstein für aufsehenerregende Kunstwerke und Bauten in Mittelamerika. Im Süden der Golfküste entwickelte sich zwischen 1200 und 400 v. Chr. die Kultur der Olmeken, die unauslöschliche Spuren bei einem großen Teil der mesoamerikanischen Gesellschaft hinterließ. In den Zentren San Lorenzo, Laguna de los Cerros, La Venta und Tres Zapotes – um nur die wichtigsten zu nennen – entstanden herrliche architektonische Kunstwerke und eindrucksvolle Basaltskulpturen, welche die Herrscher und Schutzheiligen der Olmeken darstellen.
Skulptur und Architektur der Olmeken zeigen, dass es lokalen Führungsschichten gelang, unzählige Arbeitskräfte zu mobilisieren, vermutlich mithilfe eines komplexen ideologischen Systems, das sich in einem Kunststil manifestierte, der auf ganz Mesoamerika Einfluss hatte.
Im Lauf der mittleren vorklassischen Periode erreichte der Kunststil der Olmeken das Hochtal von Mexiko, Guerrero, Oaxaca und Chiapas sowie im Süden El Salvador und Costa Rica. Lange Zeit glaubten die Wissenschaftler an eine Art Proselytenmacherei der olmekischen Priester und an die Gründung von Kolonien fern der Heimat am Golf. Heute geht man jedoch davon aus, dass der Einfluss der Olmeken nicht in allen Gesellschaftsschichten gleich groß war. Es scheint vielmehr, dass die Gegenstände dieser Kultur, wie Keramiken und Jade, bei den aufstrebenden politisch-religiösen Führungsschichten sehr beliebte Luxusgüter waren.

Die späte vorklassische Zeit: Die regionale Differenzierung (400 v. Chr. bis 300 n. Chr.)

Ab der mittleren vorklassischen Periode entstanden in den verschiedenen mesoamerikanischen Regionen sehr schnell soziale Hierarchien, ein Phänomen, das in der Gründung von Stadtstaaten und dem Gesetz der Erbfolge zum Ausdruck kam. Während der späten vorklassischen Periode initiierten diese neuen Führungsschichten eine enorme künstlerische und intellektuelle Entwicklung, die häufig der Glorifizierung politischer Macht entsprang. Die Anfänge des Kalenders und der Schrift gehen auf die späte vorklassische Periode zurück, ebenso die Tradition des Basreliefs. Diese Reliefs verdrängten die jahrhundertelang typischen runden Skulpturen der Olmeken. Mit dem Ende des künstlerischen Einflusses der Olmeken entstanden die regional geprägten Stilrichtungen, die im Lauf der nachfolgenden Klassik ihren Höhepunkt erreichten.

An der Golfküste entdeckte man das Erbe der Olmeken in Tres Zapotes, wo sich eine charakteristische Bildhauerkunst entwickelt hatte. Seit der mittleren vorklassischen Periode dehnte die Siedlung San José Mogote ihren Machtbereich auf umliegende Siedlungen im Hochtal von Oaxaca aus und begründete den Kunststil der Zapoteken, der für ein Jahrtausend lebendig sein sollte und ab 400 v. Chr. im Kulturzentrum Monte Albán seine Blüte erreichte.

Im Hochtal von Mexiko bildeten die unterschiedlichen regionalen Gemeinschaften, die in der mittleren vorklassischen Periode entstanden waren, nach und nach Zentren im Bereich von Cuicuilco mit seiner beeindruckenden runden Pyramide und im Hochtal von Teotihuacán, wo mit dem Bau der Sonnen- und der Mondpyramide begonnen wurde. Der Ausbruch des Vulkans Xitle im ersten Jahrhundert v. Chr. begrub Cuicuilco unter einer Lavaschicht. Dies begünstigte den Aufstieg von Teotihuacán, das sich zur größten präkolumbischen Stadt Mexikos entwickelte.

Im Süden Mittelamerikas kam es in der späten vorklassischen Zeit zu noch tiefer greifenden Veränderungen. An der Pazifikküste von Chiapas und Guatemala lebten die Mixe-Zoquen, die enge Kontakte zu den Maya im Hochland von Guatemala pflegten. Hier war der Ausgangspunkt für die Besiedlung der tropischen Wälder im Tiefland, das sich von Petén bis Yucatán erstreckt. Die Verbindungen zwischen den Völkern der Pazifikküste und des Hochlands führten in der späten vorklassischen Zeit zu außergewöhnlichen künstlerischen und kulturellen Entwicklungen, zum Beispiel in Izapa (Mixe-Zoquen) und in Kaminaljuyú (Maya), wo eine der bekanntesten bildhauerischen Stilrichtungen Mesoamerikas entstand. Gleichzeitig entwickelten sich im Tiefland wichtige Machtzentren, wie El Mirador, eine bedeutende Siedlung der Maya, die zum Inbegriff der Stadtstaaten der Klassik wurde.

8 Der Kolossalkopf Nr. 6 aus San Lorenzo stammt aus der mittleren präklassischen Zeit. Die aus Basalt gefertigten Kolossalköpfe der Olmeken stellen vermutlich Herrscher dar. Sie gehören zu den ältesten Beispielen für den engen Zusammenhang zwischen Monumentalkunst und propagandistischem Anspruch in Mesoamerika.

9 Diese Skulptur der Olmeken ist aufgrund ihres Herkunftsortes im Staat Veracruz bekannt als „Herr von Las Limas". Das Objekt aus der mittleren präklassischen Zeit ist ein Beispiel für eines der Hauptthemen in der Kunst der Olmeken: Ein Erwachsener hält ein Kind mit dem Gesicht eines Jaguars im Arm, vermutlich ein Abbild des Regengottes.

Die frühe klassische Zeit: die Etablierung der grossen Kulturen (300 bis 600)

Die klassische Zeit bescherte Mesoamerika seine größte Blüte. In der frühen klassischen Zeit etablierten sich die großen regionalen Kulturen, wie die Teotihuacán-Kultur, die Zapoteken und die Maya. Die landwirtschaftlichen Techniken erreichten ihren höchsten Entwicklungsstand, große Städte gewannen an Macht, und es wurde, hauptsächlich dank der Teotihuacán-Kultur, deren Einfluss bis in die entlegensten Winkel Mesoamerikas reichte, ein weitläufiges Handelsnetz aufgebaut.
Teotihuacán war eine gigantische Stadt ohne Befestigung, um deren Zentrum sich hunderte von Wohnsiedlungen bis zum Horizont erstreckten. Der außerordentliche Reichtum der Stadt, die intensive Beziehungen zu Zentren wie Monte Albán (Oaxaca), Cholula (Puebla), Matacapan (Veracruz) und Kaminaljuyú (Guatemala) unterhielt, gründete sich vor allem auf die Kontrolle der mesoamerikanischen Handelswege und auf eine Art Monopol beim Handel mit Obsidian. Teotihuacán war auch die erste multiethnische Metropole Zentralmexikos. Hier gab es Viertel für die Zapoteken aus Oaxaca und für die Menschen der Golfküste, die vermutlich als Händler und Botschafter fungierten.

10 oben Diese Totenmaske aus Teotihuacán stammt aus der frühen klassischen Zeit. Die Kunst der Steinbearbeitung war in der antiken Metropole Zentralmexikos hoch entwickelt, in der es unter anderem ausschließlich von Steinmetzen bewohnte Viertel gab.

Im Hochtal von Oaxaca festigte Monte Albán, die Hauptstadt der Zapoteken, seine Macht mithilfe militärischer Aktionen und beständiger Beziehungen zu Teotihuacán. Es entwickelte sich ein mächtiger, zentralistisch verwalteter Staat, der jahrhundertelang die Welt der Zapoteken prägte. Die Bergdörfer der Mixteken entwickelten sich dagegen zu kleinen Städten, die später in der Geschichte von Oaxaca Bedeutung erlangen sollten.
Kennzeichnend für die frühe klassische Zeit der Maya im Tiefland waren Stadtstaaten, die von mächtigen Königsdynastien beherrscht wurden, und Städte wie Copán und Tikal, die von der Teotihuacán-Kultur beeinflusst wurden. Nach Militäraktionen, die gegen nahe gelegene Städte geführt wurden, war Tikal bald die wichtigste Stadt in Petén. Die Macht der Teotihuacán-Kultur wurde vermutlich vor allem in Kaminaljuyú gefördert, der antiken Stadt der Maya im Hochland, die sich zu einem bedeutenden Zentrum entwickelte. In diesen Jahrhunderten nahm die Kunst der Maya ihre charakteristischen Formen an. Hierzu gehören zum Beispiel reich verzierte Altarstelen, Basreliefs, farbige Keramiken, Wandmalereien und falsche Gewölbe.
Das Ende der frühen klassischen Zeit wurde um das Jahr 600 von zwei fundamentalen Ereignissen eingeleitet, die vermutlich miteinander in Zusammenhang standen: Die für Teotihuacán typischen Stilrichtungen verschwanden aus der Kunst der Maya, und die Errichtung neuer Bauwerke in Tikal wurde vorübergehend unterbrochen, weil die Stadt eine vernichtende Niederlage im Krieg gegen Caracol erlitten hatte.

10 unten Diese Terrakotta-Urne aus der klassischen Zeit stellt eine Adelige dar. Solche Objekte, die als Grabbeigaben dienten, sind typisch für die Kunst der Zapoteken.

11 Die komplexe Darstellung auf diesem Weihrauchgefäß aus Terrakotta aus der Gegend um Palenque in Chiapas ist typisch für die Kunst der Maya. Hier wird ein Herrscher abgebildet, der über der Maske einer Unterweltgottheit sitzt und eine Kopfbedeckung mit dem Abbild einer himmlischen Gottheit trägt. Das Werk stammt aus der späten klassischen Zeit.

Die späte klassische Zeit: Blüte und Untergang der grossen Kulturen (600 bis 900/1000)

In der späten klassischen Epoche erreichte die Blütezeit der regionalen mesoamerikanischen Kulturen zweifellos ihren Höhepunkt, sowohl künstlerisch als auch demografisch. Hochbegabte Künstler schufen ihre Meisterwerke in Stadtstaaten, Staaten und Reichen, die zu nie dagewesener Größe angewachsen waren. Man hat berechnet, dass zu Beginn dieser Epoche Teotihuacán 200 000 Einwohner zählte, Monte Albán 30 000 und Tikal 40 000. Aber die späte klassische Zeit war auch eine Art Schwanengesang. Aus teilweise noch ungeklärten Gründen brach zwischen 750 und 1000 plötzlich in ganz Mesoamerika das wirtschaftliche und politische System zusammen. Dies läutete eine Zeit tief greifender ethnischer und kultureller Neuorganisation ein.

Auch bei diesen Ereignissen spielte Teotihuacán eine entscheidende Rolle. Nachdem sie zwischen 400 und 650 ihren wirtschaftlichen und kulturellen Höhepunkt erreicht hatte, zeigten sich in der späten klassischen Zeit Anzeichen für eine Krise in der Metropole Zentralmexikos, besonders deutlich am rapide schwindenden Einfluss auf andere Regionen Mesoamerikas. Es ist nicht bekannt, ob die Gründe hierfür allein in sozioökonomischen Problemen innerhalb der Stadt lagen oder auch dem wachsenden Druck der Völker zuzuschreiben sind, die langsam aus dem Norden vordrangen. Man weiß jedoch, dass um 750 viele Bauwerke im Zentrum Teotihuacáns niedergebrannt wurden und ein Großteil der Bevölkerung in andere Regionen abwanderte. Die Stadt wurde von „Barbaren" aus dem Norden besetzt. Diese, als Chichimeken bekannt, sollten die Leitfiguren der kommenden Jahrhunderte werden.

Nachdem das Zentrum des klassischen Systems seine Bedeutung verloren hatte, ergriff der Niedergang zwischen 750 und 900/1000 rasch ganz Zentralmexiko. Diese Epoche gilt in jener Region als Epiklassik. Viele Zentren wurden verlassen, andere wiederum erlebten einen Aufschwung, während Völkerwanderungen das ethnische Bild Mesoamerikas grundlegend veränderten. Niederlassungen wie Tula Chico (Hidalgo), Xochicalco (Morelos), Teotenango (Toluca) und Cacaxtla (Tlaxcala) zogen Vorteile aus der wirtschaftlichen und politischen Neuorganisation der Region und entwickelten beeindruckende, wenn auch kurzlebige Kunststile. Diese zeichneten sich durch ausgeprägten Eklektizismus aus, aber auch durch die Tatsache, dass mit ihnen der Stil der Maya in Gegenden vordrang, auf die er bis dahin keinen Einfluss hatte.

An der Golfküste festigte El Tajín, das bereits in der klassischen Zeit eine aufstrebende Stadt war, seine Bedeutung durch neue künstlerische und architektonische Impulse. Im Hochtal von Oaxaca durchlebte Monte Albán, das nicht vollständig aufgegeben worden war, zwischen 800 und 900 eine schwere Krise. Davon profitierten die kleineren Zentren im Tal.

In der Welt der Maya spürte man von dieser Krise noch nichts. Zwischen 600 und 900 erlebten die herrschenden Dynastien ihre Blütezeit in Städten wie Tikal, Copán, Palenque und Yaxchilán. Von dort kamen bedeutende Anregungen für einen regionalen Kunststil, der außergewöhnlich erlesen war. Um das Jahr 900 erreichte die Krise jedoch auch diese Gegend. Die Bautätigkeit kam zum Erliegen, und fast alle großen Städte im zentralen Tiefland wurden für immer verlassen. In vielen anderen Niederlassungen tauchten nun die dynamischen Händler und Krieger der Maya auf, bekannt als Putún oder Chontal. Sie lebten ursprünglich an der südlichen Golfküste und brachten eine stark mexikanisch geprägte Kultur mit sich, die von typischen Elementen Zentralmexikos beeinflusst war.

Allerdings war nicht die gesamte Welt der Maya vom Zusammenbruch betroffen. Auf der Halbinsel Yucatán erblühten Zentren, die es offensichtlich verstanden, von den großen Umwälzungen zu profitieren. Sie stellten schließlich die Verbindung zwischen der klassischen Epoche und der ethnisch und politisch neu organisierten Welt der nachklassischen Zeit her.

Die frühe nachklassische Zeit: die Tolteken und die neue Welt der Maya (900/1000 bis 1250)

Lange Zeit sah man in der klassischen Zeit eine friedliche Epoche der großen Entwicklungen im Bereich Kunst und Kultur und charakterisierte die nachklassische Zeit als geprägt von gewalttätigem Militarismus und der Verbreitung von grausamen Bräuchen, wie beispielsweise Menschenopfern. Heute weiß man jedoch, dass es auch in der klassischen Zeit Kriege und Menschenopfer gab, wohingegen auch die intellektuellen Errungenschaften der nachklassischen Zeit bedeutend sind. Ein besonderes Merkmal der „neuen Zeit" sind die vielen Völkerwanderungen und die Etablierung multi-ethnischer politischer Gruppierungen, die sich über die regionalen ethnischen Traditionen hinwegsetzten.
In Zentralmexiko waren die neuen politischen Protagonisten jene Völker, die in Wellen aus Nordmexiko kamen und in der Folge gewissermaßen „mesoamerikanisiert" wurden. Eine dieser Gruppen gründete um 750 die Stadt Tula Chico, nördlich von Mexiko-Stadt, und etwa 150 Jahre später das nahe gelegene Tula Grande, das die Hauptstadt des neuen Reiches der Tolteken wurde. Zwischen 900 und 1150 war jenes Tula die treibende Kraft einer neuen politischen Ideologie und Hauptstadt eines an wirtschaftlichem Erfolg ausgerichteten und multi-ethnischen Reiches, dessen Einfluss sich auf ganz Mesoamerika erstreckte. Gegen 1150 wurde Tula aufgegeben. Die Gründe hierfür sind nicht bekannt, man vermutet jedoch, dass erneute Einwanderungswellen aus dem Norden eine entscheidende Rolle spielten.
Im Hochtal von Oaxaca ist die frühe nachklassische Zeit geprägt von politischer Zersplitterung. Es entstehen viele kleine politische Gruppierungen, von denen die bekannteste sicher die der Mixteken ist, die mit militärischer Gewalt ihren Einfluss auf die traditionellen Regionen der Zapoteken ausdehnten. Dies ist belegt durch reiche Grabschätze sowohl in Monte Albán als auch in Zaachila, die wunderbare Keramiken und Schmuckstücke der Mixteken umfassen. Über die weitere Geschichte der Zapoteken nach dem Fall von Monte Albán ist leider nur wenig bekannt.
Die Welt der Maya wurde immer stärker von den kulturellen Charakteristika Zentralmexikos durchdrungen, vor allem im Hochland von Guatemala und auf der Halbinsel Yucatán. Hier wurde Chichén Itzá gegründet, die neue Hauptstadt des großen Reiches der Itzá, eines „mexikanisierten" Mayavolkes. Diese „Zwillingsstadt" von Tula entwickelte sich zum Zentrum des Kukulkankultes, der Verehrung der gefiederten Schlange, die auch das Pantheon der Tolteken beherrschte. Auch Chichén Itzá konnte dem anscheinend unausweichlichen Schicksal der mesoamerikanischen Hauptstädte letztlich nicht entgehen, und gegen 1250, ein Jahrhundert nach dem Untergang von Tula, wurde es ebenfalls verlassen.

12 oben Dieses goldene Schmuckstück der Mixteken aus der postklassischen Zeit war Teil des reichen Schatzes in Grab 7 in Monte Albán in Oaxaca.

DIE SPÄTE NACHKLASSISCHE ZEIT UND DAS AZTEKEN-REICH (1250 BIS 1521)

Mit dem Untergang Tulas kamen neue Stämme der Chichimeken aus Nordmexiko. Es handelte sich dabei vermutlich überwiegend um Ackerbau treibende Volksgruppen, Nachkommen der mesoamerikanischen Völker, die sich Jahrhunderte früher in den Norden aufgemacht hatten, um in neuen Regionen zu siedeln. Volksgruppen, die unter dem gemeinsamen Namen Nahua bekannt sind, wurden im Hochtal von Mexiko sesshaft. Sie gründeten Städte wie Acolhuacan, Tenayuca, Azcapotzalco und Texcoco, deren Dynastien das Machtvakuum ausfüllten, das durch den Untergang Tulas entstanden war.

Im 14. Jahrhundert kam eine neue Nahua-Gruppe nach einer langen, im mythischen Aztlan begonnenen Wanderung in das Hochtal von Mexiko und erhielt von den Tepaneken in Azcapotzalco die Erlaubnis, sich auf den Inseln im Texcocosee anzusiedeln. Auf einer dieser Inseln gründeten sie um 1370 die Stadt Tenochtitlán. Die Mexica – heute besser bekannt unter dem Namen Azteken – verbündeten sich 1430, nachdem sie sich jahrzehntelang Azcapotzalco untergeordnet hatten, mit den Acolhua in Texcoco und bezwangen die Tepaneken von Azcapotzalco. Es kam in der Folge zur Gründung des Excan Tlatoloyan, des Dreierbundes, in dem sich die Mexica von Tenochtitlán, die Acolhua von Texcoco und die Tepaneken von Tlacopán zusammenschlossen. Bis 1502 dehnte diese Allianz ihren Einflussbereich militärisch enorm aus. Fast alle Regionen zwischen Zentralmexiko, dem Hochtal von Oaxaca und Veracruz wurden beherrscht, ebenso die weiter südlich gelegene, reiche und für ihre Kakaoplantagen bekannte Provinz Soconusco. Nur wenige Staaten, wie zum Beispiel Tlaxcala, konnten sich ihre Unabhängigkeit bewahren.

Die Azteken stellten die militärisch stärkste Macht innerhalb des Dreierbunds dar und zwangen ihren Verbündeten zunehmend ihren Willen auf, besonders unter den Herrschern Itzcóatl (1426 bis 1440), Moctezuma I. (1440 bis 1468) und Ahuitzotl (1486 bis 1502). Sie standen für eine politisch-religiöse Ideologie, die sich auf Krieg und Opfer stützte. Zusammen mit dem mächtigen Heer des Dreierbundes war diese Ideologie die treibende Kraft für die militärische und wirtschaftliche Ausdehnung des Reiches.

Außerhalb der Grenzen dieses Reiches formierten sich unterdessen neue politische Gruppierungen. Im Nordwesten entwickelte sich der mächtige Staat der Tarasken. Im Südwesten erhoben sich die Reiche der Mixteken, und im Gebiet der Maya entstanden neue Zentren, die Chichén Itzá von der Spitze der regionalen Rangordnung verdrängten. Unter ihnen ragten besonders Mayapán hervor, die bedeutendste Stadt Yucatáns bis 1450, sowie Tulum, eine außerordentlich reiche Stadt an der Karibikküste. Jene Küstenstädte der Maya waren es wohl auch, von wo aus man zuerst die spanischen Schiffe erblickte, deren Besatzungen der mehr als 4000 Jahre alten Geschichte der unabhängigen Ureinwohner ein Ende bereiten sollten.

12 unten Die Skulptur der Tolteken aus der frühen postklassischen Zeit zeigt ein menschliches Gesicht, das aus dem Maul der Jaguar-Schlange blickt. Unterhalb des Gesichtes, dessen Nase geschmückt ist, sieht man die gespaltene Zunge der Schlange.

13 oben Aus Mayapán in Yucatán stammt dieses aus Terrakotta gefertigte Weihrauchgefäß. Es wird der späten postklassischen Zeit zugerechnet und zeigt den Regengott Chac, zu erkennen an der langen Nase und den Reißzähnen, der Weihrauchgefäße in seiner Hand hält.

13 unten Die Faust dieser Azteken-Skulptur aus der späten postklassischen Zeit hielt ursprünglich eine Fahne oder eine Standarte. Augen und Zähne des Mannes bestehen aus Muscheln.

DIE GESELLSCHAFT

Ab der vorklassischen Zeit verfestigten sich die Grundzüge der mesoamerikanischen sozialen Hierarchie, wie zum Beispiel die Aufteilung in erweiterte Familienklans, die Unterscheidung in Adel und einfaches Volk und die daraus folgende Einrichtung einer politischen Macht, die sich auf das Prinzip der Erbfolge stützte. Viele mesoamerikanische Gesellschaften wurden von gottgleichen Herrschern regiert, die den bedeutendsten Adelsfamilien entstammten und ihre Macht von einem mythischen Dynastiegründer herleiteten.
Das politische System der adeligen Herrscherdynastien erreichte seinen Höhepunkt zur Zeit der klassischen Maya-Kultur, als viele – zumindest formal – gleichgestellte Herrscher, die sogenannten *Ahau* (Herren) oder *Ahpo* (Herren der Weisheit) einzelne Stadtstaaten regierten. Obwohl die politischen Beziehungen zwischen den einzelnen Stadtstaaten der Maya sehr unbeständig waren und niemals eine vollständige imperiale Organisation erreicht wurde, konnten Herrscher größerer Städte weniger bedeutende Gemeinden als *Batab* (Gouverneure) regieren oder einfach dadurch, dass sie mit der lokalen herrschenden Familie verwandt waren. Die politischen Beziehungen zwischen den Stadtstaaten bestanden aus einem komplexen System von Allianzen, die sich häufig auf Vermählungen zwischen Mitgliedern verschiedener Dynastien stützten und zusätzlich durch den ständigen Austausch von Gütern und Botschaftern aufrechterhalten wurden.
Zumindest einige große Staaten in Zentralmexiko waren dagegen wohl von einem anderen politischen System geprägt. In Teotihuacán, wo man keinerlei Hin-

14 Das kolorierte Basrelief aus dem Sonnentempel in Palenque in Chiapas zeigt den Herrscher Chan Bahlum in prächtiger Kleidung anlässlich seiner feierlichen Inthronisation.

14–15 In dieser Zeichnung aus der „Historia de las Indias de Nueva España e Islas de Tierra Firme" von Diego Durán von 1579 sitzt der Tlatoani, *der Herrscher, auf dem Thron und empfängt drei Adelige, deren Namen in Schriftzeichen über ihren Köpfen zu lesen sind. Der* Tlatoani *trägt einen Umhang und ein Diadem. Im Hintergrund sind Szenen im Zusammenhang mit der Gründung Tenochtitláns zu erkennen.*

weise auf individuelle oder dynastische politische Macht fand, hatten vermutlich adelige Priester die Führungsposition inne. Sie rechtfertigten ihre Herrschaft mit einer Art „Patronat" für Gottheiten, wie gefiederte Schlange oder Jaguar. Beide Gottheiten waren Symbole für das kosmische Universum der Ureinwohner. Dieses politische System entstand vermutlich vor allem in den großen multiethnischen Staaten, in denen eine Regierung auf der Grundlage einer ethnisch definierten Familienmacht nicht möglich war. Auch wenn die Regierung eines Priesteradels auf das vormalige Teotihuacán zurückging, festigte und verbreitete sie sich doch erst in der nachklassischen Zeit weiträumig. Die Unterscheidung der beiden machtpolitischen Systeme darf jedoch nicht als klar und überall eindeutig trennscharf betrachtet werden. Es ist anzunehmen, dass die traditionellere Form der dynastischen Macht nur allmählich im Laufe der Zeit in verschiedenen Regionen Mesoamerikas abgelöst wurde.

15 Die konische Kopfbedeckung, die Ohrringe und der Federumhang lassen darauf schließen, dass diese Maya-Statue aus Ton einen Priester darstellt.

Dank historischer Quellen aus der Kolonialzeit weiß man relativ viel über die Organisation der Aztekengesellschaft. Sie war unterteilt in das Volk und den Adel, in *Macehualtin* und *Pipiltin*, deren jeweiliger Status sich in Bekleidung und Schmuck ausdrückte. Das Volk bestand vor allem aus Landwirten, Handwerkern, Kaufleuten und Soldaten, während der Adel die Herrscher, Priester, Beamten, Künstler und Heerführer stellte. In entsprechenden Schulen wurde die Jugend auf ihre speziellen Aufgaben vorbereitet. Die *Telpochcalli* war die Schule für das Volk, die auch der miltärischen Ausbildung diente. In der *Calmécac* hingegen wurden die jungen Adeligen unter strengster Disziplin in Kunst, Religion, Verwaltung und militärischer Kommandoführung unterwiesen.

Die beiden sozialen Schichten der Azteken waren aber nicht vollkommen voneinander abgegrenzt. Ein Adeliger konnte zum Beispiel seine Privilegien aufgrund von Verbrechen, aber auch nicht bezahlter Schulden verlieren. Für einen Angehörigen des Volks gab es eine einzige Möglichkeit des sozialen Aufstiegs: die Auszeichnung auf dem Schlachtfeld. Im Grunde eine dritte soziale Schicht wurde durch die *Tlatlacoliztli* gebildet, vergleichbar mit der Sklaverei. Ein *Tlacotli* wurde man vor allem wegen nicht beglichener Schulden, das heißt, man war gezwungen, diese beim Gläubiger abzuarbeiten. Dies war jedoch ein zeitlich begrenzter und nicht vererbbarer Zustand, der durch Zahlung der Schulden beendet werden konnte. Sklaverei spielte in der Welt der Azteken niemals eine wichtige wirtschaftliche Rolle, und vermutlich galt dies auch für alle anderen mesoamerikanischen Gesellschaften.

In allen sozialen Schichten waren die verschiedenen Großfamilien in umfassenden Verwandtschaftsklans, sogenannten *Calpultin*, zusammengeschlossen. Jeder *Calpulli* bestand aus Menschengruppen mit verwandtschaftlichen Beziehungen oder lediglich ethnischer Zusammengehörigkeit, was bedeutete, dass sie von einem gemeinsamen Urahn abstammten. Die nachklassischen Städte waren in Viertel unterteilt, die den verschiedenen *Calpultin* entsprachen. Die Familienmitglieder übten auch meist die gleichen technischen oder handwerklichen Berufe aus. Jeder *Calpulli* hatte seine eigene Schule und einen Tempel, genannt *Calpultéotl*, für die Kulthandlungen der Schutzgottheit. Die Angelegenheiten des *Calpulli* regelte ein erwachsener Mann, der zum Hauptzweig der Familie gehörte, der sogenannte höchste Verwandte. Er kümmerte sich, von einer Gruppe erfahrener Männer unterstützt, um die Verteilung des Landes, das Gemeinschaftseigentum jedes Calpulli war, um die Leitung gemeinschaftlicher Arbeiten, um die Ausbildung und um die Kulthandlungen. Die Beziehung zwischen Staat und *Calpulli* regelte der *Tecuhtli*, ein vom Herrscher ernannter hoher Beamter. Er sorgte für die Zahlung der Tribute, für die militärische Organisation, für die Verwaltung der Justiz und für die Teilnahme der *Calpulli*-Mitglieder an den religiösen Riten der Stadt.

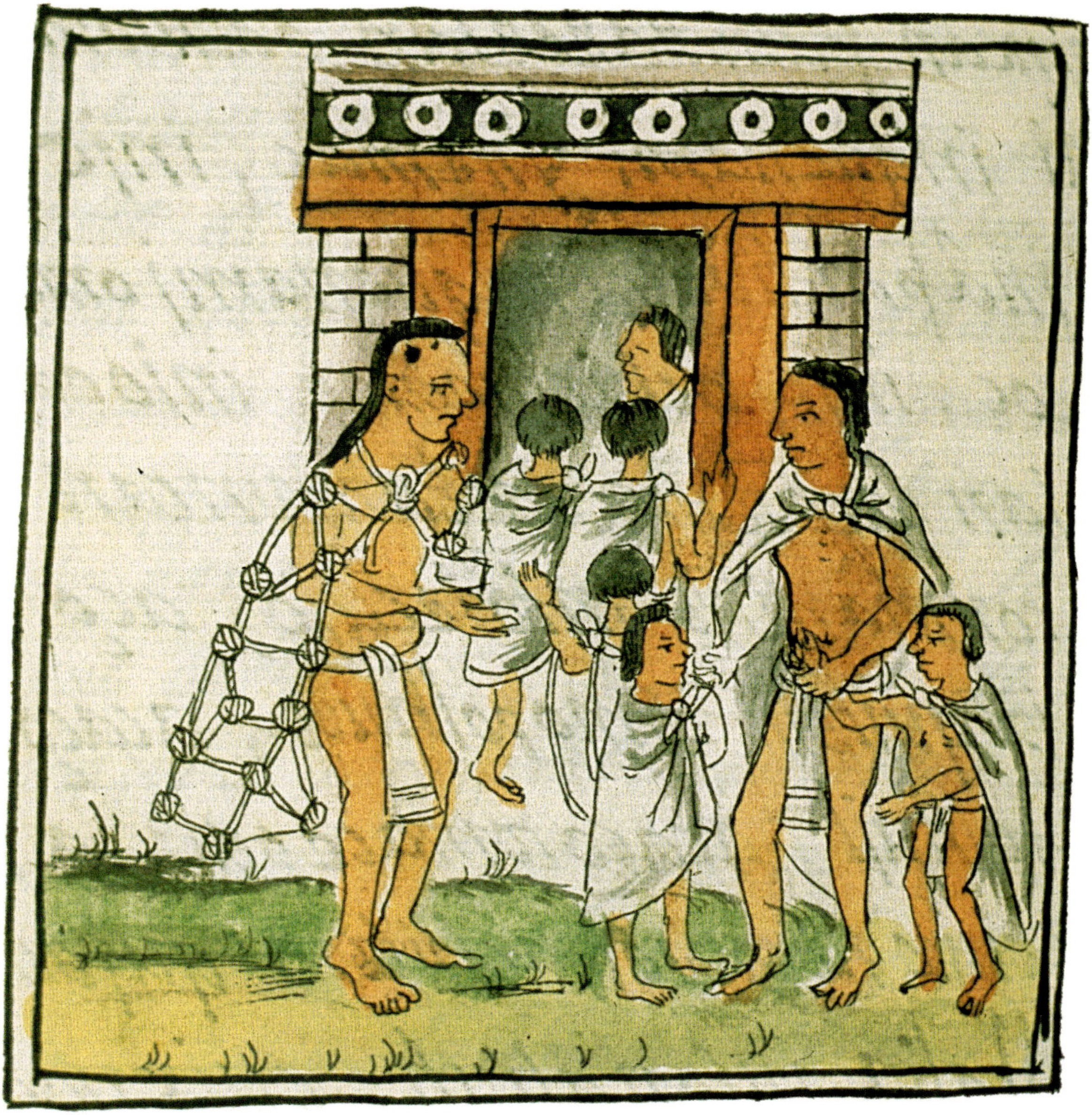

An der Spitze der sozialen Hierarchie der Azteken stand der Herrscher mit dem Titel *Tlatoani* (Redner), der gottgleichen Status genoss, denn er war nicht nur der Nachfahre des Dynastiegründers, sondern auch der irdische Vertreter von *Tezcatlipoca*, einer der höchsten Gottheiten der Azteken. Er erhielt die Macht in Erbfolge von seinem Vater oder einem Onkel, denn die Brüder des Herrschers kamen in der Erbfolge vor den Söhnen. Der *Tlatoani* war oberster Heerführer, Priester und oberster Richter und wurde vom *Cihuacóatl* (Schlange) unterstützt, der sich um administrative Belange kümmerte und den Tlatoani in dessen Abwesenheit vertrat. Die Regierung bestand aus mehreren fachbezogenen Verwaltungsräten, in denen mit den jeweiligen Themen vertraute Adelige saßen. Jedes politische System Mesoamerikas präsentierte sich den Untertanen als Spiegelbild des Kosmos. Die Hauptstädte verstanden sich als Mittelpunkt der Welt, die Herrscher sahen sich als irdische Vertreter göttlicher Ahnen oder kosmischer Mächte, und die Dualität an der Spitze der Regierung spiegelt die fundamentale Dualität des Kosmos wider. Diese Entsprechung mit dem Kosmos gab den Machtsystemen ihre unvermeidliche und unabänderliche Form und verlieh ihnen ideologische Berechtigung. Ein Großteil der mesoamerikanischen Kunst war dazu bestimmt, diese Verbindung zwischen irdischer und kosmischer Ordnung zu unterstreichen und zu glorifizieren.

16 oben Auf dieser Zeichnung aus dem „Florentiner Kodex" sieht man einen sitzenden Tlatoani *in einem Adelspalast. Er trägt ein reich verziertes Gewand und ein Diadem, das auf seinen Rang hinweist. Die beiden kleinen „Kommas" vor seinem Mund sind ideographische Zeichen und bedeuten „sprechen".*

16 unten Eine weitere Szene aus dem „Florentiner Kodex" zeigt eine aztekische Familie, die sich im Haus zum Essen versammelt hat. Die Personen sitzen auf einer Matte und scheinen Maistortillas zu essen.

17 Hier wird gezeigt, wie aztekische Eltern ihre Kinder zur Telpochcalli, *der Schule für Jugendliche, die nicht dem Adel angehören, begleiten.*

Der Krieg

Man weiß, dass bereits in der vorklassischen Zeit Kriege in Mesoamerika geführt wurden. Eines der ältesten Zeugnisse dafür ist das Monument 3 der aztekischen Grabungsstätte in San José Mogote, das man in das Jahr 500 v. Chr. datiert. Auf der Schwelle eines öffentlichen Gebäudes ist ein Kriegsgefangener dargestellt, dem das Herz herausgerissen wurde und aus dessen Brust das Blut quillt. Man musste, wenn man in dieses Gebäude ging, auf diese Darstellung treten und schmähte so das Andenken an den Gefangenen und pries gleichzeitig den für dessen Gefangennahme verantwortlichen lokalen Herrscher.
Eine Reihe ähnlicher Darstellungen schmückte auch das älteste Bauwerk von Monte Albán, wo man jahrhundertelang Skulpturen fertigte, die die Eroberung feindlicher Städte zeigten. Oft waren es Gefangene ohne Herz oder Genitalien, bekannt als „Danzantes“, weil man irrtümlich annahm, es handle sich um Tänzer.
Auch die Wälder des Maya-Reiches waren Schauplatz ständiger Gefechte zwischen den kriegerischen Stadtstaaten. Tikal begann vermutlich seinen Aufstieg dank des Sieges über das benachbarte Uaxactún und war anschließend jahrhundertelang in einen kräftezehrenden Krieg gegen Calakmul und seine Verbündeten verstrickt, der mit Tikals vernichtender Niederlage und dem Sieg der Stadt Caracol endete. Viele der kunstvollen Basreliefs der Maya erinnern an Kriege und zeigen Herrscher, die in Siegerpose über dem Gefangenen thronen oder ihn an den Haaren zerren.
Viele Kriege der Maya waren jedoch keine Eroberungskriege, endeten aber mit der Gefangennahme des Herrschers und der höchsten Adeligen der unterlegenen Stadt. Diese wurden dann in der siegreichen Stadt geopfert. Ein außergewöhnliches Zeugnis für die Zeremonien, die bei den Maya mit solchen Opferungen einhergingen, liefert der Text des „Rabinal Achí“, eines Theaterstücks der Maya.
Der berühmte Krieg zwischen Tikal und Uaxactún hingegen scheint eine neue Art der Kriegführung begründet zu haben. Wissenschaftler nennen sie „Krieg der *Tláloc*-Venus“ oder „Krieg der Sterne“, weil das jahreszeitliche Erscheinen der Venus als Abendstern mit deren Beginn zusammenfiel. Die Herrscher trugen zu diesen Anlässen besondere Gewänder mit Symbolen Zentralmexikos, wie zum Beispiel kreisförmige Ornamente um die Augen, die Symbole für den Regengott

19 oben In dieser Zeichnung aus dem Werk von Diego Durán ist eine Episode aus einem „Blumenkrieg“ dargestellt. Es handelte sich dabei um einen rituellen Krieg, den die Azteken gegen die Nachbarstadt Tlaxcala führten, damit Gefangene gemacht wurden, die geopfert werden konnten.

19 unten Die klassische Maya-Statuette von der Insel Jaina in Campeche stellt einen Krieger im langen Federgewand mit flügelähnlichen Ärmeln dar.

Tláloc waren, oder Jahreszeichen auf der Kopfbedeckung. Man vermutet daher, dass die Kriege der *Tláloc*-Venus ihren Ursprung in Teotihuacán hatten, wo die unter dem Tempel der gefiederten Schlange geopferten Krieger von Kämpfen zeugen, die offenbar mit dem Planeten Venus in Zusammenhang standen.

Diese Kriege griffen dann vermutlich auf das Maya-Reich über, initiiert von Städten wie Tikal oder Copán, die dem Einfluss der großen zentralmexikanischen Metropolen am stärksten ausgesetzt waren. Mehrere Wandmalereien in Teotihuacán zeigen Soldaten als Adler oder Jaguare, eine Präfiguration der analogen und berühmtesten aztekischen Militärordnung, wie sie zum Beispiel in den Malereien von Cacaxtla dargestellt ist, in denen der Zusammenhang zwischen dem Krieg und dem Planeten Venus klar ersichtlich ist.

In der nachklassischen Zeit wurden mit der Einführung neuer politischer Machtsysteme und durch die Entstehung großer multiethnischer Staaten jedoch eindeutige Eroberungskriege zur Regel. Die Heere der Tolteken, Maya, Mixteken und Azteken eroberten große Territorien, die ihnen anschließend tributpflichtig waren. Das Opfer und der Krieg, in Nahuatl definiert als Wasser und Feuer, wurden Stützpfeiler der aztekischen Herrschaftsideologie, und der Bedarf an Menschenopfern war so groß, dass traditionell verfeindete Städte wie Tenochtitlán und Tlaxcala regelmäßig „Blumenkriege“ organisierten, die dem Gefangenennachschub dienten.

18 In Bonampak findet sich dieses Wandbild mit Szenen eines Kampfes. Gerade hat der Herrscher Chan Muan II. einen Feind am Haarschopf gepackt. Hinter dem Herrscher steht ein weiterer Krieger von höchstem Adel, vielleicht ein verbündeter Herrscher.

Die Religion

Es ist keine leichte Aufgabe, die mesoamerikanische Religion zu beschreiben. Es existierten viele religiöse Traditionen nebeneinander, und jede von ihnen bestand aus einem Geflecht von Gottheiten vielfältigster Bedeutung, die sich verdoppelten oder vervielfachten, ihr Erscheinungsbild änderten oder einander überlagerten. Auch gibt es regionale Unterschiede. Man muss sich daher an die gemeinsamen Elemente halten, die man bei vielen der religiösen Traditionen finden kann, an die religiösen Überlieferungen Mesoamerikas, die als Fundament der einzelnen regionalen Traditionen gelten können, und die Anzahl der Gottheiten mit komplizierten Namen und flüchtigen Charakterzügen auf das Äußerste eingrenzen.

20 oben Der Jaguar ist eine der ältesten und wichtigsten mesoamerikanischen Gottheiten. Ihm wurden kosmische Kräfte der Unterwelt und der Dunkelheit zugeschrieben, und ihm wurden auch viele der Opfer geweiht. Dieses Basrelief aus Chichén Itzá zeigt den Jaguar beim Auffressen eines menschlichen Herzens.

Ein einheitliches Bild mesoamerikanischer Religion findet man hinsichtlich des Kosmos. Die Eingeborenen stellten sich das Universum in Form zweier Pyramiden oder kosmischer Berge vor, die an ihren quadratischen Grundflächen miteinander verbunden sind. Diese gemeinsame Fläche verkörpert die Erde, die oft in Form eines Alligators dargestellt ist, der bei den Azteken Cipactli und bei den Maya Itzam Cab Ain genannt wurde. Über der Erde erhebt sich der himmlische Berg mit dreizehn Ebenen, Sitz der entsprechenden Gottheiten. Auf dem Gipfel dieses Berges thront die höchste Gottheit, eine Art doppelter Schöpfergott, den die Azteken Ometéotl (Gott Zwei) und die Maya Hunab Ku nannten.

Die himmlische Welt, Quell der Fruchtbarkeit und Spenderin aller Dinge, verband man mit Wärme, Licht, Nüchternheit und dem männlichen Teil des Kosmos. Ihr Gegenstück war die Unterwelt. Feucht, finster und weiblich bestand sie aus neun Ebenen und war der Sitz des Gottes des Totenreiches, der bei den Azteken Mictlantecuhtli und bei den Maya

20 unten Diese Rekonstruktion einer Originalzeichnung illustriert das Universum, wie es sich die Maya vorstellten. Es handelt sich um ein sehr komplexes Modell.

Ah Puch hieß, sowie des Regengottes Tláloc bei den Azteken beziehungsweise Chac bei den Maya. Die himmlischen Gottheiten erschienen stets in Form von Vögeln oder gefiederten Wesen, während die Gottheiten der Unterwelt Merkmale eines Jaguars aufwiesen, wie zum Beispiel das gefleckte Fell oder die Reißzähne.

Die Verbindung zwischen den drei kosmischen Ebenen stellten fünf große Bäume her. Diese Bäume standen im Erdmittelpunkt und an den vier Kardinalpunkten. In ihren Stämmen flossen die kosmischen Kräfte, von deren Wechselspiel das Leben abhing, das ebenfalls nach dem Dualitätssystem aufgebaut war, das sich zum Beispiel in Tag/Nacht, männlich/weiblich, Trockenzeit/Regenzeit ausdrückte. Die Stämme der kosmischen Bäume verkörperten darüber hinaus die Kanäle, durch die die Zeit floss. Die Zeit war ein göttliches Wesen, das auf die Erde herabstieg und sich links herum zwischen den Stämmen der kosmischen Bäume bewegte. Zeit und Raum waren folglich untrennbar mit dem Konzept des Universums verbunden, das jede Manifestation des Göttlichen stützte.

Gottheiten und kosmische Kräfte bestanden aus einer leichten, mit den Sinnen nicht wahrnehmbaren Substanz. Die weltlichen Dinge hatten neben dieser leichten Substanz auch eine schwere, veränderliche und vergängliche, die entstand, wenn mit der Geburt der Sonne den Geschöpfen ihre Form verliehen wurde. Im Gegensatz zu dieser vergänglichen schweren Substanz war die leichte Substanz für alles Erschaffene, beseelt oder seelenlos, ewig und stellte den göttlichen Teil jedes Menschen, Tieres oder Gegenstands dar. Dieses Prinzip der „komplexen Göttlichkeit" hilft, die Gründe für die Vielfalt der mesoamerikanischen Götterwelt zu verstehen, in der sich göttliche Substanzen bewegten und in einem unendlichen Netz von Beziehungen verwoben, welches das innerste Wesen des Universums bildete.

Das Göttliche manifestierte sich an besonderen Orten, wie Grotten, Quellen, Seen, Bergen und Gestirnen. Es konnte sich aber auch in Lebewesen, wie Menschen, Tieren und Bäumen, offenbaren.

Die monumentalen Zentren der Städte wurden oft als Modelle des Kosmos angelegt und waren besondere Orte der Offenbarungen dank ihres jeweiligen symbolischen Standortes im Mittelpunkt der Welt, durch den die Energie des Göttlichen floss. Die Herrscher, die genau an diesen Orten residierten, konnten sie in sich aufnehmen und dadurch den Fruchtbarkeitszyklus beeinflussen.

21 Dieser Abschnitt eines Zinnenkranzes aus Terrakotta, genannt Almena, *wurde in Teotihuacán in der klassischen Zeit gefertigt. Er zeigt einen Vogel, aus dessen Schnabel sich Wasser ergießt, das Voluten und augenförmige Zeichen enthält. Das Bild bezieht sich vermutlich auf einen Fruchtbarkeitskult, die Basis der politischen Macht in Teotihuacán.*

20–21 Die Seite aus einem Kodex der Mixteken zeigt unter anderem Tempel, die sich durch die Art der Ornamente und an den Dächern voneinander unterscheiden.

Zu den bedeutendsten Gottheiten Mesoamerikas gehörte zweifellos das Paar Sonne und Venus, das sich ständig zwischen Himmel und Unterwelt bewegte. Den Sonnengott nannten die Azteken Tonatiuh, die Maya Kinich Ahau. Der Maisgott, der oft als junger Mann dargestellt ist, manifestierte sich im Mais. Er wurde bei den Azteken Cintéotl genannt, bei den Maya Yum Kaax. Der höchste Gott der Maya war Itzamná, der himmlische Drache, Sohn des Hunab Ku und Verkörperung der kosmischen Himmelsmächte. Ein weiterer sehr wichtiger Gott war K'awil, auch Bolon D'zacab oder Gott K genannt. Er wurde mit Blut und Fruchtbarkeit in Verbindung gebracht, galt als Schutzpatron der königlichen Maya-Dynastien und ist oft auf Königszeptern zu finden. Die Assoziation des Königs mit dem Maisgott, mit dem Paar Sonne und Venus oder mit anderen Sterngottheiten zählt zu den Gemeinsamkeiten in den religiösen Traditionen Mesoamerikas.

Im Pantheon der Azteken ist der Kontrast zweier Gottheiten besonders hervorzuheben: Tezcatlipoca (Rauchender Spiegel), der Gott der Unterwelt und der magischen Kräfte der Dunkelheit, der oft in Form eines Jaguars erscheint, und Quetzalcóatl (Gefiederte Schlange), himmlische Gottheit und kultureller Heros, der als Priester, Schöpfer des Menschengeschlechts, Nahrungsspender oder Herr über die Zeit erscheint. Als Windgott Ehécatl trägt er die charakteristische Schnabelmaske. Die ständige Opposition zwischen Tezcatlipoca und Quetzalcóatl und somit zwischen den beiden gegensätzlichen kosmischen Prinzipien, die sie repräsentierten, galt als die Kraft, die den Kreislauf von Werden und Vergehen der

22 links Aus Palenque stammt dieses Weihrauchgefäß aus Terrakotta. Die reiche Verzierung zeigt den Gott Kin („Sonne"), mit Adlernase, ausdruckslosen Augen und einem Ornament, das unter den Augen beginnt und in Form einer Acht auf der Stirn endet. Die Himmelssymbolik auf der Kopfbedeckung, die Darstellungen der Unterwelt am Sockel und die Jaguarohren über dem anthropomorphen Ohrenpaar symbolisieren die immerwährende Reise des Gottes zwischen den beiden kosmischen Welten.

22 rechts Diese kleine Statuette aus stuckiertem und bemaltem Holz fand man mit zwei weiteren in einem Herrschergrab in Tikal. Sie stellt den Regengott Chac-Xib-Chac dar, zu erkennen an seiner langen Nase und der auf dem Kopf abgebildeten Axt.

Welt regulierte und zur Entstehung der „Fünften Sonne" führte, der bestehenden Welt. Der Gegensatz zwischen den beiden Gottheiten spiegelte sich auch in der Politik wider, vermutlich waren zum Beispiel die Auseinandersetzungen zwischen der Teotihuacán-Kultur und den Tolteken, aber auch die militärische Ordnung der Azteken auf diesem weltanschaulichen Prinzip der Opposition gegründet.
Die bedeutendste Neuzugang zum mesoamerikanischen Pantheon durch die Azteken war der Gott Huitzilopochtli („Kolibri des Südens"), der an der Spitze der Götterwelt stand. Huitzilopochtli war zunächst lediglich ein Stammesgott gewesen, der sich jedoch zu einer mächtigen himmlischen Gottheit mit starken Sonnenkräften fortentwickelte. Ihm zur Seite residierte Tláloc, der höchste Gott der Unterwelt.
Der Vielschichtigkeit der mesoamerikanischen Kosmologie entsprach ein komplexes öffentliches und privates Zeremoniell. Die zahllosen Zeremonien richteten sich nach dem rituellen Kalender (siehe Seite 24 bis 25). Sie wurden mit großem Prunk zelebriert, Tänze, Musik und Gelage gehörten ebenso dazu wie Weihrauch und Blut. Menschenopfer waren zu allen Zeiten und bei allen Völkern Teil der mesoamerikanischen Kultur. Die Azteken opferten als Ausdruck, Zweck und Höhepunkt ihrer kriegerischen Ideologie ihre Gefangenen. Ein weiteres wichtiges Blutopfer war die Selbstverletzung, bei der man sich mit Agavendornen, Rochenknochen oder Obsidiansplittern Genitalien, Zunge, Ohrläppchen und andere Körperteile durchstach. Auf Malereien und Basreliefs sind Priester und Herrscher zu erkennen, die sich selbst verletzen, um Visionen hervorzurufen und mit der Welt der Götter und Ahnen in Kontakt zu treten, denn auf dieser Kontaktaufnahme basierte ihre Macht.

23 links Die farbige Terrakottastatuette, die den Regengott Tláloc darstellt, kann man aufgrund der mit Kreisornamenten umrahmten Augen, dem typischen Bart und den Reißzähnen der Kultur der Tolteken zuordnen.

23 rechts Architrav 24 aus Yaxchilán zeigt vielleicht die berühmteste Szene einer Selbstverletzung in Mesoamerika. Die Dame Xoc kniet vor ihrem Gatten Schild Jaguar I. und zieht sich eine dornenbesetzte Schnur durch die Zunge.

Der Kalender

Nach mesoamerikanischer Auffassung war die Zeit ein Geschenk der Götter, welches das Leben der Menschen stark beeinflusste. Die Interpretation dieses Einflusses galt als eine außerordentlich wichtige Aufgabe, die Experten anvertraut war, welche sich eines komplexen Kalendersystems bedienten. Die Kalender der einzelnen Regionen wiesen leichte Abweichungen auf, aber alle hatten Gemeinsamkeiten, die anhand des Maya- und des Aztekenkalenders beschrieben werden sollen.

Ein Charakteristikum, das Mesoamerika von allen anderen Regionen der Erde unterscheidet, ist der heilige Kalender mit 260 Tagen, den die Azteken *Tonalpohualli* nannten; wie er bei den Maya hieß, ist nicht bekannt. Er war eingeteilt in dreizehn Zahlen beziehungsweise Monate, die jeweils zwanzig Tage hatten. Dieser Kalender, der den gesamten rituellen Zyklus vorgab, wurde von einem Almanach, dem *Tonalámatl*, erschlossen. Daraus konnten die Priester ersehen, ob ein bestimmter Tag für ein Vorhaben günstig oder ungünstig war. Den Kindern wurde auch stets ein Kalendername gegeben, der dem individuellen Namen hinzugefügt wurde.

Daneben gibt es den 365 Tage umfassenden Sonnenjahrkalender, den die Azteken *Xiuhpohualli* nannten und die Maya *Haab*. Er besteht aus achtzehn Monaten zu zwanzig Tagen, denen man einen Kurzmonat von fünf Tagen hinzufügte, um eine Übereinstimmung des Kalenderzyklus mit dem ungefähren Sonnenzyklus zu erreichen.

Die Kombination beider Kalender führte dazu, dass der Name jeden Tages aus vier Elementen bestand: „Zahl"/Monat des rituellen Kalenders, Name des Tages des rituellen Kalenders, Name des Monats des Sonnenkalenders und Name des Tages. Es vergingen 52 Sonnenjahre, ehe die gleiche Kombination aus Zahlen und Namen wiederkehrte, das sind 18 980 Tage oder 73 Zyklen des rituellen Kalenders. Das mesoamerikanische „Jahrhundert" bestand folglich aus 52 Jahren, die die Azteken mit einem Bündel aus 52 Rohrstöcken (*Xiuhmolpilli*) darstellten, das bei den Zeremonien am Ende des Zyklus verbrannt wurde. Diese Zeremonien gipfelten in der Entzündung des Neuen Feuers. Zunächst wurden alle Feuer in den Städten gelöscht, dann entzündete man in der Brust eines geopferten Gefangenen ein neues Feuer und mit diesem alle anderen im Reich.

Da der vollständige Name eines Tages in jedem 52-Jahres-Zyklus identisch ist, diese Epochen selbst aber nicht bezeichnet wurden, weiß man bei den nach diesem System vorgenommenen Datierungen nicht, auf welchen 52-Jahres-Zyklus sich ein Datum bezieht.

Die Mixe-Zoquen und die Maya erfanden eine andere Methode der Zeitrechnung, die die Tage auf der Grundlage eines mythischen Basisdatums, des 13. August 3114 v. Chr., berechnet und es ermöglicht, eine Beziehung zu unserer Zeitrechnung herzustellen. Die Schreibweise des Datums gründet sich hier auf ein mathematisches System, dessen Basis die Zahl zwanzig ist – eigentlich ist es sogar eine Kombination aus zwei Systemen, basierend auf den Zahlen Zahl zwanzig und achtzehn. Es kennt nur die Zeichen Punkt für eins, Strich für fünf und Muschel für null.

Dazu kamen später noch ein Mondzyklus, ein Venuszyklus und weitere kleinere Zyklen, wie jener der „neun Damen der Nacht", die den neun Ebenen der Unterwelt entsprachen. Alle diese Kalender dienten nicht nur zeremoniellen Zwecken oder dem Kontakt mit dem Göttlichen, sondern auch der Datierung von Bauwerken, die an die Taten der Herrscher erinnerten und oft astronomisch-mathematische Zusammenhänge zu mythischen Ereignissen herstellen sollten. Der Kalender war also ein Mittel, um die enge Beziehung zwischen der Welt der Menschen und der Welt der Götter aufzuzeigen.

24–25 oben Der „Cospi-Kodex", ein geistlich-kalendarisches Werk aus der Gegend um Puebla-Mixteca, von dem hier eine Seite abgebildet ist, befindet sich heute in der Universitätsbibliothek von Bologna. Er besteht aus mit Kalk imprägniertem Hirschleder, das bemalt und wie ein Leporello gefaltet ist. Diese Seite zeigt einen Teil des Tonalpohualli, *des rituellen Kalenders mit 260 Tagen.*

Die Literatur

Viele Informationen über die antike Literatur Mesoamerikas wurden von Chronisten der frühen Kolonialzeit überliefert. Von ihnen weiß man, dass in der Welt der Azteken die Poesie eine große Bedeutung besaß. Bekannte Dichter waren etwa Ne-

zahualcóyotl und Nezahualpilli, Herrscher von Texcoco, der Stadt der Acolhua, eines der bedeutendsten Zentren aztekischer Kunst.

Das herausragende Beispiel für Eingeborenenliteratur ist zweifellos das „Popol Vuh“, das „Buch des Rates“, das heilige Buch mit Mythen und Geschichten der Maya. Es wurde zu Beginn des 18. Jahrhunderts im Hochland von Guatemala entdeckt und von Pater Francisco Jiménez abgeschrieben. Der erste Teil des in der Sprache der Quiché-Maya verfassten Buches erzählt die umfangreiche Geschichte der Schöpfung aus einem folgendermaßen beschriebenen Ursprung:

„Das ist die Kunde: Da war das ruhende All. Kein Hauch. Kein Laut. Reglos und schweigend die Welt. Und des Himmels Raum war leer (...)“

„Unbeweglich und stumm war die Nacht, die Finsternis. Aber im Wasser, umflossen von Licht, waren diese: Tzakól, der Schöpfer; Bitól, der Former; der Sieger Tepëu und die grün gefiederte Schlange Gucumátz; Alóm auch und Caholóm, die Erzeuger. Unter grünen und blauen Federn waren sie verborgen (...)“

Das Wirken der Götter wird bis zum Entstehen der Hauptlinien der Quiché-Maya beschrieben. Unter diesen Erzählungen findet sich auch der berühmteste Teil des „Popol Vuh“, die Abenteuer der Zwillinge Hunahpú und Ixbalanqué.

Diese Abenteuer geschehen sowohl auf der Erde als auch im *Xibalbá*, der Welt der Toten, oder wörtlich übersetzt, dem „Ort der Angst“. Sie symbolisieren die Reisen der beiden Götter Venus und Sonne – personifiziert durch die Zwillinge – zwischen den Welten.

Auf der Erde bezwingen die Zwillinge den bösen 7 Papagei und seine Söhne Zipacná und Cabracán (Der die Erde erschüttert). Die Erzählungen aus der Unterwelt beginnen damit, dass die Götter, die sich vom Ballspiel der Zwillinge gestört fühlen, diese einladen, im *Xibalbá* zu spielen. Auch deren Ahnen hatten schon dort gespielt und waren dann geopfert worden. Die Spiele zwischen den Zwillingen und den Göttern sind schreckliche nächtliche Prüfungen, die Hunahpú und Ixbalanqué jedoch souverän meistern. Sie täuschen die Götter schließlich, indem sie ihnen vorgaukeln, sich gegenseitig zu töten und wieder zum Leben zu erwecken, bis 1 Tod und 7 Tod dieses Spiel auch versuchen möchten. Die Zwillinge töten die Götter jedoch tatsächlich und besiegen so die Mächte der Unterwelt. Die Geschichte endet mit der Verwandlung der Zwillinge in Sonne und Mond. Vermutlich ist der Mond erst in der europäisierten Version in die Erzählung gelangt, und es handelte sich ursprünglich um die Venus, die Personifikation des älteren Zwillings.

Das Original des „Popol Vuh“ ging zwar verloren, man weiß jedoch, dass es auf eine frühe Vergangenheit Mesoamerikas zurückgeht, da einige Episoden aus den Abenteuern der Zwillinge bereits auf vorklassischen Stelen in Izapa dargestellt sind. Ebenso kommen sie in vielen Werken der Maya aus der klassischen Zeit vor. Die Zwillinge, deren klassische Namen Hun Ahau (1 Herr, Venus) und Yax Balam (Grüner Jaguar, Sonne) waren, gelten beinahe als Inbegriff des Maya-Reiches, und viele Riten der Herrscher bezogen sich auf deren mythische Taten.

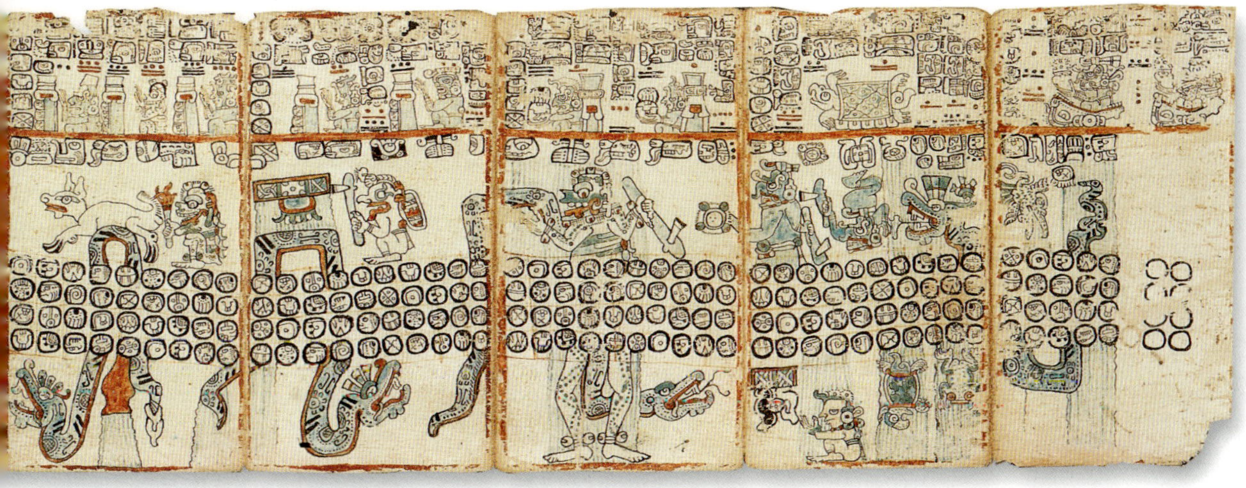

24–25 unten Der „Madrider Kodex“ – hier ein Auszug – ist einer der vier bekannten Kodizes der Maya. Wie auch bei den anderen drei Werken, dem „Pariser Kodex“, dem „Dresdner Kodex“ und dem „Grolier-Kodex“, handelt es sich hier um ein geistlich-kalendarisches Werk.

BEGEGNUNG MIT DER ALTEN WELT

Die „goldene Isolation“, in der Mesoamerika fast 4000 Jahre lebte, ging im Jahr 1517 zu Ende, als die erste spanische Expedition unter Francisco Hernández de Cordoba die Küste Yucatáns erreichte. Diese Expedition und auch jene von Juan de Grijalva im darauffolgenden Jahr führten anfänglich lediglich dazu, dass der aztekische Herrscher Moctezuma II. von ungewöhnlichen Dingen erfuhr. Er hörte von Bergen, die auf dem Meer fuhren, und lernte weiße Menschen kennen, von denen man im Tausch Waren erhalten hatte, die er jetzt bewundern konnte.
Wesentlich tragischer waren dagegen die Folgen einer dritten Expedition, die 1519 an der Küste Yucatáns den amerikanischen Kontinent betrat. Sie bestand aus etwa 500 Soldaten, sechzehn Pferden und circa 100 Seeleuten unter dem Kommando von Hernando Cortez. Die Spanier erreichte die Kunde von zwei Landsleuten, die seit etwa acht Jahren bei den Maya lebten, nachdem sie in der Karibik Schiffbruch erlitten hatten. Einer von ihnen, Jerónimo de Aguilar, schloss sich sofort als Dolmetscher Cortez' Expedition an, der andere, Gonzalo Guerrero, der mit einer Eingeborenen verheiratet und – komplett mit indianischer Kleidung, großen Ohrringen und Tätowierungen – wie ein Eingeborener lebte, zog es vor zu bleiben und wurde letztlich zu einem Symbol für eine Möglichkeit des Aufeinandertreffens der beiden Welten.
Cortez erkannte, dass Yucatán im Sinne der Spanier keine reiche Region war, und segelte entlang der Küste nach Nordwesten, wobei es bei weiteren Landungen zu Scharmützeln mit Eingeborenen kam. Im heutigen Tabasco erhielt Cortez von einem Häuptling ein unschätzbares Geschenk: Doña Marina, genannt „La Malinche“, eine versklavte Adelige, die seine Geliebte wurde. Da sie sowohl die Sprache der Maya als auch der Azteken beherrschte, war sie – zusammen mit Aguilar – bei der Verständigung mit den Ureinwohnern eine große Hilfe. Sie brauchte nicht lange, um Spanisch zu lernen und Cortez' persönliche Dolmetscherin zu werden. Damit sollte ihr eine Schlüsselrolle bei der Eroberung Mexikos zufallen.
Einige Monate spätern landete Cortez' Expedition in Veracruz und drang ins Landesinnere vor, in Richtung der prächtigen Hauptstadt, von der die Eingeborenen erzählten und aus der ständig Botschafter mit wertvollen Geschenken entsandt wurden. Die Spanier, die sich abwechselnd freundschaftlich und kriegerisch gaben, kamen nach Cempoala, Tlaxcala und Cholula, zettelten Aufstände gegen die aztekischen Tributeintreiber an und nährten nebenbei den Glauben, sie und ihre Pferde seien göttliche Geschöpfe.
Die spanische Kolonne, gefolgt von 6000 Kriegern der Tlaxcalteken, wurde auf ihrem Weg zur Hauptstadt Tenochtitlán von Moctezuma II. empfangen. Der Herrscher erschien in einer von einem Federbaldachin überspannten, goldenen Sänfte, der drei Würdenträger mit goldenen Zeptern folgten. Ein Teppich wurde vor seinen Füßen ausgerollt, auf dem er Cortez entgegenging, um ihn zu begrüßen. Begleitet wurde er von den Herrschern von Texcoco, Tacuba, Coyoacan und Iztapalapan. Die Begegnung war von ausgesuchter Höflichkeit. Nur als Cortez versuchte, den Kaiser zu umarmen, gab es einen Moment der Aufregung, und aztekische Würdenträger konnten die Umarmung gerade noch verhindern.

Nach dieser ersten Begegnung wurden die Spanier in die Stadt geleitet und in dem herrlichen Palast des früheren Herrschers Axayácatl untergebracht. Schon bald darauf kam es jedoch zu Spannungen zwischen Azteken und Spaniern, und Moctezuma wurde zusehends unsicherer, wie er sich gegenüber den Fremden verhalten sollte. Als Cortez vorübergehend am Golf von Mexiko weilte, um gegen ein spanisches Heer zu kämpfen, das der Gouverneur von Kuba gegen ihn in Marsch gesetzt hatte, überschlugen sich in Tenochtitlán die Ereignisse. Pedro de Alvarado beging ein Gemetzel an aztekischen Adeligen und beschwor einen bewaffneten Aufstand herauf, der die Spanier letztlich in der sogenannten „Noche triste“, der „traurigen Nacht“, zur Flucht zwang. Moctezuma, der sich in Gewahrsam der Spanier befand, kam ums Leben, als er versuchte, den aztekischen Angriff auf den Palast von Axayácatl zu verhindern. Sein Nachfolger wurde Cuitláhuac, der jedoch nach nur vier Monaten an den Pocken starb. Cortez' Truppen kehrten zurück, und die Stadt wurde mehrere Monate lang belagert, bis der Widerstand der Azteken, angeführt von ihrem letzten unabhängigen Herrscher Cuauhtémoc, in der Schlacht von Tlatelolco gebrochen wurde. Heute erinnert ein Gedenkstein mit folgender Inschrift an dieses Ereignis: „Am 13. August 1521 fiel Tlatelolco, nach heldenhafter Verteidigung durch Cuauhtémoc, in die Hände von Hernando Cortez. Es war weder ein Triumph noch

26 In diesem Ausschnitt aus der „Historia de las Indias de Nueva España e Islas de Tierra Firme“ von Diego Durán sieht man eine Kampfszene zwischen Spaniern und Azteken. Der Hidalgo Pedro de Alvarado führt die Spanier an, die auch gegen Adler und Jaguarkrieger kämpfen.

26–27 Die Zeichnung aus dem Werk von Diego Durán zeigt das Treffen zwischen Hernando Cortez und Doña Marina, „La Malinche“, der Frau, die als Geliebte und Dolmetscherin des spanischen Konquistadors zu einer der Schlüsselfiguren bei der Eroberung Mexikos werden sollte.

eine Niederlage, sondern die schmerzhafte Geburt dieses Mestizenlandes, das das heutige Mexiko ist.“ Es wurde ausgiebig darüber diskutiert, wie es einer Handvoll Spaniern möglich war, das riesige Azteken-Reich zu erobern, dessen Heere ihm die Herrschaft über große Teile Mittelamerikas ermöglichten. Plausible Gründe dafür sind zum Beispiel die Feuerwaffen, die Pferde, die Furcht vor den vermeintlich göttlichen Geschöpfen, die Fähigkeit Cortez', unter den von den Azteken unterdrückten Völkern Verbündete zu finden, und vor allem Krankheiten. Letztere waren in der Folge der Hauptgrund für den erschreckenden Rückgang der einheimischen Bevölkerung. Auch wenn die demografischen Schätzungen ungenau sind, geht man davon aus, dass zwischen den Jahren 1521 und 1600 die Zahl der mexikanischen Ureinwohner von 25 Millionen auf eine Million sank!

Aus Sicht der Eingeborenen ist die gesamte Kolonialzeit eine Tragödie, gekennzeichnet von Bevölkerungsrückgang und beständigem sozialem und kulturellem Verfall, bedingt durch das von den Spaniern eingeführte politisch-wirtschaftliche System. Dieses bestand aus Einrichtungen wie der *Encomienda*, einem Grundbesitzsystem, das im Grunde eine Versklavung der Eingeborenen darstellte. Mit der mexikanischen Unabhängigkeit im Jahr 1821, als in Mexiko geborene Weiße, die Kreolen, die politische und wirtschaftliche Macht übernahmen, änderte sich wenig, denn auch sie hatten wenig Interesse an den Bedürfnissen der Eingeborenen.

Erneute Aufmerksamkeit wurde dem Problem der Eingeborenen nach der Revolution im Jahr 1910 zuteil, als Mexiko sich auf der Suche nach einer neuen Identität der multi-ethnischen Herkunft befand, die auf dem Gedenkstein von Tlatelolco eindrucksvoll zum Ausdruck gebracht wird. Es entstanden Institutionen für Anthropologie und für die Ureinwohner, die jedoch allzu oft paternalistisch geprägt waren und die Welt der Eingeborenen mit Blick auf den Modernitätsanspruch Mexikos häufig mit dem Attribut „rückständig“ oder sogar „reaktionär“ bedachten. Die archäologische Wiederentdeckung des antiken Mexikos wurde eher von nationalistischen und patriotischen Überlegungen geleitet als von einer Bemühung um die Wiedergeburt der Identität der Eingeborenen. Bis heute hat sich daran eigentlich nicht viel geändert. Die Millionen Eingeborenen, die heute in der Republik Mexiko leben, gehören in der Regel zur ärmsten Bevölkerungsschicht eines Landes, das sich mitten im neoliberalistischen Wettlauf befindet. In den Prospekten der Reisebüros erscheinen idealisierte Fotos der Ureinwohner neben den antiken Ruinen, um mit den Einnahmen aus dem Tourismus wirtschaftliche Bedürfnisse zu stillen, die eine noch größere Bedeutung haben als die alte nationalistische Gesinnung.

27 unten Diego Duráns Werk enthält dieses Bild. Es zeigt das Massaker der Spanier an Adeligen in Tenochtitlán, das letztendlich zu dem Angriff der Azteken auf die Spanier führte, der in der „Noche triste“ gipfelte.

Reiseroute 1

Die grossen Reiche Zentralmexikos

Das Hochtal von Mexiko und die umliegenden Gegenden waren wohl die Wiege Mesoamerikas. Bereits in der Steinzeit zogen die natürlichen Quellen und Seen, die vor der spanischen Eroberung den größten Teil des Hochtales bedeckten, nomadisierende Jägergruppen an. Im Verlauf einer über Jahrtausende andauernden Besiedelung von Zohapilco nahm die Phase der landwirtschaftlichen Entwicklung um 5500 v. Chr. ihren Anfang. Beweise für die olmekische Kultur und die Entstehung sozialer Ordnungen findet man in den bedeutenden Ansiedlungen von Tlapocoya und Tlatilco. Um 400 v. Chr. begann man mit dem Bau der großen runden Pyramide in Cuicuilco, dem neuen Machtzentrum in der zentralen Hochebene, dessen Entwicklung abrupt durch den Ausbruch des Xitle unterbrochen wurde, der um 50 v. Chr. die Stadt unter einer Lavaschicht begrub. Das Ende von Cuicuilco begünstigte den Aufstieg Teotihuacáns, das seit 150 v. Chr. besiedelt war und vermutlich einen Teil der Bevölkerung aus der verschütteten Stadt aufnahm. Der erste Bau der Mondpyramide um 100 n. Chr. leitete die außergewöhnliche Entwicklung der Stadt ein, die in der Folgezeit weite Teile der mesoamerikanischen Geschichte beeinflusste. Die Hauptstadt eines riesigen Wirtschaftsimperiums wurde zur wichtigsten Siedlung Amerikas und bildete etwa 700 Jahre lang das Herz eines gigantischen wirtschaftlichen und kulturellen Systems, welches das klassische Mesoamerika beherrschte.

Um 750, nach etwa 100 Jahren des Niedergangs, wurde Teotihuacán ein Raub der Flammen, und Völker aus dem Norden, die Coyotlatelco, besetzten die Stadt, die bis etwa um das Jahr 1000 die wichtigste in Zentralmexiko blieb. Die Coyotlatelco gründeten um 750 Tula Chico und um 900 Tula Grande im heutigen Staat Hidalgo, etwa 65 Kilometer nordwestlich von Teotihuacán. Tula Grande, die neue dominierende Stadt in Zentralmexiko, entwickelte sich prächtig und lenkte fast drei Jahrhunderte lang die Geschicke des Tolteken-Reiches. Von hier aus verbreitete sich der Kult des Quetzalcóatl in ganz Mesoamerika, und erneut wurde ein Handelsnetz von ungeheuren Ausmaßen geschaffen.

Um 1150 wurde Tula verlassen, vielleicht wegen des ständigen Drucks der Völker aus dem Norden. Als im 14. Jahrhundert eines dieser Völker, die Azteken, nach Zentralmexiko kam, war Tula bereits seit mehr als 100 Jahren zumindest teilweise aufgegeben, und auf ihrer Wanderung nach Süden ließen sich die Azteken zwischen den Ruinen nieder. Nachdem die Azteken in Mexiko angekommen waren, vermählten sie sich mit dem dort herrschenden Adel und wurden somit bald auch zu den rechtmäßigen Herrschern von Tula. Ungefähr ein Jahrhundert lang festigten die Azteken durch Kriege und Allianzen mit anderen Stämmen ihre Vorherrschaft im Hochtal von Mexiko. Im Laufe des 15. Jahrhunderts wurde Tenochtitlán zum Zentrum eines expandierenden Reiches, das weite Teile Mesoamerikas umfasste, eine Entwicklung, die noch im Gange war, als die aztekische Hauptstadt im Jahr 1521 von den Spaniern eingenommen wurde. Die spanischen Eroberer machten Tenochtitlán zur Hauptstadt ihres „neuen Spaniens", und bis heute ist die Stadt unter dem Namen Mexiko-Stadt Hauptstadt des Staates.

Teotihuacán, Tula und Tenochtitlán waren die drei bedeutendsten Städte in Mesoamerika, und in ihrer Geschichte lassen sich die Ursprünge und Entwicklungen jener Stadt verfolgen, die Gegenstand des vielleicht bekanntesten mesoamerikanischen Mythos ist: Tollan. Historische und archäologische Quellen zeigen, dass fast im gesamten nachklassischen Mesoamerika ein Mythos existierte, der in der kosmischen Stadt Tollan ein Modell sah, dem die irdischen Städte nachgebildet wurden und deren Herrscher Quetzalcóatl zum Inbegriff aller Herrscher wurde. Es wird an anderer Stelle noch ausführlicher darauf eingegangen, dass der Mythos um Tollan wohl aufgrund einer Neuordnung der Erbfolge in Teotihuacán entstand und sich während der Vorherrschaft Tulas weiterentwickelte. Dass der Mythos bis in die Zeit der spanischen Eroberung lebendig war, zeigt die Tatsache, dass man Hernando Cortez für Quetzalcóatl hielt, was wohl nicht unwesentlich zu dessen Sieg über das Azteken-Reich beitrug.

28–29 In diesem Detail einer Skulptur an der Fassade der Quetzalcóatl-Pyramide in Teotihuacán aus der frühen klassischen Zeit erkennt man den Kopf des Gottes Quetzalcóatl (Gefiederte Schlange), eine der wichtigsten Gottheiten ganz Zentralmexikos.

Teotihuacán

Geschichte

Teotihuacán wurde vermutlich um 150 v. Chr. als kleines Bauerndorf gegründet. Innerhalb weniger Jahrzehnte erreichte es eine Größe, die es ihm erlaubte, mit Cuicuilco um die Vorherrschaft im Hochtal von Mexiko zu rivalisieren. Während der Tzacualli-Zeit (1 bis 150) entstanden vermutlich die beiden wichtigsten Bauwerke der Stadt, die Mondpyramide und wenig später die Sonnenpyramide. In der darauf folgenden Miccaotli-Zeit (150 bis 200) erhielt Teotihuacán seine heutige Struktur. Man legte die ungefähr drei Kilometer lange Hauptstraße an, die Straße der Toten, die als Grundachse und Orientierungspunkt für die spätere Stadtplanung diente. Entlang dieser Straße entstanden bedeutende Bauwerke, wie die Quetzalcóatl-Pyramide, der Tempel des Ackerbaus und der Viking-Komplex.

Die größte architektonische Entwicklung erlebte Teotihuacán in der Tlamimilolpa-Zeit (200 bis 400), als der Großteil der heute noch sichtbaren Stadt entstand, darunter Wohngebäude und Monumente, wie der Tempel der Federmuscheln, der Mondplatz und der Große Komplex. Zu dieser Zeit wurde Teotihuacán zu einem der größten politischen und kommerziellen Zentren Mesoamerikas, und sein kultureller und wirtschaftlicher Einfluss war im gesamten Kulturbereich zu spüren.

In der Xolalpan-Zeit (400 bis 650) erlebte die Stadt ihre Blütezeit. Schätzungen zufolge lebten in Teotihuacán zwischen 120 000 und 200 000 Menschen, damit gab es in jener Zeit nur wenige größere Städte auf der Welt. Auf diese Epoche gehen der Quetzalpapálotl-Palast und große Teile der bis heute erhaltenen Wandmalereien zurück.

Die Metepec-Zeit, die von 650 bis 750 dauerte, war eine Zeit der Krisen, in der die Einwohnerzahl der Stadt auf ungefähr 85 000 sank. Möglicherweise zerbrachen einige Wirtschaftsbeziehungen und lösten eine Krise in der Stadt aus, da diese stark vom Handel mit weit entfernten Gebieten abhängig war. Die Zunahme militärischer Darstellungen lässt auf soziale Spannungen schließen und nährt die Vermutung, dass die Elite Teotihuacáns versuchte, sich mit Gewalt an der Macht zu halten. Um 750 – neuere Forschungen tendieren zu einer früheren Datierung – wurden viele Bauwerke der Stadt niedergebrannt, und Teotihuacán verlor für immer die überlegene Stellung, die es bis zu diesem Zeitpunkt in der politischen Landschaft Mesoamerikas innehatte. Dennoch blieb es für weitere 200 Jahre die größte Stadt im Tal von Mexiko und wurde von Völkern aus dem Norden besiedelt. Nach dem Jahr 1000 wurde die Stadt endgültig aufgegeben, um dann eine wesentliche Rolle in der mesoamerikanischen Mythologie einzunehmen.

Da Darstellungen von Herrschern, Inschriften und Kalenderdaten vollkommen fehlen, geht man davon aus, dass Teotihuacán keine auf Dynastien gegründete politische Machtstruktur hatte, wie dies für andere Teile Mesoamerikas typisch war. Vielmehr scheinen einflussreiche Adelsfamilien das soziale und wirtschaftliche Leben der Stadt gelenkt zu haben. Sie stützten sich auf göttliche „Schutzpatrone“, welche die kosmischen Kräfte verkörperten, sodass es ihnen gelang, einen stabilen zentralistischen Staatsapparat aufzubauen. Die Einwohner lebten in Wohnvierteln, vermutlich in Gruppen, die nach Verwandtschaft und Beruf gegliedert waren, ähnlich den *Calpultin* zur Zeit der Azteken.

Da es keine schriftlichen und historischen Quellen gibt, sind der originäre Name Teotihuacáns und die ursprünglichen Bezeichnungen für seine gewaltigen Bauwerke ebenso unbekannt wie die ethnische Zugehörigkeit ihrer Erbauer. Die Vorschläge der Experten reichen von den Otomí über die Totonaken bis hin zu den Nahua. Es ist jedoch ebenso möglich, dass Teotihuacán der Sitz des ersten großen multi-ethnischen Reiches Mesoamerikas war, ein Prototyp späterer Reiche der nachklassischen Zeit. Auch nach dem Niedergang geriet die Stadt nicht in Vergessenheit. Für die Azteken waren die Ruinen der „Ort, wo man zum Gott wird“, und diese aztekische Bezeichnung tragen sie noch heute: Teotihuacán. Gemäß der aztekischen Überlieferung trafen sich die Götter in Teotihuacán, um die Fünfte Sonne zu erschaffen.

30–31 Aus grünem Porphyr gefertigt ist diese Totenmaske aus Teotihuacán. Sie wurde dem Verstorbenen entweder auf das Gesicht gelegt oder auf das Totengewand, das den gesamten Leichnam einhüllte.

Die Stätte

TEOTIHUACÁN

1 Mondpyramide
2 Gebäude der Altäre
3 Mondplatz
4 Quetzalpapálotl-Palast
5 Strasse der Toten
6 Sonnenpalast
7 Sonnenpyramide
8 Patio der vier Tempel
9 Priesterpalast
10 Viking-Komplex
11 Zitadelle
12 Quetzalcóatl-Pyramide
13 Grosser Komplex

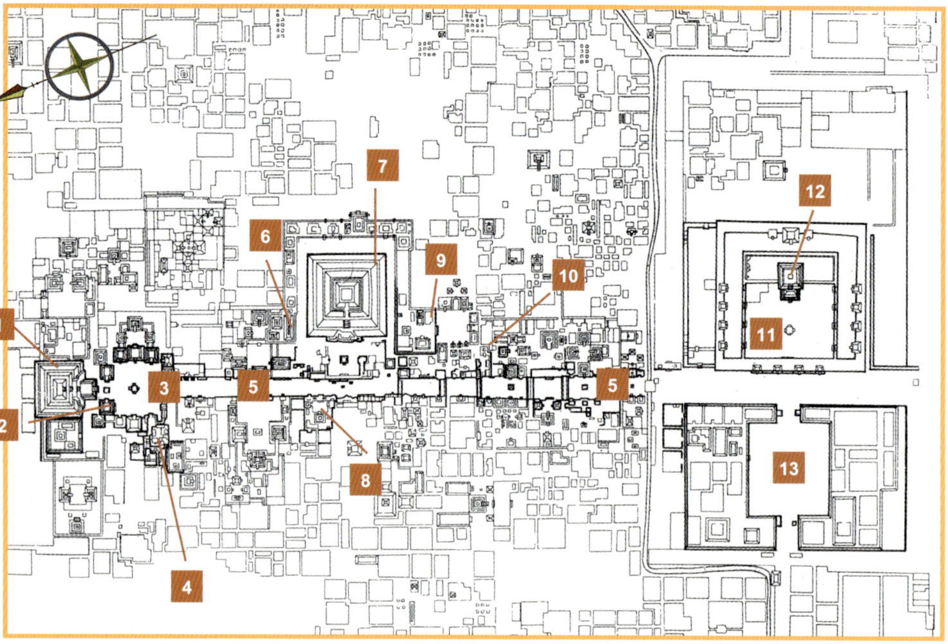

Die Stadt Teotihuacán ist weitaus größer als die derzeitige Grabungsstätte, die auf den Stadtkern begrenzt ist, der von den beiden wichtigsten Pyramiden beherrscht wird. Die alten Wohnviertel sind größtenteils noch nicht freigelegt und erstrecken sich bis an den Fuß der umliegenden Gebirgszüge.

Die Straße der Toten bildete die Hauptachse der Stadt. Der Flusslauf des San Juan, der sie im rechten Winkel kreuzte, wurde künstlich umgeleitet, um die Stadt in vier große Sektoren zu unterteilen, die vermutlich eine symbolische Bedeutung hatten.

Im südöstlichen Sektor liegt das bis heute erstaunlichste Bauwerk Teotihuacáns, die Zitadelle. Im Innern dieser viereckigen Anlage, die von kleinen pyramidalen Sockeln überragt wird, befindet sich die Quetzalcóatl-Pyramide, deren Stufen farbige Skulpturen zieren – gefiederte Schlangen, deren Köpfe aus den Wänden herausragen. Auf den Körpern, die von Wassersymbolen umgeben sind, erscheinen Kopfputze, die früher irrtümlich als Gesichter des Tláloc interpretiert wurden, aber vermutlich Cipactli darstellen, das Erdenmonster, das die Gestalt eines Alligators besitzt.

Am Fuß des Tempels und in seiner unmittelbaren Umgebung entdeckte man viele Gräber: Männer und Frauen mit auf dem Rücken gefesselten Händen wurden geopfert und in Gruppen zu vier, acht, neun, achtzehn und zwanzig Personen begraben, insgesamt fand man so die sterblichen Überreste von 260 Menschen. Die Gesamtzahl der um die Quetzalcóatl-Pyramide begrabenen Menschen entspricht den Tagen des rituellen Kalenders, und die Kopfputze in Form von Cipactli, die den Tempel schmücken, haben vermutlich ebenfalls kalendarische Bedeutung, denn für die meisten mesoamerikanischen Völker war Cipactli auch der Name des ersten Tages im 260-Tage-Zyklus. Die symbolische Bedeutung des Tempels bezog sich folglich auf den rituellen Kalender, auf den Mythos von der Erschaffung der Zeit und die Rolle, die Quetzalcóatl dabei spielte.

Falls, wie es scheint, in den angrenzenden Wohngebäuden die politischen Machthaber von Teotihuacán lebten, ist anzunehmen, dass Quetzalcóatl – zumindest für eine gewisse Zeit – als Schutzpatron der Regenten fungierte, die über die Stadt herrschten, „in der die Zeit ihren Anfang nahm“.

Vermutlich weniger als 100 Jahre nach der Fertigstellung der Quetzalcóatl-Pyramide wurde eine zweite Pyramide vor diesem Bauwerk errichtet, die den Blick darauf verdeckte. Möglicherweise war dies die Auswirkung politischer Veränderungen, denn auch an anderen Plätzen der Stadt wurden Bildnisse der gefiederten Schlange verdeckt oder durch Bildnisse von Jaguaren ersetzt. Der Jaguar wurde bis zum endgültigen Niedergang Teotihuacáns zum Schutzpatron der neuen regierenden Klasse.

32 Die Skulpturen auf den Alfardas, den Balustraden der Treppe der Quetzalcóatl-Pyramide, stellen den Kopf der Gottheit dar. An den Seiten der Treppe erkennt man auf den Schlangenkörpern Kopfbedeckungen in Form von Cipactli, dem Alligator, Symbol für die Erde und den ersten Tag des rituellen Kalenders.

32–33 Der Blick geht von der Mondpyramide auf die Straße der Toten. Im Vordergrund sieht man den Mondplatz, links die imposante Sonnenpyramide.

33 oben An den Pyramidenfundamenten in Teotihuacán kann man sehr gut die typischen, sich abwechselnden Taluds *(geneigte Wände) und* Tableros *(viereckige Platten mit Vorsprüngen) erkennen, ein architektonisches Charakteristikum von Teotihuacán.*

33 unten Der Anbau an der Stirnseite der Quetzalcóatl-Pyramide wurde wenige Jahrzehnte nach deren Fertigstellung angefügt. Offensichtlich wollte man Reliefs an der Fassade verbergen, was vermuten lässt, dass der Anbau in der Folge politischer Veränderungen entstand.

34 oben Bei diesem Gebäude im Sonnenkomplex erkennt man die quadratischen, verputzten und bemalten Steine, die den Tezontle-Kern bedecken. Das Bauwerk besteht wie die gesamte Stadt aus einem porösen vulkanischen Gestein.

34–35 Mit einer Höhe von etwa 63 Metern und ungefähr 220 Metern Seitenlänge war die Sonnenpyramide eines der größten Bauwerke der Neuen Welt. Ihre früheste Form erhielt sie bereits in der ersten Entwicklungsphase der Stadt.

34 unten Bei diesem Blick entlang der Straße der Toten sieht man im Hintergrund die Mondpyramide vor der Silhouette des Cerro Gordo, des heiligen Berges, der vermutlich das Modell für die Pyramide aus vulkanischem Gestein war.

Vor der Zitadelle erstreckt sich der sogenannten Große Komplex. Es handelt sich dabei um eine riesige rechteckige Struktur, die einen großen Platz umschließt. Einige Archäologen vermuten, dass sich hier der Marktplatz der Stadt befunden haben könnte.

Folgt man der Straße der Toten in nördlicher Richtung, überquert man den Fluss San Juan, der vielleicht die symbolische Schwelle zum spirituellen Zentrum der Stadt bildete. Entlang der Straße erstrecken sich politische Komplexe, Verwaltungsgebäude und Tempel. Hier kann man an einer Plattform Voluten und Verzierungen in Form von Nasenschmuck aus grünem Porphyr bewundern. Es folgen die östliche und die westliche Anlage an der Straße der Toten, die entweder religiöse oder eine administrative Funktionen erfüllten. In der westlichen Anlage wurden Wandmalereien und zwei übereinander angeordnete Treppen freigelegt. Die untere zieren seitlich Schlangenskulpturen, die obere, die später erbaut wurde, ist mit Katzenköpfen geschmückt.

Das östliche Ende der Straße der Toten wird von der Sonnenpyramide beherrscht. Sie ist circa 63 Meter hoch und hat eine quadratische Grundfläche mit einer Seitenlängen von etwa 220 Metern. Die Pyramide wurde über einer großen heiligen Grotte errichtet, die

35 oben An diesem Verwaltungsgebäude an der Straße der Toten erkennt man die quadratischen Pfeiler der Arkaden, die die offenen Innenhöfe säumten. Vermutlich lebten in diesen Gebäuden die Priester, welche die wichtigsten religiösen Ämter der Stadt bekleideten. Im Hintergrund sieht man eine noch nicht freigelegte Grabungsstätte.

35 Mitte Die Luftaufnahme zeigt die sogenannte Sonnenpyramide, von der man aber annimmt, dass sie dem Regengott geweiht war. Die Pyramide erhebt sich über einem Grottenheiligtum, das teilweise rekonstruiert wurde und vermutlich der Ursprung des Bauwerkes war.

vermutlich künstlich erweitert wurde und ein Grund für die ursprüngliche Ansiedlung gewesen sein könnte. Man weiß nicht genau, welchem Gott der Tempel auf dem Gipfel der Pyramide geweiht war. Einmal mehr sollte man bedenken, dass alle Namen der Bauwerke in Teotihuacán aztekischen und damit deutlich jüngeren Ursprungs sind und oft nichts mit der ursprünglichen Bestimmung gemein haben. Einige Experten gehen davon aus, dass die Sonnenpyramide dem Regengott geweiht gewesen sein könnte, den die Azteken Tláloc nannten, denn seine Heiligtümer waren oft Grotten, als Symbol für den Eingang in seine jenseitige Wohnstätte. Die Tatsache, dass der letzte Saal der heiligen Grotte unter der Pyramide in kleine Räume unterteilt ist, erinnert an den Mythos von *Chicomóztoc*, der „Grotte der Sieben Säle", die „Ursprungsgrotte" verschiedener mesoamerikanischer Völker ist.

Die gestuften Abschnitte der Sonnenpyramide und der Mondpyramide sind die einzigen, die nicht im architektonischen Stil der sich abwechselnden geneigten Wände *(Taluds)* und viereckige Platten mit Vorsprüngen *(Tableros)* gefertigt sind. Für alle anderen Bauten der Stadt ist dieser Stil charakteristisch, und er wurde zu einer Art Nachweis für den kulturellen Einfluss Teotihuacáns in vielen Teilen Mesoamerikas. Man nimmt an, dass sich dieser Architekturstil zur Zeit der Entstehung der beiden Pyramiden noch nicht durchgesetzt hatte. Auch in verschiedenen Umbauphasen in späteren Jahrhunderten wurde der „archaische" Charakter der Bauwerke beibehalten.

35 unten Dieses Pyramidenfundament liegt an der Straße der Toten. Deren Name (in Nahuatl heißt sie Miccaotli) geht wie viele Namen in der Stadt auf die Azteken zurück, die glaubten, die Hügel an ihren Rändern seien Gräber. Moderne Untersuchungen haben dies jedoch widerlegt.

36 oben links Die restaurierten Arkaden des Portals zum zentralen Innenhof des Quetzalpapálotl-Palastes bestehen aus behauenen Pfeilern, die das bemalte und mit Zinnen in Form von Jahressymbolen verzierte Dach tragen.

36 unten links Die Basreliefs an den Pfeilern des Quetzalpapálotl-Palastes zeigen Greifvögel frontal und im Profil. Die Umrahmungen der Reliefs bestehen aus Wassersymbolen, beispielsweise Augen und Voluten.

36 rechts Bei diesem Altar im Verwaltungsgebäude gegenüber der Sonnenpyramide zeigen kleine Steinreihen eine Rekonstruktion des Bauwerks in neuerer Zeit an.

Geht man in nördlicher Richtung weiter, kommt man zu einer großen Wandmalerei mit dem Abbild eines Pumas. In westlicher Richtung der Straße der Toten kann man eine der größten Anlagen der Stadt erahnen, den Platz der Säulen, der jedoch noch nicht freigelegt ist. Vorbei am Tempel des Ackerbaus, der einst mit Fresken geschmückt war, betritt man den Mondplatz, der von kleinen Bauten umgeben ist und von den Ruinen der Mondpyramide beherrscht wird. Die Silhouette des dahinter aufragenden Cerro Gordo, des heiligen Berges, bildet den Hintergrund für das gesamte Stadtbild Teotihuacáns.
Die ursprüngliche Bestimmung der Mondpyramide ist unbekannt, vermutlich war sie jedoch der Göttin der Gewässer geweiht, die bei den Azteken Chalchiutlicue (Die mit dem Juwelenrock) genannt wurde. Eine große Statue dieser Göttin, die auf dem Mondplatz entdeckt wurde, kann man heute im Museo Nacional de Antropología in Mexiko-Stadt bewundern. Die enge Verbindung zwischen der Pyramide und den Gewässern wird auch dadurch bestätigt, dass auf dem Cerro Gordo, der wie ein Modell der Mondpyramide wirkt, die meisten Quellen zur Wasserversorgung der Stadt zu finden sind. Der kleinere Bau vor der Pyramide wurde später angefügt, ebenso wie die übrigen Bauwerke, die den Platz umgeben.
In neu entdeckten Gräbern im Inneren der Mondpyramide hat man eine Reihe von Opfergaben und Grabinventar gefunden, das im Zuge der verschiedenen Umbauten der Pyramide zu verschiedenen Zeiten dort deponiert worden war. Außer den zahlreichen Leichnamen geopferter Gefangener wurden auch die Überreste von Jaguaren, Kojoten und Raubvögeln entdeckt, die mit wertvollen Schmuckstücken aus Obsidian, grünen Edelsteinen und Muscheln bestattet wurden.
Im Südwesten des Mondplatzes stehen zwei große Bauwerke, der Palast des *Quetzalpapálotl*, des Federschmetterlings, und der Tempel der Federmuscheln. Der weitgehend restaurierte zentrale Innenhof des *Quetzalpapálotl*-Palastes aus der Xolalpan-Zeit, 400 bis 650, ist von einem Säulengang umgeben, dessen Pfeiler Basreliefs mit Vögeln zieren, während die Decke des Ganges mit Malereien und Zinnen *(Almenas)* in Form von Jahressymbolen geschmückt ist. An den Seitenwänden erkennt man Mäander, die aufgeklappte Muscheln symbolisieren, das Sinnbild für den Planeten Venus. Der Säulengang führt in den Hof der Jaguare, dessen Wände mit verschiedenen Jaguaren bemalt sind. Einige der Tiere mit Federkopfputz spielen Musikinstrumente in Form von Federmuscheln, aus denen kommaförmige Zeichen als Sinnbild für den Klang herausragen. Die Wassersymbolik dieser Bildnisse ergibt sich aus den Tropfen, die an den Instrumenten und auch an den Muscheln herabfließen, welche die Raubkatzenkörper einrahmen.
Unter dem Palast befindet sich der älteste Tempel der Federmuscheln aus der Tlamimilolpa-Zeit, 200 bis 400. Seinen Namen verdankt er den Basreliefs an der Fassade. Im unteren Bereich der äußeren Tempelbasis sieht man Abbildungen von Vögeln. Im Nordosten der Sonnenpyramide steht das moderne Grabungsmuseum, in dem sich viele Meisterwerke aus Teotihuacán sowie Rekonstruktionen einiger Gräber aus der Quetzalcóatl-Pyramide befinden.

36–37 Die Mondpyramide dominiert den gleichnamigen Platz. Die heute sichtbare Basisstruktur ist mit Taluds *und* Tableros *verziert und wurde ebenso wie bei der Quetzalcóatl- und der Sonnenpyramide später an das ursprüngliche Bauwerk angefügt.*

37 oben Wie diese Pyramidenfundamente auf dem Mondplatz gehören viele Fundamente in Teotihuacán zu Tempeln, von denen heute aber keine Spur mehr zu finden ist.

37 unten links Eine Treppe führt zum Portal des Quetzalpapálotl-Palastes im Südwesten des Mondplatzes.

37 unten rechts Auf den Wandmalereien im Hof der Jaguare sieht man diese Raubtiere mit gefiederter Kopfbedeckung, die auf mit Federn geschmückten Muscheln musizieren.

Die Wohnviertel

Bis zum Horizont erstrecken sich um den Stadtkern die von Mauern umgebenen Wohngebäude. Hier lebten vermutlich Familienverbände, deren Angehörige jeweils das gleiche Handwerk ausübten. Die Wände dieser Unterkünfte waren mit herrlichen Malereien bedeckt, die man zum Teil noch heute in einigen Gebäuden innerhalb der Einfriedung der Grabungsstätte bewundern kann.

Tepantitla

Nordöstlich der Sonnenpyramide findet man im Wohnviertel Tepantitla die berühmten Wandmalereien des Säulengangs Nr. 2. Hier zieren die Wände Abbildungen von Tänzern, Sängern und Ballspielern in einer ländlichen Gegend, die von einem Bach durchflossen wird, der aus einer Berggrotte entspringt. Das Bildnis einer Gottheit dominiert die Szene, deren Rahmen Gesimse mit ineinander verschlungenen Schlangen und Tláloc-Gesichtern bilden. Lange Zeit nahm man an, dass diese Malereien Tlálocan, das Wasserreich des Tláloc, darstellen. Dorthin wanderten nach aztekischer Überlieferung die Seelen der im Wasser Verstorbenen, ob sie nun dort ertranken oder vom Blitz getroffen wurden. Intensive Studien ergaben jedoch, dass es sich bei der zentralen Gottheit eher um die Große Göttin handelt, eine Gottheit aus Teotihuacán, die vielleicht mit der aztekischen Chalchiutlicue gleichzusetzen ist. Die Bedeutung der Malereien ist zwar nicht eindeutig geklärt, doch wird eine Verbindung zur Symbolik deutlich, die man auch bei den Bauten auf dem Mondplatz sieht: Göttin – Berge – Wasser. Die Wandmalereien in Raum 2 zeigen eine Prozession von Priestern, die Samenkör-

39 links Dieser Ausschnitt aus dem großen Tlálocan-*Fresko in Tepantitla zeigt eine im Wasser schwimmende Figur.*

39 oben rechts Abbildungen der Großen Göttin schmücken die Arkade 11 in Tetitla. Bemerkenswert sind Kopfputz und Ornamente.

39 unten rechts Ein bedrohlich aussehender Jaguar findet sich im Weißen Hof von Atetelco.

38 Diese Wandmalerei aus Tepantitla zeigt zwei Priester beim Ritus der Aussaat.

38–39 Auf diesem Ausschnitt der als Tlálocan *bekannten Wandmalerei im Wohnviertel von Tepantitla sieht man tanzende, spielende und singende Menschen in einer ländlichen Gegend. Bemerkenswert sind die Schmetterlinge und die „blühenden Kommas“, die den Gesang symbolisieren.*

ner ausstreuen, aus denen große kommaförmige Zeichen sprießen, die für „Wort" stehen und Laute, Musik oder Gesang symbolisieren. Dies ist eine typische Darstellung der Elite von Teotihuacán, die ihre Macht unter anderem offensichtlich in Verbindung mit Fruchtbarkeit rechtfertigte.

Atetelco

In der großen Anlage von Atetelco im Westen der Stadt kann man dank umfassender Restaurierungen den inneren Aufbau der Wohngebäude am besten erkennen. Die Wohnräume waren um einen oder mehrere Innenhöfe angeordnet. In den Innenhöfen stand ein Altar, welcher der Schutzgottheit der Familie geweiht war. Ein Beispiel dafür ist der Altar in Form eines Tempels, der in der Mitte des Bemalten Patios rekonstruiert wurde.
Der Weiße Patio ist zweifellos der berühmteste in Atetelco. Seine Seiten säumen drei Arkaden mit Wandmalereien aus der Xolalpan-Zeit von 400 bis 650.
In Arkade 1 sieht man noch die ursprüngliche Malerei, die Kojoten zeigt. Im oberen Teil begrenzen diagonale Bänder eine Bilderserie mit fragmentarischen Darstellungen von Kojotenkriegern.
Arkade 2 zieren Kojoten und Jaguare, die man am typischen Fell erkennt. Im oberen Teil, der ähnlich wie das Muster des Jaguarfells gegliedert ist, erkennt man Menschen mit großen Muscheltrompeten, aus denen die „Kommas" der Musik hervorkommen.
In Arkade 3 ist der untere Teil mit tanzenden und singenden Kriegern bemalt, die Pfeile und Schleudern tragen. Der obere Teil stellt Greifvogelkrieger dar und ist von Bändern eingefasst, die sich unter Schilden mit Greifvogelköpfen kreuzen.
Die martialischen Darstellungen im Weißen Patio von Atetelco belegen, dass schon in Teotihuacán militärische Einteilungen existierten, die bereits an die Adlerkrieger und Jaguarkrieger der Azteken gemahnen.

Tetitla

Die Wohnanlage von Tetitla nahe Atetelco umfasst die größte Vielfalt an Wandmalereien und vermittelt vielleicht am besten einen Eindruck davon, wie farbig die Gebäude einst ausgesehen haben könnten.
Zu den berühmtesten Malereien von Tetitla gehören folgende Darstellungen: ein Mann, der nach Muscheln taucht (Arkade 26), majestätische Adler mit ausgebreiteten Schwingen (Arkade 25), furchteinflößende Jaguare, die Menschenherzen verschlingen (Arkade 13), der vor einem Tempel kniende Jaguarmensch (Raum 12) und vor allem die Reihe der Großen Göttin, die Arkade 11 ziert. Es handelt sich dabei um weibliche, frontal abgebildete Figuren mit gigantischem Federkopfputz, wertvollen Jadeketten, Ohrringen und Nasenschmuck. Aus ihren Händen fließt Wasser, das verschiedene symbolische Abbildungen enthält.

La Ventilla

Der Begriff La Ventilla bezeichnet verschiedene Wohnanlagen im Südwesten des Stadtkerns. Die als Sektor 1 bekannte Anlage war vermutlich das politische Zentrum und der Verwaltungskomplex. Hier befindet sich der Tempel mit den roten Einfassungen, geschmückt mit Muscheln und farbigen Voluten, die an die Ikonografie der Golfküste erinnern. Auch den Platz der *Chalchihuites*, Jadekreise, die Kostbarkeit symbolisieren, mit Figuren der *Chalchihuites* und solchen von

Menschenherzen, die von Opfermessern durchbohrt sind, findet man hier.
In Sektor 2 liegt der Jaguarkomplex mit seinen Gebirgssilhouetten, auf denen sich Sterne und orangefarbene Jaguare zeigen, überragt von Menschen. Am beeindruckendsten ist hier vielleicht der Platz der Schriftzeichen, auf dem feinste Zeichen den Boden bedecken, deren Bedeutung noch nicht geklärt ist.
Ebenfalls in Sektor 2 findet man auf einem Fußboden, der den Abwasserkanal bedeckt, eine ithyphallische Darstellung in Form einer Figur, aus deren Genital sich eine Flüssigkeit in den Kanal ergießt.
In Sektor 4 kann man weitere Malereien bewundern. Hier wurden viele Gräber mit reichen Grabbeigaben aus Stein entdeckt. In diesem Sektor wohnte möglicherweise eine Sippe, die auf Steinbearbeitung spezialisiert war. Einige ihrer Meisterwerke kann man heute im Grabungsmuseum besichtigen.

Tula

Geschichte

40 Die berühmten Atlanten von Tula, die das Dach des Tempels B stützten, verkörpern Tolteken-Krieger mit kleinem Federkopfputz, Brustpanzern in Form von Schmetterlingen und Steinschleudern in der Hand.

41 links Skulpturen wie diese polychrome Basaltskulptur eines Atlanten stützten die als Altäre dienenden Steinplatten. Bemerkenswert ist der große Brustpanzer, der vermutlich aus Muschelplättchen zusammengesetzt war.

41 rechts Dieses Gefäß aus Tula zeigt einen Krieger mit Helm in Form eines Kojotenkopfes. Die Einlagen aus Perlmutt kommen vom Golf von Kalifornien, das Keramikgefäß selbst wurde in Guatemala gefertigt.

Tula war die Hauptstadt des Tolteken-Reiches, und obwohl seine Blütezeit nur etwa 300 Jahre andauerte, wurde es zu einem Mythos und zu dem „Tollan" schlechthin, von dem die Azteken ihre Macht herleiteten.

Tula wurde um 750 von Nahua-Gruppen aus dem Norden gegründet, die wohl aus den Gegenden der heutigen Staaten Guanajuato, Querétaro, Zacatecas und Jalisco kamen. Seine Entwicklung verlief 200 Jahre lang wie die vieler anderer Zentren der späten klassischen Zeit, die vom Machtvakuum profitierten, das der Untergang Teotihuacáns hinterließ. In dieser Zeit beschränkte sich die Ansiedlung auf das Gebiet, das heute als Tula Chico bekannt ist und etwa anderthalb Kilometer nördlich des späteren Stadtzentrums liegt.

Um das Jahr 900 wurde Tula Chico verlassen, und auf dem Gipfel des Berges El Tesoro gründete man das neue Tula Grande, teilweise nach dem Vorbild der alten Siedlung. Etwa ein Jahrhundert später, zwischen 1000 und 1050, erhielt die Stadt ihre heutige Struktur, erstreckte sich über 16 Quadratkilometer und hatte mehrere 10 000 Einwohner.

Die Kunst der Tolteken überlieferte keine Bildnisse der Regenten, aber es ist anzunehmen, dass Tula ebenso wie Teotihuacán von adeligen Gruppen regiert wurde, die sich unter dem Schutz göttlicher Patrone, wie der gefiederten Schlange oder dem Jaguar, wähnten. Diese Elite residierte in der Nähe des Tempelbezirkes, während die Mehrheit der Bevölkerung, die vermutlich in ähnliche Gruppen unterteilt war wie die *Calpultin* der Azteken, in den zahlreichen anderen Stadtteilen wohnte, die im Lauf der Grabungen zutage traten, darunter auch spezielle Handwerkerviertel.

Tula wurde ebenso wie Teotihuacán Hauptknotenpunkt eines großen Handelsnetzes, das weit über Mesoamerika hinausreichte. Man kann seine Bedeutung aus den in der Stadt gefundenen Gegenständen ableiten, die aus so weit entfernten Gegenden stammen wie dem heutigen Nicaragua oder dem Süden der Vereinigten Staaten. Die genauen Umstände, die zur Expansion des Tolteken-Reiches führten, sind nicht bekannt, aber es können sowohl militärische Eroberungen danach tributpflichtiger Provinzen als auch gezielte Handelsmissionen gewesen sein. Das Gebiet, das Tula direkt unterstand, erstreckte sich jedoch möglicherweise bis nach Puebla.

Man kennt die Gründe für die Krise nicht, die um 1200 zur endgültigen Aufgabe Tulas führten. Viele Gebäude wurden zerstört, vielleicht sogar von den Bewohnern selbst. Soziale Unruhen in der Stadt könnten ebenso zu ihrem Untergang geführt haben wie der Zusammenbruch des Handelsnetzes, das die Haupteinnahmequelle der Stadt war, vielleicht weil neue Stämme aus dem Norden in die Region vordrangen. Doch wie Teotihuacán geriet auch Tula nicht in Vergessenheit, denn die Azteken besuchten es weiterhin und erforschten die Ruinen, die sie für die des wahren Tollan hielten, des Quells und der Rechtfertigung ihrer Macht.

Die Stätte

Der Stadtkern von Tula besteht aus einem zentralen Platz, um den sich die wichtigsten Bauwerke gruppieren. An der Nordseite befindet sich der Tempel B, auch bekannt als Tempel des Tlahuizcalpantecuhtli oder als Tempel der Venus des Morgensterns, eine Verkörperung von Quetzalcóatl. Dieser Tempel ist eine terrassierte Pyramide, deren Seiten einst vollkommen mit gemeißelten Platten überzogen waren. Im unte-

ren Mauerabschnitt sind noch heute Darstellungen von Adlern, Jaguaren und Pumas zu erkennen, die Menschenherzen verschlingen. Außerdem findet man Bildnisse von Kriegern und von Tlahuizcalpantecuhtli, dargestellt als ein Gesicht, das aus einem Jaguarfang erwächst. Auf dem Gipfel der Pyramide thronte der Tempel, dessen Dach von drei massiven Säulenreihen getragen wurde. Die mittlere Reihe bilden Atlanten. Es handelt sich dabei um vier steinerne runde Kolossalskulpturen, die Krieger mit Federkopfschmuck, Brustpanzern in Schmetterlingsform, Schmuckscheiben hinter dem Rücken und Waffen in der Hand darstellen.
Die hintere Reihe besteht aus viereckigen Pfeilern mit Basreliefs von Kriegern. Die vordere Reihe, die sich in sehr schlechtem Zustand befindet, bilden zylindrische Säulen in Form von Federschlangen, die jenen im Kriegertempel von Chichén Itzá ähneln.
Auf der Rückseite der Pyramide befindet sich ein Abschnitt des *Coatepantli* (Schlangenmauer), die den heiligen Bereich umschließt und als Inbegriff der entsprechenden aztekischen Stadtmauern gilt. Den *Coatepantli* von Tula zieren Basreliefs mit Schlangen, die Skelette verschlingen, Mäander und eine Zinnenreihe in Muschelform.
Westlich von Tempel B befindet sich der Verbrannte Palast, der vermutlich der Sitz der Regierung der Tolteken war. Er besteht aus drei großen Säulenhallen und einigen kleineren Räumen. Der Palast ist von Säulenhallen umgeben, die mit weißem Verputz überzogen sind, dasselbe gilt für die Front des Tempels B. Im Innern des Verbrannten Palastes können noch einige Steinbänke mit farbigen Basreliefs, die Militärparaden zeigen, besichtigt werden.
In der Mitte der Haupthalle fand man bedeutende Opfergaben, darunter eine Holzscheibe mit 3000 Türkismosaiksteinchen, die die vier Feuerschlangen darstellen, und einen Brustpanzer aus mehr als 1600 Plättchen roter Muscheln der Gattung Spondylus. Sowohl die Holzscheibe als auch der Brustpanzer

42 oben Blick auf den Verbrannten Palast. Dieser Gebäudetyp mit großen Säulen stammte aus dem Norden Mesoamerikas und verbreitete sich während der nachklassischen Zeit in weiten Teilen Mesoamerikas bis nach Chichén Itzá. Man vermutet, dass diese Säle für Kriegerversammlungen dienten, die zu den zeremoniellen Höhepunkten in den militaristischen nachklassischen Gesellschaften gehörten.

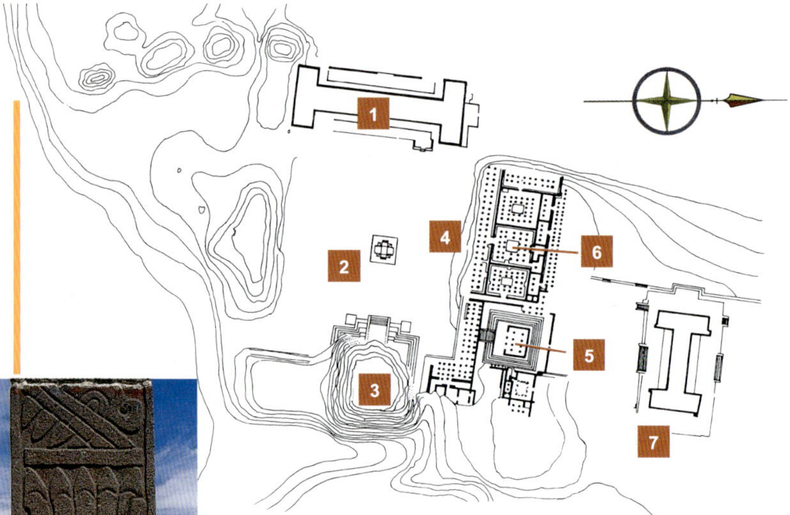

T U L A

1 Ballspielplatz
2 Zentraler Altar
3 Sonnentempel
4 Grosse Kolonnade
5 Tempel des Tlahuizcalpantecuhtli
6 Verbrannter Palast
7 Ballspielplatz

42 unten Detail einer Säule von Tempel B. Es zeigt mit einem Band umwundene Pfeile.

42–43 Blick von der Tempelpyramide C in Tula: Man erkennt den Tempel B, links den Verbrannten Palast und die Kolonnade, die vor den beiden Gebäuden verläuft.

43 oben Drei Säulenreihen thronen auf dem höchsten Punkt des Tempels B. Die erste besteht aus zylindrischen Säulen in Form von Federschlangen, die zweite aus Atlanten und die dritte aus Pfeilern mit Basreliefs, die Krieger zeigen.

43 Mitte rechts Brustpanzer aus Muschelplättchen, Perlmutter und Muschelanhängern. Auffallend ist die Ähnlichkeit dieses Brustpanzers, den man im Verbrannten Palast entdeckte, mit den Abbildungen auf den Atlanten des Tempels B.

43 unten Diese Stele der Tolteken zeigt einen Krieger mit Kopfschmuck, Ohrgehänge, Brustpanzer, Sandalen und Ornamenten an den Beinen.

sind in der Darstellung der Bekleidung der Krieger-Atlanten wiederzuerkennen.
Ein dem Verbrannten Palast sehr ähnliches Bauwerk, das jedoch schlechter erhalten ist, begrenzt die Südseite des Platzes. Vermutlich handelt es sich hier ebenfalls um ein Regierungsgebäude. Offensichtlich diente keines dieser Bauwerke als Wohngebäude. Man vermutet deshalb, dass die Führungsschicht von Tula in den großen Tempelanlagen östlich des Platzes lebte, wo man viele Luxusgegenstände aus fernen Ländern entdeckt hat.
Die Ostseite des Platzes wird von der beeindruckenden Pyramide C beherrscht, dem größten religiösen Bauwerk der Stadt, das sich jedoch ebenfalls in sehr schlechtem Zustand befindet. Die Pyramide war vermutlich Tezcatlipoca, dem kosmischen Widersacher von Quetzalcóatl, geweiht, oder dem Planeten Venus als Abendstern.
Hinter dem Tempel B und an der Westseite des Hauptplatzes befindet sich jeweils ein Ballspielplatz in der typischen I-Form. In der Nähe eines der Ballspielplätze haben Archäologen Teile einer Plattform entdeckt, unter der die Fragmente tausender menschlicher Schädel vergraben waren. Bei der Plattform handelt es sich um die Überreste eines *Tzompantli*, auf dem die Schädel geopferter Menschen zur Schau gestellt wurden. Die Opferungen fanden entweder auf dem Hauptplatz statt oder wurden auf einem der Ballspielplätze vollzogen.
Der *Tzompantli*, die farbigen Bänke, die Säulenhallen, die als Chacmool bekannten Steinskulpturen und der *Coatepantli* sind ursprünglich Elemente aus dem Norden, die zu Prototypen für entsprechende Gegenstände bei den Azteken wurden. Sie beweisen, dass Tula das Modell war, das Jahrhunderte später die Künstler und die Politiker der Azteken genauestens erforschten.

Quetzalcóatl und Tollan: zwischen Mythos und Geschichte

Quetzalcóatl, der mythische Herr von Tollan, ist die zentrale Figur einer Erzählung, in der Kosmologie, Mythologie und Geschichte untrennbar miteinander verschmelzen. Der Name Quetzalcóatl (Gefiederte Schlange) steht bei den Nahua sowohl für die antike Gottheit Gefiederte Schlange als auch für den Helden eines Epos, über dessen historische Grundlagen, wenn es sie denn gibt, nichts bekannt ist. Der Gott ist einer der ältesten Mesoamerikas. In ständigem Kampf mit Tezcatlipoca (Rauchender Spiegel), regelte er das Werden und das Vergehen, und er war entscheidend an der Erschaffung des Menschen, des Mais, des Kalenders und damit der mesoamerikanischen Kultur insgesamt beteiligt. Seine wichtigsten Verkörperungen sind Tlahuizcalpantecuhtli (Die Venus als Morgenstern) und Ehécatl (Windgott). Seine menschliche Verkörperung unterscheidet sich nur dem Namen nach von seiner göttlichen: Topiltzin Quetzalcóatl, nach dem Kalendernamen Ce Acatl (1 Rohr). Diese Manifestation war offensichtlich ein Mensch mit göttlichen Eigenschaften, ein Sprecher und Vertreter der Gottheit zugleich. Dies verlieh ihm die Macht, Führer seines Volkes zu sein. Aufgrund der engen Verbindung von Topiltzin Quetzalcóatl und Ce Acatl ist es nicht immer möglich, die beiden voneinander zu unterscheiden.
Gemäß aztekischen Schriften und Schriften aus der Kolonialzeit wurde Ce Acatl Topiltzin Quetzalcóatl unter wundersamen Umständen geboren. Nachdem er die sterblichen Überreste seines Vaters geborgen hatte, wurde er König der Stadt Tollan (Ort der Rohre). Hier ließ er vier Tempel erbauen und zeichnete sich durch bedeutende zeremonielle Taten und Bußübungen aus. Unter Ce Acatl Topiltzin Quetzalcóatls Herrschaft und mithilfe der toltekischen Künstler erlebte Tollan eine Blütezeit und wurde zu einer wunderbaren und beeindruckenden Stadt.
Quetzalcóatls vorbildliche Herrschaft endete, als ihn sein Widersacher Tezcatlipoca dazu verführte, sich zu betrinken. Im Rausch beging der Herrscher eine schwere rituelle Verfehlung, die ihn zwang, die Stadt zu verlassen. Er führte daraufhin seine Getreuen nach Osten, an einen Ort mit Namen Tlapallan. Dort verwandelte er sich in den Morgenstern.

Für viele mesoamerikanische Völker wurde das Tollan des Quetzalcóatl zur vollkommenen Stadt. Die Azteken ließen ihre Regenten in direkter Linie von den Herrschern Tollans abstammen und begründeten dies konkret mit den Vermählungen aztekischer Herren mit adeligen Damen aus der Stadt Culhuacan, in der die Tolteken nach dem Fall Tulas lebten. Die Experten, die sich mit der geschichtlichen Grundlage der Legende um Quetzalcóatl beschäftigten, bildeten zwei Lager. Während die einen nur im übermächtigen Teotihuacán das einzig mögliche historische Tollan sehen konnten, suchten die anderen an den vielen Grabungsstätten, deren Namen mit Tollan in Verbindung gebracht werden konnten, nach Hinweisen. Die Kontroverse wurde annähernd beigelegt, als immer präzisere dokumentarische Überprüfungen letztlich ergaben, dass jenes Tollan der aztekischen Schriften eigentlich nur das archäologische Tula im mexikanischen Bundesstaat Hidalgo sein konnte. Die Wanderung Quetzalcóatls nach Osten findet in der Realität eine gewisse Bestätigung in der unglaublichen Ähnlichkeit, welche die Architektur von Chichén Itzá in Yucatán mit der von Tula aufweist. In Chichén Itzá entstanden ab dem 10. Jahrhundert großartige Bauwerke im toltekischen Stil. Folglich wäre diese Maya-Stadt die Stadt Tlapallan, in die Ce Acatl Topiltzin Quetzalcóatl den Kult der gefiederten Schlange brachte.
Die Identifizierung des aztekischen Tollan mit dem archäologischen Tula findet heute große Akzeptanz, wenn die Experten auch die historische Verlässlichkeit gewisser Aspekte der Geschichte zunehmend anzweifeln. Chichén Itzá entwickelt sich in der Sicht der Forscher immer mehr zu einer noch großartigeren Schwesterstadt Tulas. Vor allem aber sieht man den Ursprung vieler ideologisch-politischer Elemente der Geschichte um Quetzalcóatl letztlich doch in Teotihuacán, zum Beispiel den Kult der gefiederten Schlange als Schöpferin des Kalenders, die enge Verbindung mit den Herrschern einer prächtigen Stadt, die außerordentliche Künstler beheimatete, und den Konflikt zwischen gefiederter Schlange und Jaguar.
Es wird immer klarer, dass die Verquickung von Mythos und historischer Realität, der man in den Schriften begegnet, anscheinend charakteristisch ist für eine politisch-religiöse Ideologie, die jahrhundertelang für weite Teile Mesoamerikas bestimmend war. Die Azteken sahen in den Ruinen Tulas das antike Tollan. Tula wiederum wurde von einer politisch-religiösen Ideologie geprägt, die nur in Teotihuacán entstanden sein kann, der Stadt, die in der aztekischen Mythologie schon im Zusammenhang mit der Erschaffung der Welt erwähnt wird. Im Kapitel „Tolteken oder Zuyuan?“ wird genauer erläutert, wie neue Analysen zum Verständnis der Geschichte der vielen irdischen Tollans beitragen, die im nachklassischen Mesoamerika entstanden.

44 Diese toltekische Skulptur zeigt eine Figur mit dem Maul einer gefiederten Schlange. Vermutlich handelt es sich um eine Darstellung von Ce Acatl Topiltzin Quetzalcóatl, dem sagenumwobenen Herrscher der Stadt Tollan.

45 Diese aztekische Skulptur der gefiederten Schlange zeigt eine der bedeutendsten Gottheiten Mesoamerikas, die bei den Azteken als Quetzalcóatl bekannt war. Diese Gottheit war unter anderem eine Art Schutzpatron der regierenden Familien.

TENOCHTITLÁN

TENOCHTITLÁN

Die Hauptstadt der Azteken war die eindrucksvollste aller Städte, welche die Spanier bei ihrem Vordringen erblickten. Durchzogen von einem Netz von Kanälen erhob sich Tenochtitlán als eine Wasserstadt auf einer Insel aus dem Texcocosee. Vier große Straßen, die auf Dämmen verliefen, verbanden die Insel mit dem Festland. Die Worte von Bernal Díaz aus Kastilien, mit denen er das spanische Vorrücken auf einer dieser Straßen beschreibt, belegen den Eindruck, den die Metropole auf die Europäer machte: „... als wir viele dieser Städte und bewohnten Dörfer im Wasser und andere große Städte auf dem Festland sahen und diese gerade Straße, die nach Mexiko führte, erfüllte uns Bewunderung, und wir sagten, dass das wohl die zauberhaften Dinge sein müssten, von denen wir gelesen hatten, die großen Türme, Tempel und Bauten im Wasser, die alle aus Stein und verputzt waren. Einige unserer Soldaten fragten sich, ob das nicht alles nur ein Traum sei."
Gemäß der Überlieferung wurde die Stadt um das Jahr 1370 gegründet, als der Anblick eines Adlers, der auf einem Feigenkaktus saß und eine Schlange im Schnabel hatte, der langen Wanderung der Mexica ein Ende setzte, nachdem sie unter der Führung ihres Stammesgottes Huitzilopochtli Aztlan verlasen hatten. In Wirklichkeit mussten sich die Mexica auf diesen ursprünglich wenig einladenden Inseln ansiedeln, weil die Tepaneken es verlangten, die zu jener Zeit die Herren in dieser Region waren. Zwölf Jahre später gründete eine Gruppe abtrünniger Mexica die Stadt Tlatelolco, die bald zur Rivalin Tenochtitláns wurde, bis sie 1473 erobert wurde.

Tenochtitlán war zwar ohne Zweifel die den Spaniern bekannteste Eingeborenenstadt, doch man weiß aus archäologischer Sicht nur sehr wenig über sie. Nach der endgültigen Eroberung der Stadt im Jahr 1521 entschied Cortez, die Hauptstadt „Neu-Spaniens" hier zu gründen. Das rasante Wachstum von Mexiko-Stadt zur Kolonialzeit und auch später führte unter anderem dazu, dass fast der gesamte Texcocosee trockengelegt wurde. Außerdem wurden die Ruinen der antiken Stadt überbaut, darunter auch der Kultbezirk, der laut Beschreibung von Bernardino de Sahagún 78 Tempelbauten umfasste,

wie zum Beispiel den Templo Mayor, den Haupttempel des Reiches.
Auch wenn bedeutende aztekische Ruinen auf dem Platz der drei Kulturen, dem einstigen Kultzentrum des antiken Tlatelolco, freigelegt wurden, so spiegelt doch der Templo Mayor, das religiöse und politische Herzstück des einstigen Reiches, am besten die Majestät Tenochtitláns wider. Er steht heute zwischen der Kathedrale von Mexiko-Stadt und dem Nationalpalast, zwei Bauwerken von gleichwertiger symbolischer Bedeutung.
Bevor im Folgenden die Ruinen des Templo Mayor beschrieben werden, soll kurz daran erinnert werden, was man in Quellen der Kolonialzeit und bei Grabungen über seine Symbolik erfahren konnte.
Der Tempel stellte ein Abbild des Kosmos dar und war das symbolische und reale Zentrum einer Stadt, die sich wie ein neues Tollan im Mittelpunkt des Universums erhob.
Die Plattform, über welcher der Tempel stand, war eine Darstellung der Erde, die die Unterwelt überragt. Auf dieser Erde thronten Zwillingspyramiden, Symbole für die himmlischen Ebenen des Kosmos. Die nördliche Pyramide, die vom Tempel des Regengottes Tláloc gekrönt wurde,

46 *Die aztekische Skulptur zeigt den Kopf eines Adlerkriegers mit Helm in Form eines Greifvogelschädels. Die Kennzeichnung des Ranges der Krieger durch die Identifikation mit heiligen Tieren und den kosmischen Kräften, für welche die Tiere standen, war bei den Azteken weit verbreitet, hatte aber bereits eine lange Tradition in ganz Mesoamerika, die mindestens seit der klassischen Zeit bestand.*

46–47 *Die Rekonstruktionszeichnung gibt einen Eindruck von Tenochtitlán, dominiert vom Templo Mayor mit den beiden Tempeln, die Tláloc und Huitzilopochtli geweiht waren. Der runde Tempel gegenüber war Ehécatl geweiht. Die Stadt verfügte über weitere Tempel, außerdem einen* Tzompantli, *einen Ballspielplatz, eine Schule für junge Adelige und Gebäude für die Versammlungen der Krieger.*

48 Die große aztekische Skulptur zeigt Coatlicue, Die mit dem Schlangenrock, irdische Gottesmutter der Sonne, des Mondes und der Sterne. Bemerkenswert sind der schlangengleiche Kopf, die Kette aus Herzen und Händen mit einem Totenkopfanhänger und der Schlangenrock. Die im Jahr 1790 gefundene Skulptur wurde als derart erschreckend empfunden, dass man sie wieder vergrub und für mehrere Jahrzehnte erneut verborgen hielt.

49 oben links Diese aztekische Skulptur, genannt Cuauhxicalli, *wurde im Templo Mayor entdeckt. Sie hat eine Vertiefung im Rücken, in der die Herzen der geopferten Gefangenen gelegt wurden. Menschenopfer und rituelle Kriege, die dazu dienten, Gefangene zu machen, die man opfern konnte, spielten in der aztekischen Ideologie eine nicht unbedeutende Rolle.*

49 unten links Den berühmten Sonnenstein ziert ein Basrelief, das die Fünfte Sonne oder die „Bewegte Sonne" darstellt. Um die fünfte Sonne sind die Symbole der früheren vier Sonnen und die Namen der Kalendertage angeordnet. Der Sonnenstein war ein Opferstein, auf dem Kriegsgefangene getötet wurden.

war eine symbolische Darstellung des Tonacatépetl, des Berges des Lebensunterhalts. Man glaubte, dass sich in diesem Berg – ähnlich einer Lagerhalle – Mais befand. Die südliche Pyramide, gekrönt vom Tempel des Sonnengottes Huitzilopochtli, stellt den Coatepec, den Berg der Schlange, dar, den Hügel der astralen Taten der Gottheit. Er ist als metaphorische Anspielung auf den Konflikt der Sonne mit den nächtlichen Gestirnen zu verstehen. Gemäß der Überlieferung wurde Huitzilopochtli von seiner Mutter Coatlicue (Die mit dem Schlangenrock) auf diesem Berg geboren und sah sich sofort mit der Feindseligkeit seines Bruders Centzon Huitznahua, Die Vierhundert aus dem Süden (die Sterne), und seiner Schwester Coyolxauhqui, Schellen an den Wangen (der Mond), konfrontiert. Huitzilopochtli bezwang seine Geschwister mit seiner Zauberwaffe *Xiuhcóatl*, der Feuerschlange, und warf ihre Körper, von denen er die Gliedmaßen abtrennte, auf die Berghänge.

49 Mitte Die aztekische Terrakottaskulptur aus Zentralmexiko stellt vermutlich einen Priester dar. Er ist mit den für den Totengott typischen Symbolen ausgestattet.

49 rechts Diese aztekische Basaltskulptur stellt Teteoinnan, die Mutter der Götter, dar, die göttliche Mutter im aztekischen Pantheon.

Templo Mayor

Es blieb im Grunde immer im Bewusstsein, dass der antike Kultbezirk Tenochtitláns mit dem heutigen Hauptplatz von Mexiko-Stadt identisch ist. Im Lauf der Zeit vergaß man jedoch, wo genau sich die antiken Bauwerke befanden, bis der Zufall sie wieder ans Licht brachte. Bereits im Jahr 1790 entdeckte man zwei der berühmtesten aztekischen Skulpturen, den Sonnenstein sowie die Kolossalstatue von Coatlicue, die sich heute im Mexica-Saal des Museo Nacional de Antropología befindet. Einen Zufallsfund machte man bei den Vorbereitungen der Feier zur Wiedereröffnung des Templo Mayor im Jahr 1978; Arbeiter stießen auf die große runde Skulptur der Coyolxauhqui, deren Gliedmaßen abgetrennt waren. Da man wusste, dass sie am Fuß der Treppe des

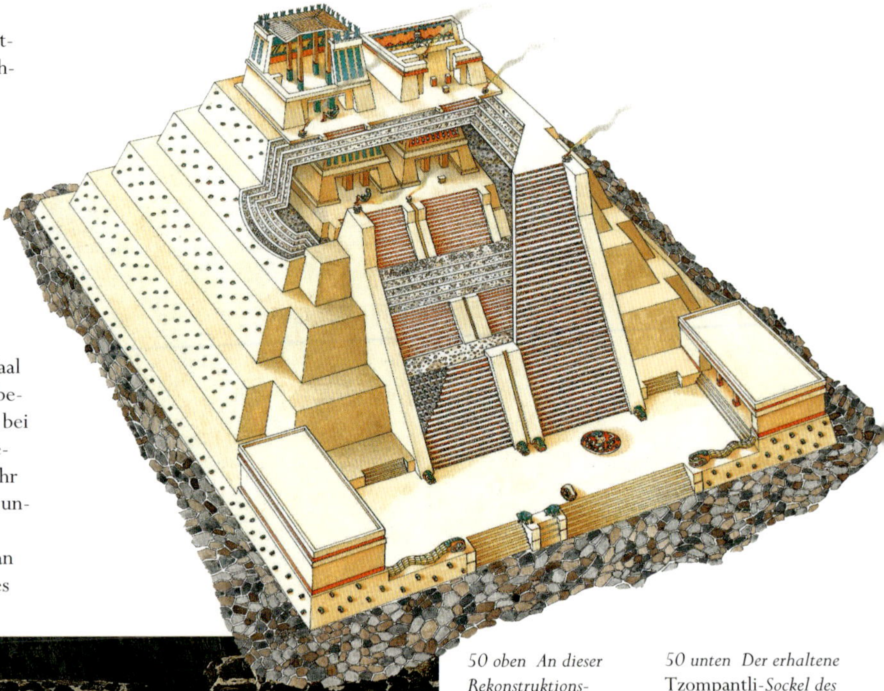

50 oben An dieser Rekonstruktionszeichnung des Templo Mayor erkennt man, wie der Doppeltempel in sieben aufeinander folgenden Bauabschnitten entstand. Der einzige heute noch vollständig erhaltene Komplex stammt aus der zweiten Phase. Vor der Treppe, die zum Tempel von Huitzilopochtli führt, erkennt man die runde Skulptur von Coyolxauhqui.

50 unten Der erhaltene Tzompantli-*Sockel des Templo Mayor ist mit Abbildungen von Schädeln verziert. Über diesem Sockel befand sich das Holzgestell, auf dem die Schädel der Geopferten zur Schau gestellt wurden.*

Tempels von Huitzilopochtli gestanden hatte, an jenem Platz, an den sie gemäß der Überlieferung ihr Bruder hingeschleudert hatte, konnte man den Standort des Templo Mayor genau bestimmen. Der Fortgang der archäologischen Untersuchungen ermöglichte es schließlich, die sieben verschiedenen Konstruktionsabschnitte (Epochen I bis VII) zu definieren, in denen der Templo Mayor zwischen den Jahren 1325 und 1521 seine endgültige Ausgestaltung erhielt. Heute erinnern die Überreste aus diesen Epochen an die Schichten einer waagerecht durchgeschnittenen Zwiebel, wobei sich in der Mitte die am besten erhaltene Schicht aus der Epoche II befindet. Von der letzten Version des Tempels gibt es nur sehr wenige Spuren, und die erste Version (Epoche I, um 1325) fehlt ganz, da die folgenden Konstruktionen darüber erbaut wurden und der Ursprungsbau durch den hohen Grundwasserspiegel unter dem Tempel versank.

Nähert man sich der Grabungsstätte, steht man sofort auf der Basisplattform (Epoche IVb, um 1470), die gewundene Schlangenkörper, große Schalen und ein von zwei Fröschen gekrönter Atlant schmücken. Von hier gelangt man, an den Resten verschiedener Rekonstruktionen vorbei, in den Kultbezirk, von dem heute eine Reihe überbauter Treppen zeugen. Vor der Treppe des Tempels des Huitzilopochtli steht eine Kopie der Coyolxauhqui (Epoche IVb, um 1470). Unterhalb dieser Statue kann man eine frühere Version derselben Skulptur in Stuck (Epoche IV, um 1454) bewundern. Geht man weiter in Richtung der ältesten Anlagen, kommt man an einer Reihe von anthropomorphen Standartenhaltern vorbei, die der Treppe im dritten Jahrhundert ihres Bestehens, man nimmt an ungefähr im Jahr 1431 n. Chr., hinzugefügt wurden. Die beiden Tempel aus der Epoche II (um 1390) sind fast vollständig erhalten und vermitteln eine Vorstellung von der

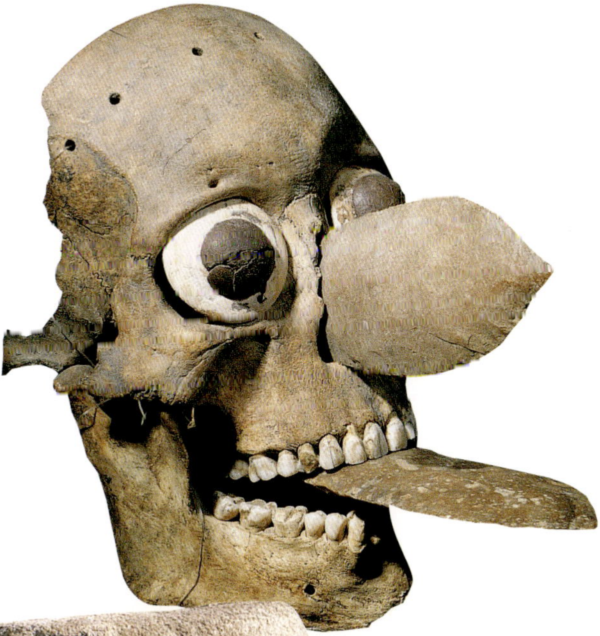

51 oben links Der farbige Chacmool steht vor dem Heiligtum des Tláloc auf dem Templo Mayor und stammt aus dem zweiten Bauabschnitt des Tempels. Diese Art Götterbildnis mit der Trankopferschale auf der Brust, hatte ihren Ursprung im nördlichen Mesoamerika und verbreitete sich zur Zeit der Tolteken in der gesamten Region.

51 oben rechts Masken, die den Totengott Mictlantecuhtli darstellen, fanden sich im Templo Mayor. Die hier gezeigte wurde vermutlich aus dem Schädel eines Geopferten angefertigt. Die Augen bestehen aus Muscheln und Hämatit, Opfermesser aus Feuerstein formen Nase und Zunge.

51 Mitte Die polychrome Basaltskulptur in Form eines Schlangenkopfes ziert die unterste Ebene des Templo Mayor im Herzen von Mexiko-Stadt.

51 unten Der eher zufällige Fund der großen Steinskulptur der Mondgöttin Coyolxauhqui, die aus dem vierten Bauabschnitt des Tempels stammt, leitete die Freilegung der gesamten Tempelanlage ein.

52 Der Blick auf den Templo Mayor in Tlatelolco zeigt die eindrucksvollen Treppen, die – wie in Tenochtitlán – zum Tempel des Tláloc und des Huitzilopochtli führten.

52–53 Hier, im Zentrum von Tlatelolco, der Zwillingsstadt Tenochtitláns, fand die entscheidende Schlacht zwischen dem spanischen und dem aztekischen Heer statt. Den aztekischen Ruinen, der Kirche Santiago Tlatelolco aus der Kolonialzeit und den modernen Bauten, die das Areal umgeben, verdankt es seinen heutigen Namen Platz der drei Kulturen.

einstigen Pracht des Templo Mayor. Vor dem Eingang des Tempels von Huitzilopochtli im Süden befindet sich eine steinerne Opferfigur, auf die Gefangene gelegt wurden, wenn man ihnen das Herz herausschnitt.

Im Norden steht der Tempel des Tláloc mit einem farbigen Chacmool, einer Steinfigur, welche die Trankopfer in Empfang nahm, die dem Gott dargebracht wurden.

Neben dem Templo Mayor sind drei weitere Bauwerke des Kultbezirkes interessant, die aus der Epoche VI (um 1500) datieren. Es handelt sich dabei um einen Tzompantli mit Schädelskulpturen, einen Sockel für das hölzerne Gestell, auf dem die echten Schädel zur Schau gestellt wurden, außerdem um den Tempel C, genannt Roter Tempel, ein kleines Heiligtum mit roten Kreisen, Symbol für Wasser und Kostbarkeit, und um einen ähnlichen Tempel, den man an der Südseite des Templo Mayor findet.

Nördlich der drei Bauwerke erhebt sich einer der schönsten Komplexe des Bezirkes, bekannt als das Haus der Adler. Die Anlage (Epoche V, um 1482) besteht aus verschiedenen Bauten, an deren Seiten farbige Bänke stehen, die an jene in Tula erinnern. Sie zeigen zwei Reihen Krieger, die auf einen Zacatapayolli zulaufen, einen Strohballen, in den Dornen gesteckt wurden und der bei Zeremonien der kultischen Selbstverletzung diente. In dem Komplex fand man auch zwei lebensgroße Terrakottastatuen von Adlerkriegern.

Jüngste Grabungen im Norden des Kultbezirkes förderten zwei weitere große Räume zutage, in denen man insgesamt mehr als dreißig Meter farbiger Bänke fand. Vor dem Eingang entdeckte man zwei große Schalen mit Abbildungen des weinenden Tláloc. Auf den Bänken standen zwei Terrakottastatuen des Mictlantecuhtli, des Gottes des Totenreiches. Der Gott ist mit sehr langen Finger- und Fußnägeln und als

Skelett dargestellt, dessen Leber aus dem Brustkorb quillt. Die Schultern und der Kopf, an dem sich Löcher zum Einfügen von Haaren befinden, waren mit Menschenblut übergossen. Diese Funde ermöglichten es, die Funktion des Hauses der Adler neu zu interpretieren. Wahrscheinlich ist es das Gebäude, in dem der neu erwählte aztekische Machthaber die rituellen Selbstverletzungen vornahm, die seinen Tod und seine Wiedergeburt als Sonnenherrscher symbolisierten.

Die jüngste archäologische Entdeckung auf dem Gebiet des Templo Mayor ist ein riesiger Monolith mit Basreliefs der Erdgöttin. Einige Merkmale des Monoliths geben Anlass zu der Annahme, dass er eine Höhle markierte, in der sich die Asche Ahuítzotls befand, des im Jahr 1502 verstorbenen aztekischen Herrschers.

Bei den Grabungen am Templo Mayor fand man unter der Basisplattform hunderte Opfergaben für die Unterwelt. Es handelt sich dabei häufig um außergewöhnliche Gegenstände, wie Steinstatuen, darunter Bildnisse des Feuergottes Xiuhtecuhtli, Gegenstände aus Jade, Alabaster oder Obsidian, Terrakottagefäße, Überreste von Wasser- und Landtieren und in einem Fall sogar Stoffe und auf Papier gemalte Ornamente. Eigenartigerweise fand man auch Gegenstände der Tolteken, der Teotihuacan-Kultur und der Olmeken, die zum Zeitpunkt der Opferung durch die Azteken teilweise bereits mehr als 1500 Jahre alt waren. Ein Teil der Votivgaben, die großen Terrakottaobjekte, die Originalskulpturen der Coyolxauhqui und andere Schätze können im Museum hinter dem Templo Mayor bewundert werden.

53 oben Auf der Detailansicht der Ruinen von Tlatelolco ist im Vordergrund der Anbau des Tempels R zu erkennen, und oben links sieht man den Zahlen- oder Kalendertempel mit Steintafeln, deren Basreliefs Kalendernamen aus dem 260-Tage-Zyklus darstellen.

53 unten links Diese aztekische Skulptur aus dem Templo Mayor verkörpert Huehuetéotl, den Alten Feuergott. Die ungewöhnliche Darstellung unterscheidet sich anhand wesentlicher Elemente, wie Kreise um die Augen und Reißzähne, vom Regengott Tláloc.

53 unten rechts Die lebensgroße Terrakottaskulptur eines Adlerkriegers wurde zusammen mit einer weiteren, identischen Statue im Haus der Adler nahe dem Templo Mayor gefunden und stammt etwa aus dem Jahr 1480.

DAS MUSEO NACIONAL DE ANTROPOLOGÍA

Die archäologische Sammlung des Museo Nacional de Antropología umfasst ungefähr 100 000 Exponate, die jedoch nicht alle ausgestellt sind. Die zur Schau gestellten findet man in zwölf Themensälen, die um den großen Innenhof angeordnet sind, den ein eindrucksvoller Springbrunnen des Architekten Pedro Vásquez Ramírez beherrscht.
Der Rundgang beginnt in den Sälen, die der Anthropologie, Mesoamerika und den Anfängen der Besiedelung Mexikos gewidmet sind. Der folgende Saal beschäftigt sich mit der vorklassischen Zeit auf den Hochebenen. Hier kann man die berühmten Keramiken der Olmeken von Tlatilco und Tlapacoya bewundern.
Der Teotihuacán-Saal zeigt die Meisterwerke der großen klassischen Metropolen, wie die Totenmaske mit dem Mosaik aus Türkisen und Muscheln, die Weihrauchgefäße und die große Skulptur der Chalchiutlicue. Eine polychrome Replik der Fassade der Quetzalcóatl-Palastes beherrscht den Saal.
Im Tolteken-Saal befinden sich Exponate aus Grabungsstätten der nachklassischen Zeit, wie Xochicalco, Cacaxtla und Xochitécatl, sowie toltekische Meisterwerke, zum Beispiel der mit Muscheln bedeckte Kopf des Kojotenkriegers, ein Chacmool und ein Atlant aus Tempel B.
Im Mexica-Saal ist eine außergewöhnliche Sammlung aztekischer Skulpturen ausgestellt, darunter der Sonnenstein, die Skulptur der Coatlicue, der Tizoc-Stein und die Skulptur von Xochipilli.
Im Oaxaca-Saal kann man unter anderem die Jademaske in Form des Fledermausgottes, eine außergewöhnliche Reihe von Urnen der Zapoteken und einige der schönsten Keramiken und Ohrgehänge der Mixteken bewundern. Darüber hinaus befindet sich hier der originalgetreue Nachbau zweier Gräber mit Wandmalereien aus Monte Albán.
Im Saal des Golfes, beherrscht vom Kolossalkopf Nr. 6 aus San Lorenzo, findet man eine herrliche Sammlung von Werken der Olmeken und anderer Golf-Kulturen, darunter die Terrakottaskulptur des Feuergottes aus Cerro de las Mesas

54 unten Die herrliche Steinmaske aus Teotihuacán mit Einlegearbeiten aus Muscheln und Obsidian sowie Ohrringen aus grünem Porphyr fand man neben Opfergaben aztekischen Ursprungs im Templo Mayor.

54 oben Diese elegante aztekische Steinskulptur einer Muschel ist Teil der Sammlung des Museums des Templo Mayor.

54–55 Dieser Chacmool stammt aus Chichén Itzá. Rote Klaue, der Name der Gottheit, ist modernen Ursprungs und hat nichts mit der Gottheit selbst zu tun.

55 links Dieses polychrome Weihrauchgefäß aus Terrakotta wurde in Mayapán entdeckt. Das Stück stammt aus der späten postklassischen Zeit und zeigt den Regengott Chac.

55 rechts In dieser zapotekischen Terrakotta-Urne ist eine Gottheit dargestellt, die in ein außerordentlich fantasievolles Gewand gehüllt ist.

und prächtige Skulpturen der Huaxteken. Die Meisterwerke im folgenden Maya-Saal sind zu zahlreich, um sie alle aufzuzählen, es sollen hier nur der Architrav 26 von Yaxchilán und der Nachbau des Grabes von Pacal mit seinem fantastischen Grabschatz erwähnt werden.
Die beiden letzten Säle sind der nordmexikanischen Casas-Grandes-Kultur gewidmet, einer nicht mesoamerikanischen Kultur, die mit jener der Puebloindianer verwandt ist. Außerdem findet man hier eine herrliche Ausstellung von Terrakottaskulpturen aus Westmexiko.

Das Museum des Templo Mayor

Hinter dem Templo Mayor befindet sich ein Museum, das viele Gegenstände beherbergt, die bei den Grabungen im und um den Tempel entdeckt wurden. Vor dem Eingang ist ein großes Modell des alten Kultbezirkes von Tenochtitlán aufgestellt sowie ein Objekt, das zwar nicht von archäologischer, aber von großer symbolischer Bedeutung ist: der Friedensnobelpreis, der im Jahr 1992 der Quiché-Indianerin Rigoberta Menchú verliehen wurde. Die acht Säle des Museums sind folgenden Themen gewidmet: Ahnen, Krieg und Opferriten, Tribut und Handel, Huitzilopochtli, Tláloc, Fauna, Landwirtschaft und archäologische Forschung. In einem weiteren Saal sind zeitgenössische Sammlungen ausgestellt.
Besonders erwähnenswert unter den zahllosen Meisterwerken im Museum des Templo Mayor sind die Originalskulptur der Coyolxauhqui, das große Antlitz derselben Göttin, die großen Terrakottastatuen von zwei Adlerkriegern und zwei Totengöttinnen, die Skulptur des Huehuetéotl, des alten Feuergottes, und vor allem die vielen unter der Tempelplattform gefundenen Opfergaben – Gefäße, Skulpturen, Opfermesser, Masken aus Menschenschädeln, Tierskelette und Edelsteinschmuck. Bemerkenswert sind hierbei besonders die bereits zur Zeit der Opferung antiken beziehungsweise exotischen Objekte, die die Azteken als Opfergaben darbrachten, wie zum Beispiel die Jade der Olmeken, die Masken der Teotihuacán-Kultur und die Skulpturen aus dem Staat Guerrero.
Faszinierend sind auch die Säulensockel von religiösen Bauten der Kolonialzeit, die von einheimischen Künstlern mit Bildnissen des Erdengottes Tlaltecuhtli geschmückt wurden. So konnten sie ihren Gott während der Unterdrückung durch die Europäer im Verborgenen anbeten und verehren.

REISEROUTE 2

MORELOS, PUEBLA, TLAXCALA UND VERACRUZ – VON DER HEILIGEN STADT CHOLULA BIS ZUM GLANZ DER EPIKLASSISCHEN ZENTREN

Betrachtet man die südlich und östlich des Hochtals von Mexiko gelegenen Zentren, so zeigt sich am deutlichsten die Dynamik der ethnischen, politischen und wirtschaftlichen Umstürze, die der klassischen Zeit ein Ende bereiteten. In den heutigen Staaten Morelos, Tlaxcala, Puebla und Veracruz findet man spektakuläre Grabungsstätten, welche die komplexen historischen und ethnischen Entwicklungen bezeugen, denn die dortigen Gemeinwesen bildeten seit jeher das Durchgangs- und Vermittlungsgebiet zwischen dem zentralen Hochland und beiden Küstenstreifen.

All diese Regionen gehörten in der klassischen Zeit mehr oder weniger zum Einflussbereich von Teotihuacán und förderten dessen Expansion. Morelos bildete einen Hauptknotenpunkt auf dem Handelsweg, der das zentrale Hochland mit den reichen tropischen Niederungen des Flusses Balsas und der Pazifikküste verband. Durch das Tal von Puebla und Tlaxcala verlief ein Straßennetz, das die Hochebene mit der Golfküste und dem Maya-Reich verband.

Cholula im Hochtal von Puebla ist von der vorklassischen Zeit bis heute ununterbrochen bewohnt und galt als die bedeutendste klassische Stadt der Region. Jahrhundertelang beherrschte Cholula den südlichen Abschnitt des Tals von Puebla und Tlaxcala und stand in ständiger Verbindung mit den Siedlungen im „Teotihuacán-Korridor", der im Norden des Tals die Verbindung der Metropole mit der Golfküste herstellte. Etwa ab dem Jahr 600 wurde am Golf El Tajín das wichtigste Zentrum, und im Norden blühte die bereits jahrtausendealte Kultur der Huaxteken. An der Südküste, nicht weit von Cerro de las Mesas, lag Matacapan, eine echte Kolonie Teotihuacáns am Golf, die vermutlich die Handelsstraßen überwachen sollte, auf denen tropische Waren aus dem Gebiet der Maya und von der Golfküste nach Teotihuacán gelangten.

Als gegen Ende der klassischen Zeit Teotihuacán von einer fundamentalen Krise erfasst wurde, kam es zu Völkerwanderungen im Einflussbereich der Metropole, und neue Siedlungsstätten erblühten. Diese Entwicklungen erschütterten die politische Landschaft der Epiklassik in Mesoamerika nachhaltig.

Siedlungen wie Teotenango (Toluca), Xochicalco (Morelos), Cacaxtla (Tlaxcala), Cantona (Puebla) und El Tajín (Veracruz) sind Beispiele für politischen Zentren, die aus der großen Krise Vorteile zogen und in denen eine kurze, aber herausragende Blüte der Kunst und Kultur entstand. Die nachklassische Kunst zeichnet sich durch einen eklektischen, feinen Stil aus, der jeweils die verschiedenen regionalen Traditionen aufzunehmen scheint. Die Entwicklung der Kunst spiegelt die multi-ethnische Situation des damaligen Mesoamerikas wider.

Im kriegerischen und dynamischen politischen Szenario der Epiklassik kam es zwischen den Jahren 900 und 1100 zu einer Umorganisation, in deren Folge sich die neuen ethnisch-politischen Gefüge festigten, welche die nachklassische Zeit bestimmen sollten. Die Tolteken-Chichimeken ließen sich in der Gegend von Puebla nieder, die Otomí besetzten den nördlichen Teil des Hochtals von Tlaxcala, und die Totonaken erweiterten ihr Reich an der Golfküste. So entstanden einige der wichtigsten nachklassischen Siedlungen, darunter das wiedererstarkte Cholula, Tlaxcala sowie Tuzapan und Cempoala, die Zentren der Totonaken. Dies waren noch immer blühende und wohlhabende Städte, als die Spanier landeten. Das stolze und unbeugsame Tlaxcala, das den Azteken seit jeher erbitterten Widerstand geleistet hatte, wurde zum wichtigsten Verbündeten der Spanier bei der Eroberung Mexikos und trug entscheidend zur Niederlage der aztekischen Heere bei.

56–57 Das Detail eines Basreliefs an der Fassade des Tempels der gefiederten Schlange von Xochicalco zeigt den Kopf und den Körper jener Schlange, der mit Muschelsymbolen verziert ist. Die Assoziation zwischen der gefiederten Schlange, der Muschel und dem Planeten Venus blieb in Mesoamerika bis zur Zeit der spanischen Eroberung bestehen. An Stätten wie Xochicalco lebte in der Epiklassik die aus Teotihuacán stammende politische Ideologie der gefiederten Schlange wieder auf, aus der die für viele multiethnische Regime der nachklassischen Zeit typische Zuyuana Ideologie entstand.

XOCHICALCO

Geschichte

Die Stadt Xochicalco (Ort des Blumenhauses), im westlichen Teil des Hochtales von Morelos, wurde ab dem Jahr 650 von verschiedenen Stämmen erbaut. Sie schufen ein neues Machtzentrum, welches die Rolle des bereits geschwächten Teotihuacán zum Teil übernehmen konnte. Wie in vielen anderen nachklassischen Zentren können auch in Xochicalco defensive Strukturen nachgewiesen werden, die als ein Beweis für eine allgemein kriegerische Politik dieser Zeit gelten können.
In der klassischen Zeit war das Hochtal von Morelos ein Handelsknotenpunkt, über den tropische Waren, wie Kakao, Federn, Baumwolle und Porphyr, aus dem Süden und Westen direkt nach Teotihuacán kamen. Während der Epiklassik, in den Jahren 650 bis 900, brach Xochicalco die Beziehungen zur zentralen Hochebene ab, hielt jedoch die Handelsbeziehungen mit Regionen wie Guerrero, Mixteka, Michoacán, dem Tal von Puebla und Tlaxcala sowie mit der Golfküste aufrecht. Möglicherweise hatte die Entstehung von Siedlungen wie Xochicalco großen Anteil an der Krise der klassischen Hauptstadt, denn ihr Aufstieg an den Handelswegen nach Teotihuacán schöpfte zu viel Wirtschaftskraft ab, die der Metropole nun entging.
Xochicalco fiel jedoch ebenso schnell, wie es erblüht war. Um das Jahr 900 wurde die Stadt vermutlich im Verlauf eines Aufstands zerstört und verlassen. Man brannte die Gebäude nieder und beschädigte viele Skulpturen. Bald darauf übernahm das neue Zentrum Miacatlán die führende Position unter den regionalen Städten.

58–59 Der Altar auf dem Platz der Stele mit den zwei Schriftzeichen in Xochicalco wird von der gleichnamigen Stele überragt. Im Hintergrund liegt Komplex E, die Hauptpyramide von Xochicalco.

58 unten links Das Bild zeigt den Hauptplatz von Xochicalco mit dem Tempel der gefiederten Schlange.

58 unten rechts Die Totenmaske und die Ketten aus grünem Porphyr wurden in den Grabstätten von Xochicalco gefunden. Sie zeigen deutlich, wie sich der Kunststil von Teotihuacán in vielerlei Art in der Tradition von Xochicalco niederschlug.

Die Stätte

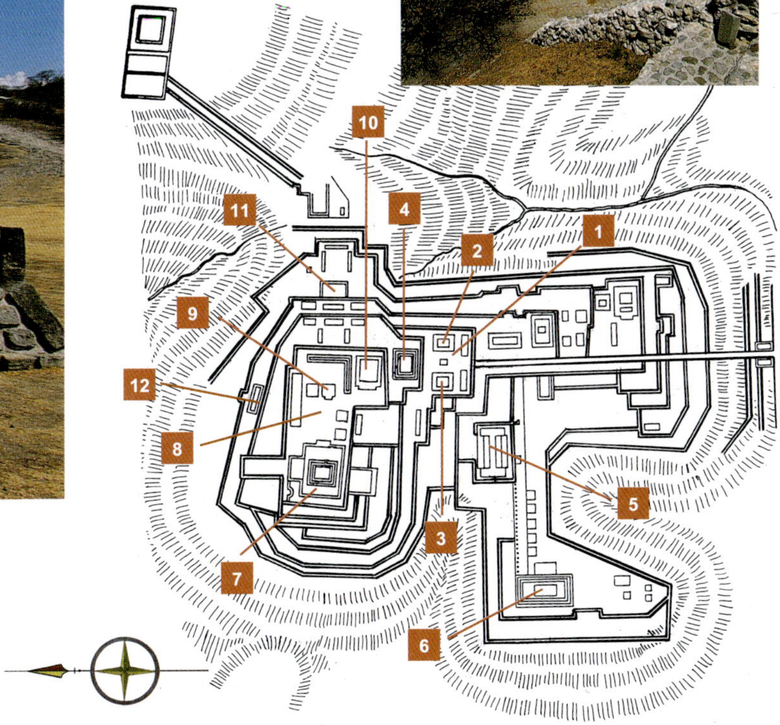

Die Grabungsstätte von Xochicalco umfasst etwa vier Quadratkilometer und ist zu einem Großteil über sieben Anhöhen verteilt. Die Bauten stehen auf Terrassen, die durch natürliche Steilhänge, Mauern und ein System von Wasser- und Wehrgräben gesichert waren. Auf dem Cerros Xochicalco befindet sich das Stadtzentrum, die Wohnbezirke erstrecken sich an den Seitenhängen über künstlich angelegte Terrassen.

Man betritt die Stadt an der Südseite über eine Rampe, die bis zum Platz der Stele mit den zwei Schriftzeichen im südlichen Teil des Cerro Xochicalco führt. Die Nordseite des Platzes wird vom größten pyramidalen Bauwerk der Grabungsstätte dominiert. Im Osten und Westen begrenzen die Tempel C und D den Platz. In der Mitte des Zeremonialplatzes, auf dem die gemeinschaftlichen Rituale stattfanden, steht ein Altar mit einer großen Stele, welche die Schriftzeichen „10 Rohr" und „9 Reptilauge" trägt.

Unter den verschiedenen Bauten der Stadt fällt vor allem ihr wichtigster Ballspielplatz ins Auge, an dessen Seiten noch die Ringe zu finden sind, welche die „Tore" markierten. Auf dem Spielfeld fand man die Skulptur eines Papageien, des Sonnentiers, das auf die astrale Bedeutung des Spieles hinweist. Wenn man den Ballspielplatz überquert, gelangt man in die Straße der Malinche, die an einem religiösen Bauwerk vorbei zu einem prunkvollen Palast und schließlich zur großen Malinche-Pyramide führt, die ihren Namen einer weiblichen Skulptur auf ihrer Spitze verdankt.

59 links Die heute an dieser Stelle zu bewundernde Kopie der Stele mit den zwei Schriftzeichen trägt die Glyphen „10 Rohr" und „9 Reptilauge". Im Hintergrund ist Tempel C zu erkennen.

59 rechts Im Hintergrund der Eingangstreppen im oberen Teil der Grabungsstätte von Xochicalco sieht man die Überreste der Akropolis der epiklassischen Stadt.

XOCHICALCO

1 Platz der Stele mit den zwei Schriftzeichen
2 Tempel C
3 Tempel D
4 Pyramide F
5 Südlicher Ballspielplatz
6 Malinche-Pyramide
7 Akropolis
8 Zeremonienplatz
9 Federschlangentempel
10 Komplex A
11 Östlicher Ballspielplatz
12 Nördlicher Ballspielplatz

Nördlich der Pyramide erhebt sich das höchste Bauwerk der Stadt, die Akropolis, ein enormer Komplex, in dem vermutlich die Elite Xochicalcos residierte. Er besteht aus zweistöckigen Wohngebäuden, die um Innenhöfe gruppiert sind, und aus weiteren Bauten mit unterschiedlichen Funktionen, darunter Lagerhallen und ein *Temazcal*, ein Dampfbad.

Die Akropolis öffnet sich zum Hauptplatz, in dessen Mitte das berühmteste Bauwerk Xochicalcos steht, der Tempel der gefiederten Schlange. Sein Sockel aus *Taluds* und *Tableros* ist über vier Meter hoch und stützt die Überreste der Mauern des eigentlichen Tempels, der einst auf ihm ruhte. Jeden *Talud* ziert ein Basrelief mit gefiederten Schlangen mit aufgerissenem Maul. In den Windungen ihrer Körper erkennt man Figuren mit großem Kopfputz – vermutlich die Herrscher der Stadt – , zweimal das Schriftzeichen „9 Reptilauge“ und Symbole, die an die Zeremonie des Neuen Feuers erinnern. Viele ikonografische Elemente stammen zwar aus Teotihuacán, doch auch der von der Golfküste kommende Einfluss der Maya ist, etwa in den gekreuzten Beinen der Figuren, nicht zu übersehen.

Die Gesimse des *Tableros* zieren dreißig Figuren mit Kopfschmuck, Weihrauchbeuteln und „Wortkommas“. Diese Figuren sitzen vor einem rätselhaften Zeichen, das aus einem aufgerissenen Mund besteht, der ein Kreuz in einem Kreis zu verschlingen scheint. Vermutlich handelt es sich dabei um ein Symbol für „kostbar“.

Neben jeder Figur steht ein anderes Schriftzeichen. Unter den vielen Versuchen, diese Figuren zu interpretieren, scheinen zwei am plausiblsten: Die eine Erklärung geht davon aus, die Schriftzeichen des *Tableros* stünden für die von Xochicalco eroberten Städte. „Der Mund, der Kostbarkeiten verschlingt“ symbolisiere die Eroberung oder das Eintreiben des Tributs. Die andere Erklärung sieht in den Figuren Priester, die sich zur Sonnenfinsternis im Jahr 743 versammelt hatten. Als Symbol für dieses Phänomen könnten Maul und Kreis stehen.

Eines der meist diskutierten Basreliefs Xochicalcos ist das einer Hand, die aus einem Kalenderschriftzeichen herausragt und ein Seil hält, an dem eine weitere Hieroglyphe befestigt ist. Das Relief befindet sich auf dem *Talud* links der Treppe zum Tempel der gefiederten Schlange.

60 oben links Beim Blick auf den Tempel der gefiederten Schlange erkennt man, dass die aus Teotihuacán stammenden Taluds *und* Tableros *bei den Architekten in Xochicalco wieder auflebten. Die* Taluds *sind sehr hoch und von den* Tableros *durch ein vorkragendes Gesims getrennt.*

60 rechts Die Stele Nr. 2 in Xochicalco hat man zusammen mit Nr. 1 und Nr. 3 im Tempel der Stelen entdeckte. Die Hauptfläche der Stele zeigt, von oben nach unten, das Schriftzeichen „7 Regen“, das Gesicht Tlálocs mit Kopfbedeckung in Form des Jahreszeichens und einen Brustpanzer mit dem Maul von Tláloc.

60 Mitte links Zwischen den Windungen der gefiederten Schlangen am Tempel von Xochicalco sitzen Figuren, die vermutlich Herrscher der Stadt darstellen. Die Darstellung enthält einige typische Maya-Aspekte, ein Hinweis auf den stilistischen Eklektizismus, der die Epiklassik kennzeichnet.

Der Tempel der gefiederten Schlange

1 Muscheln, Symbol des Windes und der gefiederten Schlange
2 Kalendarisches Symbol
3 Schuppen der gefiederten Schlange
4 Gefiederte Schlange
5 Kalendarisches Symbol

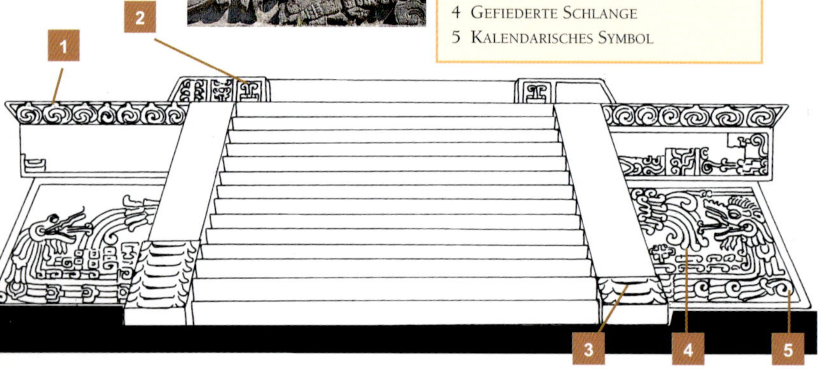

Lange Zeit unterstellte man, dieses Bild weise auf eine Kalenderjustierung hin, die von einigen Priesterastronomen auf einer Versammlung in Xochicalco beschlossen worden war. Diese Priester seien die im Tempel der gefiederten Schlange dargestellten Figuren. Diese Hypothese ist heute hinfällig, aber die tatsächliche Bedeutung des Basreliefs entzieht sich noch immer der Kenntnis der modernen Welt. Die Grabungen im Innern des Tempels der gefiederten Schlange ergaben, dass er in drei Bauphasen errichtet wurde, wenn auch in verhältnismäßig kurzer Zeit. Während eines der frühesten Konstruktionsschritte vergruben die Erbauer reiche Opfergaben, bestehend aus Muscheln, kleinen Skulpturen, Terrakottaschälchen und einer herrlichen Alabastervase, die in Freskentechnik bemalt ist.
Südlich des Tempels der gefiederten Schlange befindet sich der Komplex A, eine große Tempelplattform, die von einem Säulengang überragt wird, der in einen Innenhof mit drei Bauten mündet. Der mittlere Bau ist bekannt als Stelentempel, weil man hier die herrlichen Stelen Nr. 1, 2 und 3 fand, die rituell „hingerichtet" und in einem Graben beigesetzt worden waren. Im Norden erhebt sich ein Tempel, dessen Form der des Tempels der gefiederten Schlange gleicht, dessen Schmuck jedoch aus Malereien und weniger aus Basreliefs bestand.
Im Osten des Zeremonienplatzes liegt, jenseits zweier Bauten mit Innenhöfen auf etwas niedrigerem Niveau als der Platz selbst, der östliche Ballspielplatz und eine aus 252 Steinplatten bestehende Rampe. Diese Platten zieren Darstellungen von Tieren, darunter Schmetterlinge, Vögel und Schlangen. Ein weiterer Ballspielplatz befindet sich auf noch niedrigerem Niveau im Norden des Platzes.
Einer der rätselhaftesten Stadtteile ist zweifellos der im Nordwesten, der aus einer Reihe künstlicher Höhlen besteht, deren Funktion noch im Dunkeln liegt. Es ist bekannt, dass natürliche Höhlen zur Lagerung von Baumaterial dienten, sicher ist jedoch auch, dass zumindest einige der künstlichen Höhlen eine astronomische Bestimmung hatten. Hierzu gehört die als „Observatorium" bekannte Höhle, in die zweimal im Jahr, jeweils am 14. und 15. Mai und am 28. und 29. Juli, die Sonnenstrahlen durch eine sechseckige Öffnung in der Decke fallen und die Silhouette der Öffnung auf den Fußboden projizieren.

60–61 Der Kopf einer gefiederten Schlange ziert die Fassade des gleichnamigen Tempels.

61 Beim Blick in den Tempel der gefiederten Schlange sieht man Teile des Gewölbes, das noch einer älteren Version des Tempels entstammt.

Cholula

Geschichte

Cholula ist eines der langlebigsten religiösen Zentren Mesoamerikas. Es ist seit der vorklassischen Zeit bis heute ununterbrochen bewohnt und wurde durch die größte Pyramide Mesoamerikas weltberühmt. Nach einer ersten Ansiedlung in der vorklassischen Zeit von etwa 500 bis 200 v. Chr., nahe einer heute verschwundenen Lagune, verwandelte sich die Siedlung etwa zur Zeitenwende in eine bedeutende Stadt mit vielen Tempeln und Skulpturen. Während der gesamten klassischen Zeit war Cholula das Machtzentrum im Hochtal von Puebla, und man schätzt, dass dort im 5. Jahrhundert circa 30 000 Menchen lebten. Die Stadt unterhielt enge Beziehungen zu den Völkern am Golf und zu Teotihuacán, mit dem sich Cholula die Herrschaft über die Regionen von Puebla und Tlaxcala teilte.

Um das Jahr 650 durchlebte Cholula den Höhepunkt einer Krise, gekennzeichnet vom Einfall neuer ethnischer Gruppen in die Region. Einige dieser Gruppen kamen vielleicht aus dem zerfallenden Teotihuacán. Die Olmeken aus Xicalanca,

die enge kulturelle Beziehungen zu den Völkern am Golf und zu den Maya in Campeche unterhielten, besetzten die Gegend von Cholula und beherrschten sie in der dunkelsten Zeit ihrer Geschichte, die durch den Aufstieg Cacaxtlas (Xicalanca), der neuen Hauptstadt der Olmeken, noch hoffnungsloser wurde. Es ist bekannt, dass Cholula zu dieser Zeit von zwei Herren regiert wurde, von Tlachiyach Tizacozcue, dem mit der Erde verbundenen Herrn der Olmeken, und von Aquiyach Amapane, dem mit dem Wasser verbundenen Herrn von Xicalanca. Letzterer residierte offensichtlich in der großen Pyramide.

Gegen Ende der Epiklassik führten weitere soziale Erschütterungen schließlich dazu, dass sich zwei neue ethnisch-politische Machtgefüge im Tal von Puebla und Tlaxcala etablieren konnten. Im Norden entwickelte sich das mächtige Reich der Otomí, das seinen Einfluss bis ins 16. Jahrhundert erhalten konnte. Den Süden besiedelten aus Tula emigrierte Tolteken-Chichimeken, die sich in Cholula niederließen und im Lauf des 12. Jahrhunderts die Ureinwohner vertrieben. Die „Historia Tolteca-Chichimeca", ein Dokument in Nahuatl aus der zweiten Hälfte des 16. Jahrhunderts, erzählt, dass die Tolteken-Chichimeken unter der Führung des Priesterkönigs Couenan aus Tula emigrierten. Sie erreichten das bedeutende religiöse Zentrum Cholula, wo ihnen Quetzalcóatl erschien und sie anwies, sich hier niederzulassen. Die Tolteken-Chichimeken lebten hier bis zum Jahr 1168 friedlich mit den Olmeken aus Xicalanca zusammen, bis sie auf Weisung des Gottes Tazcatlipoca die Regierung der Stadt übernahmen.

Unter den Tolteken-Chichimeken erlebte Cholula eine neue Blütezeit und wurde zu Tollan Cholollan, einem der vielen Tollans Mesoamerikas, Standort eines äußerst bedeutenden Heiligtums, das dem Kult des Quetzalcóatl geweiht war. Dem Namen Tollan Chololلan, „der Ort der Rohre jener, die geflüchtet

62–63 Das Foto zeigt die Große Pyramide, umgeben von weiteren Bauwerken, Plätzen und Treppen.

62 Im Zuge einer umfassenden Restaurierung wurden die Stufen, die auf die Große Pyramide führten, zum Teil wiederhergestellt.

63 oben Bei den Grabungen im Umfeld der Großen Pyramide fand man auch diesen monolithischen Kopf eines Jaguarmenschen.

63 unten Diese monolithische Stele steht vor einer der Treppen, die sich gegenüber der Großen Pyramide befinden.

sind“, wurde der Name Tlachihualtépetl (Der von Hand geschaffene Berg) beigefügt, der sich auf die große klassische Pyramide bezog, die noch immer den antiken Stadtkern dominierte. Die Ansiedlung der Tolteken-Chichimeken belebte die Kontakte zu Zentralmexiko wieder, und in der nachklassischen Zeit wurde Cholula zum Zentrum der Kunsttradition von Puebla-Mixteca, die für polychrome Keramiken und illustrierte Kodizes bekannt ist. Man weiß, dass viele Herrscher aus unterschiedlichen Teilen Mesoamerikas nach Tollan Chollollan reisten, um von Quetzalcóatl und seinen irdischen Vertretern eine Art Amtseinführung zu erhalten.

Die neue Macht Cholulas überdauerte Jahrhunderte, und als die Spanier einfielen, war die Stadt noch immer ein blühendes Zentrum – in dem die Konquistadoren eines der schlimmsten Massaker im Verlauf der Eroberung Mittelamerikas anrichteten. Die Stadt blieb auch unter den Spaniern ein wichtiges religiöses Zentrum, was zahllose Kirchen belegen; angeblich sind es 365, eine für jeden Tag des Jahres.

Die Stätte

Cholula besteht heute im Wesentlichen aus der Großen Pyramide und den sie umgebenden Bauwerken. Diese stammen aus der klassischen Zeit, bevor die koloniale, moderne Stadt der nachklassischen Zeit das Wachstum des ursprünglichen Cholulas beendete. Über dem berühmten Quetzalcóatl-Tempel zum Beispiel erheben sich heute die Gebäude des Klosters San Francesco.

Die Große Pyramide, die mit einer Grundfläche von 160 000 Quadratmetern und einer Höhe von 54 Metern die größte Pyramide Mesoamerikas war, sieht heute aus wie ein Hügel. Auf der Spitze steht die Kirche Nuestra Señora de los Remedios aus dem 18. Jahrhundert. Mithilfe von insgesamt acht Kilometer langen unterirdischen Gängen, die in die Pyramide führen, war es möglich, ihre architektonische Geschichte zu entschlüsseln und festzustellen, dass sie in vier Konstruktionsabschnitten zwischen 200 v. Chr. und 800 n. Chr. entstand.

Die erste Konstruktion ähnelt der Sonnenpyramide in Teotihuacán, mit großen *Taluds*, die durch waagerechte Platten

unterteilt sind. Ab 200 n. Chr. wurden dieser Struktur verschiedene Anbauten im Stil Teotihuacáns hinzugefügt, mit *Taluds* und *Tableros*, bemalt mit Insektenköpfen oder menschlichen Schädeln.

Um 300 errichtete man eine neue große Pyramide, die die bestehenden Bauten umschloss und weitere Anbauten erhielt. Die letzte Konstruktion, die um das Jahr 800 entstand, besitzt einen Kern aus den typischen luftgetrockneten Adobe-Lehmziegeln und bildet die gigantische Pyramide, deren Größe man noch heute bewundern kann.

Neben den verschiedenen Bauphasen erbrachten die Grabungen noch weitere Funde und Erkenntnisse. Vor der Pyramide zum Beispiel erkennt man Grundmauern mit *Taluds* und *Tableros* aus der dritten Bauphase. An der Südseite stehen weitere Bauten und Steinskulpturen. Hier befindet sich die berühmte Wandmalerei der Trinker, die der Öffentlichkeit leider nicht zugänglich ist. Sie zeigt seltsame Vogelgesichter, die Pulche, Agavensaft, trinken.

Im Hof der Altäre findet man verschiedene Skulpturen mit eleganten Voluten. Deren Stil belegt den engen Kontakt Cholulas mit der Golfküste gegen Ende der klassischen Zeit.

Man darf die Große Pyramide jedoch nicht mit dem Quetzalcóatl-Tempel verwechseln, der das nachklassische Cholula berühmt machte. Vermutlich war die Pyramide in Cholula dem Regengott Tláloc geweiht, wie auch die Sonnenpyramide von Teotihuacán. Diese Hypothese, die sich auf die Ähnlichkeit mit der Sonnenpyramide in Teotihuacán sowie auf einige Malereien von Muscheln stützt, scheint durch eine Beschreibung aus dem Jahr 1581 bestätigt zu werden, in der es heißt, dass auf der Großen Pyramide ein Tempel mit einem „Götzenbild“ gestanden habe. Dabei handelte es sich um Chiconahuiquiáuitl (Neuer Regen).

Gemäß der „Historia Tolteca-Chichimeca“ fiel einst ein großer Jadebrocken in Form einer Kröte, die laut Überlieferung die Unterwelt und die Wasserwelt symbolisiert, auf die Pyramide. Diese Legende gab der Pyramide vermutlich ihre beiden zusätzlichen Namen, Chalchiutepec (Jadeberg), und Chollollan-Tamazol-Xamiltepec. Die beiden letzten Wörter dieses Namens bedeuten „Kröte“ und „Berg der Schlammbacksteine“.

Bemerkenswert ist in diesem Zusammenhang auch die Tatsache, dass der Kult der Virgen de los Remedios – deren Heiligtum sich heute auf dem Gipfel der Pyramide erhebt – auch die Bitte um Regen umfasst.

Cacaxtla

Geschichte

Das Hochtal von Tlaxcala entwickelte sich in der vorklassischen Zeit zwar schnell, wie die eindrucksvollen Bauten von Xochitécatl beweisen, doch sah es sich in klassischer Zeit mit der Expansion Teotihuacáns konfrontiert, das über den „Teotihuacán-Korridor" den Norden beherrschte. Im Süden wurde das expandierende Cholula zum Rivalen der Völker im Hochtal von Tlaxcala.

64 Beim Blick auf die Palastruinen von Cacaxtla im Tal von Puebla und Tlaxcala kann man im Hintergrund den Vulkan Ixtlacihuatl erkennen.

64–65 Das Detail eines rot bemalten Frieses zeigt einen Krieger mit Kopfputz und Ohrringen. Bei der Ausschmückung der Bauten von Cacaxtla ist der künstlerische Einfluss der Maya offensichtlich, was beweist, dass es in der Epiklassik einen lebhaften kulturellen Austausch zwischen den verschiedenen mesoamerikanischen Regionen gab.

Als diese beiden großen Zentren um das Jahr 650 in eine Krise gerieten, führte die Zuwanderung neuer ethnischer Gruppen zu einer kulturellen Wiedergeburt des Hochtales von Tlaxcala. Völker, die vom Golf von Mexiko kamen, siedelten sich in der Gegend des „Teotihuacán-Korridors" an und brachten die Kultur von El Tajín mit. In anderen Regionen des Tales ließen sich dagegen Otomí, Mixteken und Olmeken aus Xicalanca nieder.

Diese Olmeken, die bereits in Cholula ansässig waren, gründeten um das Jahr 600 die neue Hauptstadt Cacaxtla, nahe der antiken Stadt Xochitécatl (Geburtsort der Blumen), die dann ebenfalls wieder bewohnt wurde und florierte. Man hat das Stadtzentrum von Cacaxtla (Ort des Händlerbündels) auf einem kleinen Berg lokalisiert, geschützt von Mauern und Erdwällen. Hier entdeckte man einige der herrlichsten heute bekannten Malereien ganz Mesoamerikas. In ihnen verschmelzen wie in vielen epiklassischen Kunstwerken ikonografische Elemente aus Teotihuacán mit der Dynamik und Farbigkeit der Maya. Sie spiegeln exemplarisch die ethnischen und kulturellen Verflechtungen wider, die typisch für die Epiklassik Mesoamerikas waren. Das Reich der Olmeken im Hochtal von Tlaxcala geriet zwischen den Jahren 900 und 1100 in eine Krise, weil sich neue ethnische Gruppen in Städten wie Cholula angesiedelt hatten und die Reiche der Otomí und der Tlaxalteken zu großer Blüte gelangten. Bis zur Ankunft der Spanier beherrschten diese Reiche das Tal.

Die Stätte

Die Grabungsstätte von Cacaxtla besteht im Wesentlichen aus einem großen befestigten Komplex von Wohngebäuden, welcher die Stadt in zwei Bereiche unterteilt, die jeweils von einem größeren Platz beherrscht werden. Um diese Plätze herum gruppieren sich die wichtigsten religiösen Bauten.

Xochitécatl, die bedeutende Grabungsstätte aus der vorklassischen Zeit, erhebt sich auf dem Berg, der Cacaxtla überblickt. Vermutlich bildeten die beiden Städte eine Einheit, nachdem Letztere besetzt worden war.

Der nördliche Platz von Cacaxtla wird von einem großen Säulengang begrenzt. Teil des Sockels dieses Gangs ist die berühmte „Mauer der Schlacht". Sie zeigt ein Gefecht, in dem die mit Tierfellen bekleideten Jaguarkrieger die Adlerkrieger mit ihren Federputzen besiegen. Die Darstellung ist in ihrer realistisch wiedergegebenen Gausamkeit ein gutes Beispiel für die außergewöhnliche darstellerische Dynamik der Maya und zeigt auch das typische Blau vieler ihrer Bildnisse.

Die beiden zentralen Szenen an den Seiten der Haupttreppe zeigen die Gefangennahme zweier Anführer der Adlerkrieger. Der rechte wird ergriffen, als er sich eine Lanze aus dem Kopf ziehen will, der linke hingegen steht bewegungslos mit verschränkten Armen, eingehüllt in einen weißen Umhang mit den Sternensymbolen der Venus.

Es gibt zahllose Hypothesen über die Bedeutung dieser Malerei. Einige Experten sehen darin eine historische Schlacht und folglich den Sieg der Olmeken über einen anderen Volksstamm, andere halten sie für eine symbolische Darstellung zweier gegensätzlicher kosmischer Mächte oder – was wahrscheinlicher ist – zweier Herrschergruppen, die sich mit diesen kosmischen Mächten identifizierten.
Passiert man die Westseite des Platzes, gelangt man zum Roten Tempel, den beiderseits der Treppe Wandmalereien zieren, die älter sind als die beschriebene Schlachtdarstellung. Man erkennt einen alten Mann, der in ein Jaguarfell gekleidet ist und hinter dem ein großes Händlerbündel liegt, welches in Nahuatl Cacaxtli heißt, der Begriff, welcher der Stadt ihren traditionellen Namen gab. Auf dem Bündel sind ein tierförmiger Kopfputz, ein Schildkrötenpanzer, ein Federbündel und vermutlich Blöcke aus *Copal* (Weihrauch) abgebildet. Vor dem alten Mann sind eine Kakaopflanze zu erkennen, auf der ein Vogel sitzt, zwei Maispflanzen, deren Kolben kleine Menschenköpfe sind, und die Hieroglyphe „4 Hirsch", die dem Kalendernamen des Alten entsprechen könnte. Jeweils eine große Kröte,

65 Um die empfindlichen Wandmalereien und den farbigen Stuck vor Witterungseinflüssen zu schützen, wurde ein Großteil der Bauten mit Abdeckungen versehen. Aufgrund ihrer strahlenden Farben und der meisterhaften Ausführung gelten die Gemälde von Cacaxtla als die schönsten in ganz Mesoamerika.

an einer Wand in Blau, an der anderen gemustert wie ein Jaguar, und ein weiteres Tier sitzen inmitten von Pflanzen, durch die sich ein Wasserlauf schlängelt, dargestellt in Form eines Bandes aus Wassersymbolen. Eine große gefiederte Schlange rahmt diese Szene ein. Die gesamte Malerei ist durchdrungen von Wasser- und Unterweltsymbolen, für die es jedoch bis heute keine eindeutige Interpretation gibt. Die Darstellung des Händlers, der vielleicht ein Schutzgott der Ansiedlung ist, und der traditionelle Name der Stadt scheinen daran zu erinnern, welche Rolle der Handel in der Entwicklung Cacaxtlas spielte.

66 oben links Das Detail der berühmten Mauer der Schlacht schildert eine Kampfszene, in der zwei Adlerkrieger von Jaguarkriegern angegriffen werden. Der grausame Realismus des Gemäldes ist bemerkenswert.

66 unten links und Mitte Schildkröten, Muscheln, Hirsche und andere Kreaturen bevölkern die in Cacaxtla entdeckten Fresken. Die beiden hier abgebildeten Details sind Teil der Malereien am Säulengang A.

66 rechts Das Bildnis zeigt eine Figur am südlichen Pfeiler des Säulenganges A. Bemerkenswert ist die Muschel, aus welcher der Kopf eines Menschen mit langem rotem Haar erscheint.

Im Roten Tempel befindet sich eine noch ältere Treppe, dekoriert mit Gefangenenkörpern und Hieroglyphen, die vermutlich für eroberte Städte stehen. Die Pfeiler des Venustempels am südwestlichen Ende des Komplexes zieren zwei annähernd symmetrische menschliche Figuren, die vermutlich den Planeten Venus selbst verkörpern. Am besten erhalten ist die männliche Figur mit Jaguarschurz, auf dem ein großes Venussymbol erscheint. Die Figur hat einen langen Skorpionstachel und gefiederte Skorpionglieder mit Jaguarkrallen. Der Mann, der von Venussymbolen umgeben ist, scheint in einem Fluss zu treiben. Diese Symbole gleichen denjenigen auf dem Umhang des Anführers der Adlerkrieger, der auf der Mauer der Schlacht dargestellt ist. In der zweiten Figur im Venustempel erkennt man anhand einer weiblichen Brust eine Frau, die dem Mann stark ähnelt, jedoch keine Skorpionmerkmale aufweist.
Die Malereien im Venustempel belegen die zentrale Stellung des Planeten in der Ideologie der Olmeken aus Xicalanca. Er wurde oft mit Krieg und Unterwelt in Verbindung gebracht. Diese zentrale Stellung wiederholt sich im Roten Tempel und an der Mauer der Schlacht ebenso wie in jüngeren Malereien der Stadt, die um das Jahr 800 entstanden und im Säulengang A entdeckt wurden.
Säulengang A befindet sich an einer Ecke des Nordplatzes und grenzt an die Mauer der Schlacht. Er wurde erst bemalt, nachdem die Mauer bereits unter Sand begraben und von neuen Strukturen überbaut war. Die Abildungen zeigen unter anderem zwei Personen, vermutlich Herrscher, die Stäbe oder Lanzen in die Höhe halten. Der Mann auf der nördlichen Wand ist in Jaguarfelle gekleidet, und von seinen Stäben oder Lanzen tropft Wasser. Hinter ihm steht eine große Hieroglyphe „9 Reptilauge“, vor seinem Gesicht sind kleinere Hieroglyphen zu sehen, wovon eine sein Kalendername sein könnte.
Den Rahmen bilden ein Wasserband und eine gefleckte Schlange mit langem Federschwanz. Die Figur an der südlichen Mauer ist als Vogel verkleidet, mit einem Schnabel am Kopfputz und den Krallen eines Greifvogels. Ihr Stab hat die traditionelle Form der doppelköpfi-

67 oben Dieses Foto zeigt eine Reproduktion der berühmten Wandmalerei an der Nordwand des Säulengangs A. Sie stellt eine in Jaguarfell gekleidete Figur dar, die Stäbe in ihren Armen hält.

67 unten Die Figur an der Südwand des Säulengangs A ist als Greifvogel verkleidet. Sie stellt vermutlich einen Herrscher oder einen Priester dar.

gen Schlange. Hinter ihm sind ein Vogel und die Hieroglyphe „13 Feder" zu erkennen.
Auch die angrenzenden Pfeiler sind mit neueren Basreliefs und mit Abbildungen von zwei Menschen verziert. Die Figur auf dem nördlichen Pfeiler ist als Jaguar gekleidet und gießt Wasser in ein Gefäß mit dem Abbild des Regengottes Tláloc. Die Figur auf dem südlichen Pfeiler hat eine bis auf die Füße fallende Haartracht und hält eine große Muschel in Händen, aus der eine kleine rothaarige Figur auftaucht. Seitlich der beiden Figuren findet man die Hieroglyphe „7 Reptilauge", und neben der Figur auf dem südlichen Pfeiler erscheint außerdem die große Hieroglyphe „3 Hirsch".

67 oben links Am nördlichen Pfeiler des Säulenganges A fällt eine in Jaguarfell gekleidete Figur ins Auge, die Wasser in ein Gefäß gießt. Die Figuren in diesem Gang erinnern eher an Jaguare als an Menschen.

Auch wenn die Malereien von Cacaxtla aus verschiedenen Perioden stammen, kann man doch einen kontinuierlichen Bezug zur Wasser- und Venussymbolik und zum Kampf zwischen Jaguaren und Federwesen feststellen. Wie bereits in Teotihuacán, zum Beispiel im Mythos über den Kampf zwischen Quetzalcóatl und Tezcatlipoca, und in der aztekischen Kriegsordnung assoziierten diese Vorstellungen oft die politische Macht und die militärische Ordnung mit den Hauptdarstellern kosmischer Rivalitäten und Kämpfe. Die duale Auffassung von Macht, die aus den Malereien von Cacaxtla spricht, lässt sich gut mit den historischen Tatsachen über die beiden Herrscher der Olmeken vereinbaren, die in Cholula regierten.

El Tajín

Geschichte

Die Küste des Golfs von Mexiko im Gebiet des heutigen Staates Veracruz war dank ihrer Fruchtbarkeit und ihrer Lage an der Haupthandelsroute in das Maya-Reich stets relativ wohlhabend. In der klassischen Zeit beherrschte El Tajín die politische Szenerie dieser Region. Es unterhielt sehr enge Beziehungen zu Teotihuacán, Cholula und zu Matacapan, einer eng mit Teotihuacán verbundenen Stadt. Nach dem Machtverfall Teotihuacáns erreichte El Tajín seinen kulturellen Höhepunkt und brachte einen bemerkenswerten architektonischen und bildhauerischen Stil hervor. Die Stadt, in der circa 20 000 Menschen lebten, kontrollierte bedeutende Obsidianvorkommen und beherrschte das gesamte Gebiet in der Mitte der Golfküste, nicht zuletzt aufgrund mehrerer machtbewusster und kriegerischer Herrscher, darunter 13 Kaninchen, der die Hauptperson vieler Kriegsszenen auf Basreliefs in der Stadt ist.

Es hat sich als problematisch erwiesen, die ethnische Herkunft der Erbauer von El Tajín zu definieren. Lange Zeit nahm man an, die Stadt sei von Totonaken erbaut worden, dem Stamm, der zur Zeit der spanischen Eroberung die Geschicke des mittleren Teils der Golfküste lenkte. Heute weiß man jedoch, dass die Totonaken erst um das 8. Jahrhundert in diese Gegend kamen. Gemäß einiger Experten ließen sie sich dann auch im multi-ethnischen El Tajín nieder, wo sie zur späten Blüte der Stadt beitrugen und Kunst- und Baustile erlernten, die sie später in ihren nachklassischen Städten

68 Diese Terrakottafigur aus El Zapotal in Veracruz trägt einen merkwürdigen Kopfschmuck. Die Kreise um die Augen lassen eine Verbindung zur Regengottheit vermuten.

68–69 Der Komplex 16 begrenzt im Norden den Platz des Wildbaches in El Tajín.

69 Mitte Am Bauwerk C in Tajín Chico findet man die für die Kunst und Architektur der Stätte typischen Mäander. Man nimmt an, dass diese Symbole Muscheln darstellen und mit dem Kult der Venus oder der gefiederten Schlange in Verbindung stehen.

weiterentwickelten. Andere Experten vermuten, dass die Totonaken die Stadt zerstörten, dann aber eine politische und wirtschaftliche Neuorganisation der Region unternahmen.
Sicher ist, dass El Tajín um das Jahr 1100 zerstört und von seinen Bewohnern verlassen wurde und die Totonaken eine Reihe wohlhabender, unabhängiger Städte gründeten, wie zum Beispiel Tuzapan und Cempoala, die erste große mesoamerikanische Stadt, die die Spanier kennenlernten.

E L   T A J Í N

A Platz der Gruppe des Wildbachs
B Bauwerk 5
C Bauwerk 2
D Nischenpyramide
E Bauwerk 3
F Bauwerk 4
G Tajín-Chico-Gruppe
H Gebäude der Säulen
I Pyramide der Akropolis

1 bis 10 Ballspielplätze

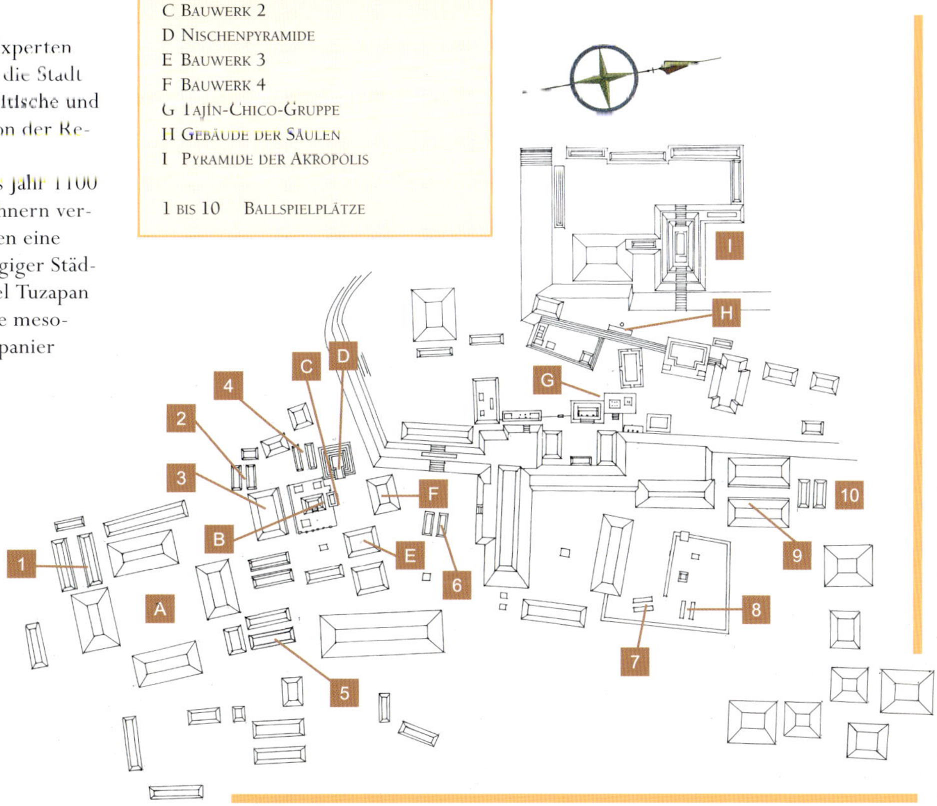

69 unten Beim Blick auf den tiefer liegenden Teil von El Tajín ist in der Mitte der aus den Komplexen 24 und 25 bestehende Ballspielplatz zu erkennen.

Die Stätte

El Tajín besteht aus einem in der Ebene gelegenen und einem auf einem Hügel angesiedelten Teil. Ein Komplex, der in der Ebene liegt, ist die sogenannte Grupo del Arroyo (Gruppe des Wildbachs). Auf dem Hauptplatz der Stadt, auf dem Zeremonien und Märkte abgehalten wurden, stehen verschiedene Bauwerke (16, 18, 19 und 20). Schon hier fällt der für El Tajín charakteristische Baustil ins Auge. Große pyramidale Sockel mit Nischen und Gesimsen verleihen den Gebäuden nicht nur eine gewisse Leichtigkeit, sondern auch ein beinahe orientalisches Aussehen.
In der Nähe der Gruppe des Wildbachs liegen einige der siebzehn Ballspielplätze von El Tajín. Bei manchen stehen an den Ecken Skulpturen des Erdenmonsters. Der südliche Ballspielplatz ist für seine Basreliefs berühmt. Die vier Ecktafeln zeigen zwei Spielszenen und zwei Szenen nach dem Spiel, in denen die Spieler geopfert werden. Die beiden mittleren Ta-

feln stellen weitere rituelle Aktivitäten dar, darunter eine Selbstverletzung, bei welcher der Penis durchbohrt wird.
Weiter nördlich erreicht man den berühmtesten religiösen Komplex der Stadt, der von der Nischenpyramide dominiert wird. Die Pyramidenstufen sind mit 365 Nischen versehen, was die kalendarische Bedeutung dieses Bauwerkes belegt. Vermutlich wurde es als Mausoleum für den Herrscher 13 Kaninchen erbaut. Auf der Treppe des in der Nähe gelegenen Bauwerkes 5 steht eine Skulptur der Gottheit Tajín, Gott des Regens und des Blitzes.
In nordwestlicher Richtung erreicht man ein weiteres beeindruckendes Bauwerk, das Xicalcoliuhqui, eine 360 Meter lange Mauer in Form von Mäandern, die zwei Ballspielplätze und weitere Kultbauten umschließt. Die in der Stadt üblichen Mäander erinnern an die aufgeklappte Muschel, ein Symbol des Quetzalcóatl, das oft für Brustpanzer verwendet wurde. Viele Wandmalereien in El Tajín zeigen gefiederte Schlangen, ein Beleg für die wichtige Rolle, die dieser Kult in der nachklassischen Stadt spielte.
Der Stadtteil auf dem nahe gelegenen Hügel ist als Tajín Chico bekannt. Hier beherbergten vermutlich reich verzierte Wohnhäuser die Elite El Tajíns. Ein von Bauwerk D ausgehender unterirdischer Tunnel verband diese Wohngegend mit dem Zentrum der Unterstadt. Tajín Chico wird beherrscht von einem großen Säulenbau auf dem Gipfel des Berges, der Residenz des Herrschers der Stadt. Auf den Säulen, die aus behauenen monolithischen Blöcken bestehen, sieht man Abbildungen wahrscheinlich historischer Ereignisse, zum Beispiel Gefangennahmen, Opferungen und Opfergaben. Oftmals ist der berühmte Herrscher 13 Kaninchen, unter dessen Regierung die Stadt ihre Blütezeit erlebte, die Hauptfigur.
Die zahlreichen Wandmalereien, die während der Grabungen ans Licht kamen und die an einigen Bauten noch gut zu erkennen sind, sowie die Fragmente der farbigen Stuckskulpturen vermitteln eine Vorstellung von der einstigen Pracht der eleganten Bauwerke in El Tajín.

70 oben Die Nischenpyramide in El Tajín, die hier teilweise von Komplex 5 verdeckt wird, zeigt deutlich die vorkragenden Gesimse und die Nischen in der Fassade. Dies gibt den Bauten eine Leichtigkeit, die oft zum Vergleich mit dem Baustil des Fernen Ostens führt.

70 unten links Auf diesem Basrelief des südlichen Ballspielplatzes ist vermutlich eine Szene zu Beginn des Spiels dargestellt. In der Mitte erkennt man zwei Spieler mit Gürteln, „Äxten" und „Palmwedeln", die sich miteinander zu unterhalten scheinen. Zwischen ihnen ist das Zeichen Ollin *für „Bewegung" über dem Ball eingemeißelt. Seitlich erscheinen weitere Personen, darunter ein Kojotengott und – ganz rechts – der Gott des Todes. Die Szene wird von den für El Tajín typischen Voluten eingerahmt.*

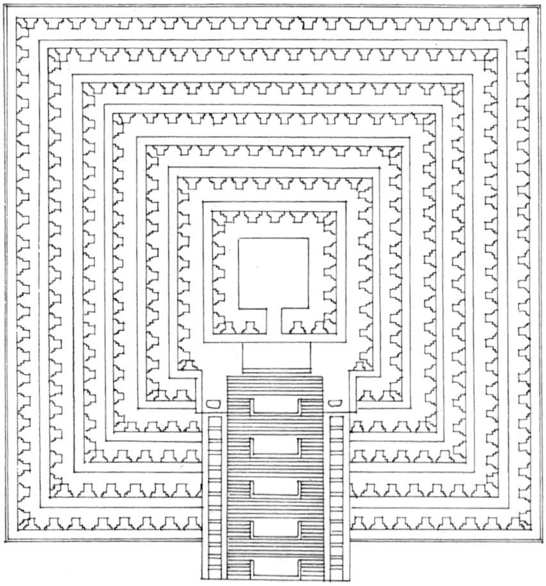

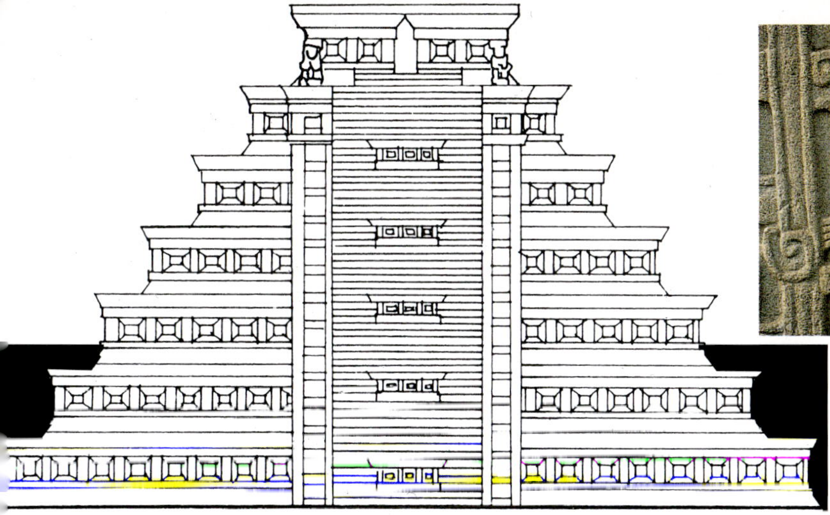

70 unten rechts und 71 unten links Hier sieht man den Grundriss und eine Seitenansicht der Nischenpyramide.

71 oben Komplex 1 ist aufgrund seiner 365 Nischen, die offensichtlich an den Sonnenzyklus erinnern sollten, als Nischenpyramide bekannt. Manche Experten meinen, diese Pyramide sei das Mausoleum des berühmten Herrschers 13 Kaninchen.

71 unten rechts Dieses Basrelief zeigt eine Gottheit mit Reißzähnen, die einem Würdenträger eine Art Zepter überreicht. Die linke Figur trägt ein Sternensymbol auf dem Körper, vermutlich ein Hinweis auf eine Verbindung mit der Venus oder mit Quetzalcóatl.

Das Ballspiel

Eines der ältesten und am weitesten verbreiteten rituellen Spiele Mesoamerikas war das Ballspiel, das offensichtlich in der Gegend des Golfes von Mexiko besonders beliebt war. In El Tajín gibt es siebzehn Ballspielfelder, nur Cantona hat mit 22 noch mehr. Aus El Tajín stammen auch die außergewöhnlichen Steinskulpturen, welche die wesentlichen Teile der Spielerausstattung, wie Gürtel, Äxte und Palmwedel, zeigen. Das Ballspiel wurde ab der vorklassischen Zeit in ganz Mesoamerika gespielt und war auch zur Zeit der spanischen Eroberung noch populär. In Tenochtitlán befand sich ein großes Spielfeld im Tempelbezirk. Die ältesten Spielfelder hat man jedoch in Chiapas an der Pazifikküste gefunden.

Die Spielfelder hatten in der Regel die Form eines flachen „H“ beziehungsweise einer römischen Eins, und die Wände, welche erhaltene Spielfelder begrenzen, sind oft mit unterschiedlichen Abbildungen und Basreliefs geschmückt. Zu den berühmtesten Feldern zählen jene in Copán, die mit kreisrunden Basreliefmarkierungen verziert sind, die flach direkt auf dem Spielfeld angebracht sind, sowie mit Papageienköpfen, die eindeutig die Sonnensymbolik des Spiels belegen, denn der Papagei ist das bekannteste Sonnentier in der mesoamerikanischen Ikonografie. Teotihuacán ist zwar das einzige bedeutende Zentrum, in dem kein Ballspielplatz gefunden wurde, das Spiel wurde hier aber ebenfalls veranstaltet, allerdings nicht auf speziell angelegten Plätzen, wie die Malereien von Tepantitla beweisen. In Teotihuacán verwendete man außerdem Keulen, und auf dem Feld befanden sich spezielle Steinmarkierungen. Eine dieser Markierungen wurde in La Ventilla gefunden und eine nahezu identische in Tikal, in einem im Stil Teotihuacáns erbauten Komplex.

Detaillierte Spielregeln sind leider nicht bekannt, man weiß lediglich, dass die Spieler, geschützt durch Ledergürtel, Knie- und Handschoner, den schweren Gummiball mit Hüfte und Schultern spielen mussten und er den Boden nicht berühren durfte. Ab dem Ende der klassischen Zeit gab es dann senkrecht stehende Steinringe an den das Feld begrenzenden Mauern, und man konnte den Sieg erringen, indem man den Ball durch einen solchen Ring beförderte, was jedoch nur in seltenen Fällen gelang.

Sehr erhellend ist im Zusammenhang mit dem symbolischen Wert des Ballspiels das „Popol Vuh“, die epischen Erzählung der Maya, in der das Spiel zwischen den heldenhaften Zwillingen und den Totengöttern beschrieben wird. Die Sonnenallegorie des Spiels ist offensichtlich. Das Spiel scheint den Kampf zu symbolisieren, den Sonne und Venus jede Nacht auf ihrer Reise durch die Unterwelt austragen.

In verschiedenen Episoden im „Popol Vuh“, in denen es zu Enthauptungen kommt, tritt die Analogie zwischen Spielerkopf und Ball eindeutig zutage. In El Tajín oder Chichén Itzá sind Enthauptungen dargestellt, und man findet häufig Abbildungen von Bällen mit Schädeln. Es hält sich hartnäckig die Annahme, dass die Sieger eines solchen Spiels enthauptet wurden, tatsächlich gibt es jedoch dafür keinerlei Belege. Vorstellbar ist, dass diese Opferspiele eine Art Ritual waren, bei dem zu Beginn schon feststand, wer sterben musste, zum Beispiel wenn siegreiche Könige – gekleidet wie die Zwillinge im „Popol Vuh“ – gegen besiegte Herrscher spielten. Dann wird auch klar, warum die Spielfelder als direkter Zugang zum Totenreich verstanden wurden, sowohl im symbolischen als auch im wörtlichen Sinn. Neben seiner rituellen und symbolischen Funktion war das Spiel aber auch einfach ein Wettkampfsport und Freizeitvergnügen, wobei diese Aspekte wahrscheinlich im Lauf der Zeit immer mehr in den Vordergrund traten. Bernardino de Sahagún beschreibt das Ballspiel zur Zeit der Azte-

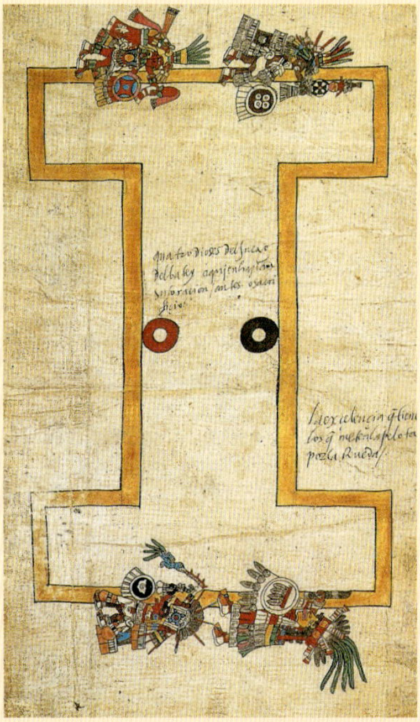

ken folgendermaßen: „Der Herr spielte zum Zeitvertreib Ball. Er benutzte Ullibälle. Diese Bälle sahen aus wie die großen Kugeln, die man beim Kegeln benutzt. Sie wurden ‚Ulli' genannt, waren aus Harz oder Gummi und sehr leicht und sprangen wie ein luftgefüllter Ball. Der Herr nahm weitere gute Ballspieler mit, die mit ihm spielten, und auch die Gegner waren berühmte Spieler, und man gewann Gold …, Türkise, Sklaven, wertvolle Decken …, Maisfelder, Häuser, Federn, Kakao und Federgewänder."
Sahagún und die übrigen Spanier waren von dem Gummiball – das Material war den Europäern bis dahin unbekannt – und der Akrobatik der Spieler so angetan, dass eine Gruppe Spieler an den Hof Karls V. eingeladen wurde, um vor dem Herrscher aufzutreten. Auch nach der spanischen Eroberung blieb die Tradition des Ballspiels bestehen, und einige Formen des Spiels findet man noch heute in manchen Gegenden Nordmexikos.

72 links Diese Terrakottafigur aus dem Maya-Gebiet in Guatemala zeigt einen kräftigen Ballspieler mit Gürtel, der sich anschickt zu werfen. Die Darstellung der Figur wirkt ungewöhnlich realistisch.

72 oben rechts Auf dieser Stele der Maya ist ein Ballspieler im typischen Spielergewand und mit einer fantasievollen Kopfbedeckung zu sehen. Die Bekleidung des Spielers erinnert an die kosmische Symbolik des rituellen Ballspiels.

72 unten rechts Auf dieser Seite aus dem aztekischen „Codex Borbonicus" erkennt man ein typisches Ballspielfeld in Form einer römischen Eins mit den beiden seitlichen Ringen als Zielfelder, die später auf allen mesoamerikanischen Spielfeldern üblich waren. Die Figuren, die das Spielfeld begrenzen, verkörpern die Schutzgötter des Spiels.

73 oben Diese steinerne Spielfeldmarkierung wurde in La Esperanza, in der Umgebung der klassischen Maya-Stadt Chinkultic in Chiapas freigelegt. In ihrer Mitte sieht man einen Spieler, gegen den ein riesiger Ball prallt. Der Spieler trägt einen Gürtel, Knie- und Ellbogenschoner sowie einen großen Kopfputz.

73 unten Die zentrale Figur dieser steinernen Spielfeldmarkierung der Maya aus der klassischen Zeit stellt einen Herrscher dar, die Umrandung enthält ein Datum der Langen Zeitrechnung. Meist waren drei dieser Markierungen flach auf der Mittellinie des Spielfeldes platziert, ihre Funktion ist jedoch unbekannt.

REISEROUTE 3

DIE WOLKENVÖLKER

Die Gebirge Oaxacas scheinen vom Himmel geradezu erdrückt zu werden, und man kann gut verstehen, weshalb die Völker dieser Region „Wolkenvölker" genannt wurden. Viele Stämme entwickelten sich hier, die bekanntesten sind jedoch die Zapoteken und die Mixteken, deren jahrtausendealte kulturelle Traditionen vorherrschende Rollen in der Entwicklung der mesoamerikanischen Kulturen spielten.

In der vorklassischen Zeit entstanden in den Zentren im Tal von Oaxaca soziale Hierarchien und komplexe Gesellschaftsformen. Bereits um 1400 v. Chr. besaß San José Mogote, das in dieser Zeit ein Dorf mit etwa 150 Hütten war, ein Verwaltungsgebäude und herrschte über einige Dörfer in der näheren Umgebung.

In den Jahren zwischen 1150 und 500 v. Chr. wurde San José Mogote das führende Zentrum der Region. Es hatte etwa 1400 Einwohner, und die Schwelle zu einem seiner Verwaltungsgebäude bestand aus einer Skulptur in Form eines geopferten Gefangenen.

Die genauesten Kenntnisse über das Verhältnis der Olmeken zu den übrigen Regionen Mesoamerikas vermitteln die Untersuchungen der Beziehungen zwischen dem Reich der Olmeken und San José Mogote. Es waren sehr intensive Handelsbeziehungen, die vor allem Luxusgüter umfassten, die der Legitimation politischer Macht dienten. Die zapotekische Elite importierte grünen Porphyr, Agavendornen für rituelle Selbstverletzungen, Muscheln, Musikinstrumente und andere Güter, die repräsentative Zeichen ihrer Macht darstellten. Die Erfindung der Schrift mag einer ähnlicher Motivation entsprungen sein; die Schriftzeichen der Zapoteken gehören zu den ältesten Mesoamerikas.

Ab ungefähr 500 v. Chr. wurde San José Mogote von Monte Albán in der Bedeutung übertroffen, das in der gesamten klassischen Zeit die Hauptstadt der Zapoteken war. Von dieser herrlichen Stadt aus herrschten die Zapoteken jahrhundertelang über große Teile des heutigen Bundesstaates Oaxaca und unterhielten enge Beziehungen zu Teotihuacán. Gesandte der großen Hauptstadt Zentralmexikos lebten in den Wohnvierteln Monte Albáns. In Monte Albán erreichten zapotekische Architektur, Bildhauerkunst und Malerei ihre Blüte, und so wurde die Stadt auch eines der wichtigsten kulturellen Zentren der klassischen Zeit. Gleichzeitig mit Monte Albán entwickelten sich die zapotekischen Städte Lambyteco und Huijazoo sowie die kleineren Zentren Mitla und Yagul. Wie die anderen Hauptstädte blieb auch Monte Albán nicht von der Krise in der ausklingenden klassischen Zeit verschont. Städte wie Zaachila, Jalieza, Mitla und Yagul prägten die nachfolgende Epiklassik der Zapoteken (750 bis 1000). Bis zur spanischen Eroberung behielten sie ihre Bedeutung, waren aber häufig Schauplatz kriegerischer Auseinandersetzungen zwischen den Zapoteken und den benachbarten Mixteken.

Zu den wenigen Gegenden, die unabhängig vom zapotekischen Staat blieben, gehörte Mixteka, der Nordwesten des heutigen Bundesstaates Oaxaca, ein Durchgangsgebiet in das Tal von Puebla und Tlaxcala. Hier lebten die Mixteken, was in Nahuatl so viel wie „Wolkenvolk" bedeutet. Sie gründeten in der vorklassischen und klassischen Zeit viele unabhängige Siedlungen, deren Einfluss sich nach 650 auch auf Puebla und Tlaxcala erstreckte. Der bedeutendste mixtekische vorklassische Stadtstaat war Etlatongo im Tal von Nochixtlán, der zur gleichen Zeit wie San José Mogote entstand. In der klassischen Zeit wurde die politische Landschaft zunächst von Mixteka und später von den kleinen Städten Cerro de las Minas, Diquiyú, Huamelulpan, Montenegro und Yucuita geprägt. Der Höhepunkt der mixtekischen Stadtstaaten fiel mit dem Ende der zapotekischen Vorherrschaft in Monte Albán zusammen. Zunächst wurden Städte wie Yucuñudahui und später Tilantongo, Chalcatongo und Yanhuitlán die Hauptstädte der kriegerischen Stadtstaaten, deren Herrscher politisch außerordentlich aktiv waren. Sie führten Kriege und betrieben eine ambitionierte Heiratspolitik, wodurch sie ihre Macht auch im Tal von Oaxaca und an der Pazifikküste festigten. Sie gründeten in Oaxaca die Städte Cuilapan und Xocotlán und an der Küste Tututepec. Zu dieser Zeit vertieften sich die Beziehungen zwischen Mixteken und Zapoteken. Historische Quellen erzählen von Eheschließungen zwischen den beiden Stämmen, und in zapotekischen Stätten, wie Zaachila, Mitla und Monte Albán, wurden Grabbeigaben gefunden, die zu den Meisterwerken mixtekischer Kunst zählen. Die mixtekischen Kunstwerke gehörten zu den kostbarsten im nachklassischen Mesoamerika und spielten eine prägende Rolle in der Mixteca-Puebla-Kultur, die eigentlich eine kulturübergreifende künstlerische Verbindung im nachklassischen Mesoamerika darstellte.

Der politische Zerfall von Oaxaca kam den expansiven Zielen der Azteken entgegen. Ab dem Jahr 1458 führten die Heere des Dreistädtebundes etwa 60 Jahre lang Krieg gegen Oaxaca, und es gelang ihnen – mit wenigen Ausnahmen –, alle Stadtstaaten zu unterwerfen. Die Azteken hatten sich jedoch mit ihrem Sieg eine eher unbehagliche Situation eingehandelt, denn diese Regionen blieben bis zur spanischen Eroberung die unbeugsamsten und aufrührerischsten ihres gesamten Reiches.

75 Dieser goldene Brustpanzer der Mixteken aus dem Grab 7 in Monte Albán stellt eine Figur mit skelettiertem Gesicht dar, die zwei Kalenderzeichen auf der Brust trägt. Der reiche mixtekische Grabschatz in diesem zapotekischen Grab beweist deutlich, dass sich ab dem Ende der klassischen Zeit die Beziehungen zwischen Zapoteken und Mixteken wesentlich intensivierten und es zum Austausch von Wertgegenständen kam.

Monte Albán erhebt sich auf fast 2000 Metern Höhe auf einem lang gestreckten Bergrücken, an einer Stelle im Tal von Oaxaca, an der drei Gebirgszüge aufeinandertreffen. Der Standort war gut zu verteidigen, bot aber wenig landwirtschaftlich nutzbare Fläche. Er wurde um das Jahr 500 v. Chr. von verschiedenen Zapoteken-Stämmen ausgewählt, um eine neue Stadt zu gründen. Man baute sie gemäß dem Vorbild antiker Machtzentren, wie San José Mogote, und sie blieb jahrhundertelang die mächtige Hauptstadt des Zapoteken-Staates und darüber hinaus eine der herrlichsten Städte Mesoamerikas.

In der ersten Bauphase, etwa von 500 bis 200 v. Chr., entstanden in Monte Albán bedeutende Bauwerke, wie der Tempel der Danzantes, und im Verlauf der folgenden Bauphase Monte Albán II, 200 v. Chr. bis 300 n. Chr., legte man das endgültige Stadtbild fest. Der große Hauptplatz wurde eingeebnet und gepflastert, und Komplexe wie die nördliche Tempelplattform und das berühmte Bauwerk J wurden errichtet. Man vermutet, dass zu dieser Zeit etwa 16 000 Menschen in Monte Albán in fünfzehn Wohnvierteln mit öffentlichen und rituellen Bauten wohnten.

In der klassischen Zeit erreichte die Stadt ihren höchsten Entwicklungsstand. In jener Epoche wurde ein Großteil der Bauten um den Hauptplatz herum errichtet beziehungsweise erneuert. Zwischen 300 und 500 n. Chr., in der Bauphase Monte Albán IIIa, unterhielt die Stadt intensive Beziehungen zu Teotihuacán, und zwischen 500 und 750, in der Bauphase Monte Albán IIIb, nachdem sich die Verbindungen zu Zentralmexiko bereits

gelockert hatten, erreichte sie ihren kulturellen Höhepunkt. Beispielhaft für den Reichtum dieser Zeit sind die herrlichen Grabstätten mit reichen Opfergaben und Malereizyklen, in denen sich politische Strukturen widerspiegeln, die intensiven Bezug auf Familie und Herkunft nahmen und mehr den Ahnenkult als die großen kosmischen Schutzgottheiten betonten. Trotz der Krise, welche die Stadt in der Bauphase Monte Albán IV zwischen 750 und 1000 aufgrund der allgemeinen politischen Umwälzungen der Epiklassik erschütterte, wurde sie nicht verlassen, sondern blieb auch während der gesamten nachklassischen Zeit bewohnt. Einer der außergewöhnlichsten bis heute bekannten Grabschätze geht sogar auf das Jahr 1400 zurück. Er wurde in einer Grabstätte aus der klassischen Zeit, dem Grab 7, entdeckt, das später erneut genutzt wurde. Zu den Grabbeigaben gehörten Gold, Türkismosaike, polychrome Keramiken, gravierte Knochen und weitere Objekte im Stil der Mixteken, welche den neun Toten mitgegeben worden waren, die in diesem Grab ruhten. Man weiß nicht genau, weshalb hier mixtekische Schätze als Grabbeigaben dienten. Vermutlich schätzte die zapotekische Elite der nachklassischen Zeit die kostbaren Kunstwerke der Mixteken sehr, denn dieses Volk war auf dem Höhepunkt seiner Entwicklung und dehnte seinen kulturellen Einfluss auch im Herzen des Reiches der Zapoteken aus. Eine komplette Inbesitznahme der Stadt durch die Mixteken sieht man heute dagegen als eher unwahrscheinlich an.

76–77 Von einer Anhöhe im Norden kann man hervorragend den Hauptplatz von Monte Albán überblicken. Die um 500 v. Chr. gegründete Hauptstadt der Zapoteken war eine der bedeutendsten Städte Mesoamerikas bis zum Ausklang der klassischen Zeit.

76 Dieser prächtige goldene Anhänger wurde in Grab 7 in Monte Albán gefunden. Hier entdeckte der Archäologe Adolfo Caso im Jahr 1932 einen reichen Grabschatz mit goldenen Schmuckstücken, die belegen, dass die Goldschmiedekunst der Mixteken bereits hoch entwickelt war.

77 Dieser Anhänger aus grünem Porphyr mit Muscheleinlagen wurde in Monte Albán als Grabbeigabe aus der Zeit zwischen 100 v. Chr. und 200 n. Chr. entdeckt. Er zeigt den Fledermausgott, der mit Höhlen und der Finsternis, der Unterwelt, Wassergottheiten und Totengöttern in Verbindung gebracht wurde.

Die Stätte

78 oben Die Steinplatten der Galerie der Danzantes sind bedeckt mit den Abbildungen geopferter Gefangener. Sie sind deshalb unter der Bezeichnung Danzantes bekannt geworden, weil ihre unnatürlichen Körperhaltungen sie wie Tänzer erscheinen lassen.

78 unten Die sogenannte Tempelplattform M bildet zusammen mit der Plattform O das System M. Die Stufen der Fassade der Tempelplattform M schmücken die für die zapotekische Architektur typischen Gesimse.

Der Stadtkern von Monte Albán konzentriert sich um einen der eindrucksvollsten Plätze aller archäologischen Grabungsstätten in ganz Mexiko mit einer Größe von etwa 270 mal 125 Metern. Im Südwesten dieses großen Platzes befinden sich die Ruinen eines der ältesten Bauwerke der Stadt, des Tempels der Danzantes. Die Tempelplattform entstand in der Bauphase Monte Albán I und ist mit Steinplatten, ursprünglich waren es circa 300, verkleidet, die geopferte Gefangene ohne Herz und Genitalien darstellen. Daneben sind kurze Inschriften der Zapoteken zu erkennen, die vermutlich die Kalendernamen oder den Tag, an dem die Opfer gefangengenommen wurden, dokumentieren. Einige dieser Platten kann man heute auf einem später erbauten Modell des ursprünglichen Bauwerkes bewundern.
An den Seiten des Tempels der Danzantes stehen zwei sehr ähnliche Bauten, bekannt als System IV und System M. Beide Bauwerke haben doppelte Gesimse, die für die Architektur der Zapoteken

MONTE ALBÁN

1 Nördliche Plattform
2 Gebäude B
3 Ballspielplatz
4 System IV
5 Gebäude U
6 Gebäude P
7 Gebäude G
8 Gebäude H
9 Gebäude I
10 Tempel der Danzantes
11 Gebäude S (Palast)
12 Gebäude J (Observatorium)
13 Gebäude Q
14 System M
15 Tempelplattform Süd

79 oben Dieser Blick auf die Anhöhe IV zeigt die angrenzende Plattform N. Auf dem kleinen, von diesen beiden Komplexen begrenzten Platz finden sich die Überreste eines Altars. An diesem Komplex, bekannt als System IV, wurde von der Entstehungszeit Monte Albáns bis in die Bauphase IIIb von 500 bis 750 n. Chr. immer wieder gebaut.

79 unten links Die Bilder geopferter Gefangener auf der Galerie der Danzantes belegen, dass von Anfang an der Krieg und eine damit verknüpfte Ideologie eine Rolle in den politischen Strukturen der Zapoteken spielten.

79 unten rechts Die Platten mit den Danzantes, von denen man hier ein Detail sieht, stammen aus der ersten Bauphase Monte Albáns von 500 bis 200 v. Chr. und spiegeln den zapotekischen Bildhauerstil in der präklassischen Zeit wider.

78–79 Ganz links an der Tempelplattform L in der südwestlichen Ecke des Hauptplatzes in Monte Albán sind die als Danzantes bekannten Darstellungen zu erkennen, die einst Teil eines alten Bauwerks dieses Stadtteils waren.

typisch sind, und über den Basen erhebt sich jeweils ein Tempel. Die doppelten Gesimse findet man an vielen Bauten, zum Beispiel an der Tempelplattform Süd und an den Bauwerken mit großen Treppen an der Ostseite des Platzes. In der Mitte stehen die Gebäude G, H, I und J. Letzteres ist ein Bauwerk in Pfeilform aus der Bauphase Monte Albán II, das vermutlich astronomischen Zwecken diente. Einige Wände sind mit Steinplatten verkleidet, in welche die Namen eroberter Städte, symbolisiert durch einen umgedrehten menschlichen Kopf, eingemeißelt sind.
In der Nähe des großen Platzes befinden sich ein Ballspielplatz mit Nischen in den Ecken, deren Funktion jedoch nicht bekannt ist. Die angrenzende Plattform Nord mit weitläufigem Säulengang besteht aus einem zur Hälfte unterirdischen Hof mit einem Altar in der Mitte und aus kleineren Bauten, vielleicht Adelssitzen der zapotekischen politischen Elite. In der Nähe der Plattform Nord gibt es einige Wohngebäude, mit jeweils vier Räumen, die auf einen zentralen Patio blicken. Unter den Gebäuden hat man einige der herrlichsten zapotekischen Gräber freigelegt.
In der Grabkammer des Grabes 104, an deren Eingang eine Terrakottastatue des Maisgottes Pitao Cozobi steht, sind drei Wände bemalt. Auf der mittleren Wand erkennt man eine Fantasiegestalt, der sich die zwei Figuren auf den anderen Wänden nähern. Sie tragen einen prächtigen Kopfputz sowie *Copal*-Beutel, und neben sie sind große Hieroglyphen gesetzt. Die hier Beigesetzten gehörten zweifellos der Adelsfamilie an, die direkt über dem Grab residierte.
Die Wände in Grab 105 zeigen eine Prozession von neun Männern und neun Frauen, die aufwendig gekleidet sind. Ihre Kalendernamen sind eingemeißelt, und es handelt sich mit großer Wahrscheinlichkeit um Bildnisse der vergöttlichten Ahnen der Adelsfamilie, die hier ihre Begräbnisstätte hatte. Auch in 175 weiteren Gräbern der Stadt fand man die berühmten zapotekischen Figurengefäße, Behältnisse mit dreidimensionalen Verzierungen, die zu den Meisterwerken mesoamerikanischer Keramik zählen. Man bezeichnete diese Gefäße, die oft mit Bildnissen wichtiger Gottheiten der Zapoteken geschmückt sind, irrtümlich als Urnen, sie sind jedoch Grabbeigaben und keine Behältnisse für die Asche der Verstorbenen.

80 oben Dieser Blick geht von der Anhöhe IV auf die Tempelplattform Nord. Man nimmt an, dass in diesem großen Komplex die Elite von Monte Albán zu Hause war, da hier auch die am reichsten geschmückten Gräber entdeckt wurden.

80 unten Der halb unterirdische Hof in der Mitte der Tempelplattform Nord war vermutlich der zapotekischen Oberschicht vorbehalten. In der Mitte des Hofes finden sich die Überreste eines Altars.

80–81 Bauwerk J ist eines der geheimnisvollsten und widersprüchlichsten unter den zapotekischen Bauten. Man ist sich jedoch sicher, dass es eine astronomische Bedeutung hatte. Die vielen Steinplatten mit den Namen eroberter Städte weisen vielleicht darauf hin, dass Bauwerk J mit den periodisch geführten heiligen Kriegen des zapotekischen Adels in Verbindung stand.

81 links Auch wenn sich das außergewöhnliche Können der zapotekischen Künstler vor allem in der Ausmalung von Gräbern zeigte, war es doch während der gesamten klassischen Zeit auch üblich, Gedenkstelen aufzustellen, wie diese mit Basrelief am Fuß der Treppe der Tempelplattform Nord.

81 rechts Der Ballspielplatz von Monte Albán in der Nähe des großen Platzes hat die gewohnte Form, unterscheidet sich jedoch von anderen Plätzen aufgrund seiner besonders steilen Wände.

Dainzú, Lambyteco und Yagul

82 links Der bislang nur teilweise restaurierte Ballspielplatz in Dainzú wurde etwa um das Jahr 1000 angelegt.

82 rechts Das Fundament der großen Anlage, die den Komplex A in Dainzú bildet, wird von gemeißelten Steinplatten geschmückt.

82–83 Dieses Foto zeigt sehr deutlich die Struktur des Palastes der Sechs Innenhöfe in Yagul. Er war vermutlich die Residenz der lokalen Aristokratie.

Dainzú

Dainzú war zur selben Zeit wie Monte Albán eine der wichtigsten Städte der Zapoteken. Ihr ursprünglicher Name war vermutlich Quiebelagayo (5 Blume). In Nahuatl entspricht dies der Bezeichung Macuilxóchitl, was eine moderne lokale Gemeinde und eine dem Ballspiel zugeordnete Gottheit beschreibt. Dies ist wahrscheinlich kein Zufall, denn Dainzú ist berühmt für seine Basreliefs von Ballspielern im alten Stil der Zapoteken.
Die ersten Bewohner kamen um 700 v. Chr. in den Teil des Tals von Oaxaca, den man als Tal von Tlacolula kennt, zu einer

Zeit, als San José Mogote den nördlichen Teil – das Tal von Etla – beherrschte. In den ersten Jahrhunderten n. Chr. legte man in Dainzú ein komplexes Bewässerungssystem an und errichtete die ersten Gebäude, darunter die Bauwerke A und B. Bauwerk A ist ein großer Pyramidensockel, der aus drei Terrassen besteht, deren unterste mit einer Reihe Steinplatten mit Basreliefs von Ballspielern verziert ist. Die Darstellungen, die an den Stil der Danzantes in Monte Albán erinnern, zeigen Spieler mit Jaguarhelmen, Knieschonern und Ornamenten an den Gürteln sowie mit Handschuhen, mit denen sie kleine Bälle fangen. Ähnliche Basreliefs mit Helmen und Köpfen enthaupteter Spieler befinden sich auf einigen Felsen auf dem Gipfel des Cerro Dainzú.
Verschiedene Ballspielplätze zeigen die bedeutende Rolle des Ballspiels in Dainzú. Ein im Jahr 1967 freigelegtes Feld hat die für die klassische Zeit typische Form eines flachen H, beziehungsweise einer römischen Eins und ist folglich sehr viel jünger als die auf den Basreliefs abgebildeten Spieler.

Dainzú war auch während der klassischen Zeit bewohnt, wie die vielen Bauten und das Grab 7 in der Mitte des Bauwerkes B aus dieser Zeit beweisen. Leider wurde die Grabstätte bereits im Altertum geplündert. Die Basreliefs auf den Pfeilern und dem Architrav zeigen den Kopf und die Vorderpfoten eines Raubtieres.
Mit der Krise in Monte Albán sank auch der Stern von Dainzú, obgleich die Stadt auch in der nachklassischen Zeit noch bewohnt war. Vielleicht handelt es sich bei Dainzú um die Stadt Macuilxóchitl, die einige Schriften aus der Kolonialzeit erwähnen. In diesen Schriften heißt es, der Ort sei im Jahr 1580 von Ocoñaña, einem Herrscher der Mixteken, regiert worden.

Lambyteco

Lambyteco im Tal von Tlacolula entwickelte sich zeitgleich mit Monte Albán und wurde vermutlich von Zapoteken bewohnt, die hier hauptsächlich die Salzgewinnung und den Handel mit dem Mineral betrieben.
In Lambyteco sind zwei Palastanlagen besonders augenfällig. Die Tempelplattform 195, deren Wände teilweise mit Mäandern geschmückt sind, war vermutlich die Residenz des *Coqui*, des Herrschers der Stadt. Die *Tableros* des mittleren Altars im zentralen Innenhof zieren Stein- und Stuckbasreliefs von zwei Herren und ihren Gemahlinnen. Auf einer Altarseite sind der Herr namens 4 Gesicht und die Dame 10 Affe abgebildet, auf der gegenüberliegenden Seite sind der Herr 8 Eule und die Dame 3 Türkis zu erkennen. In den Händen der Herren liegen menschliche Oberschenkel. Vor dem Altar befindet sich der Eingang zu Grab 6, an dessen Fassade sich Basreliefs aus Stuck befinden. Sie zeigen den Herren 1 Erdbeben und die Dame 10 Rohr.
Die Tempelplattform 190 war vermutlich der Sitz des *Bigaña*, des Hohepriesters. Den zentralen Altar zieren herrliche Masken von Cocijo, dem zapotekischen Gott des Regens und des Donners. Bei den Azteken und in Teotihuacán hieß dieser Gott Tláloc, bei den Totonaken Tajín und bei den Maya Chac. Im Innern von Komplex 190 hat man mehrere Grabkammern entdeckt. Besonders erwähnenswert ist der Architrav in Grab 2 mit dem für die Architektur der Zapoteken typischen doppelten Gesims.

Lambyteco wurde um das Jahr 800 aufgegeben und verlassen. Vermutlich geschah dies aufgrund der Tatsache, dass die Gesellschaft der Zapoteken infolge des Untergangs von Monte Albán von Umwälzungen erschüttert wurde.

83 oben Die eindrucksvolle Tempelplattform 195 in Lambyteco war vermutlich die Residenz des lokalen Herrschers.

83 unten Auf dieser Ansicht der Grabungsstätte von Yagul ist links der größte Ballspielplatz im heutigen Bundesstaat Oaxaca zu erkennen. In der Mitte erstreckt sich die ausgedehnte Anlage des Palastes der Sechs Höfe.

YAGUL

Yagul liegt nicht weit entfernt von Lambyteco im Tal von Tlacolula. Der Ort steht beispielhaft für die Zentren, die sich infolge der Krisen von Monte Albán, Dainzú oder Lambyteco entwickelten. Obwohl Yagul bereits seit der vorklassischen Zeit bewohnt war, erhielt es erst um das Jahr 800 seine derzeitige Form. Vielleicht erbaute man den eindrucksvollen Komplex mit mehreren Ebenen, der sich an den Hängen eines Berges erstreckt, im Zuge der Ankunft der Bevölkerung von Lambyteco.
Die unterste Ebene besteht aus den Innenhöfen 4 und 5, umgeben von antiken Tempelplattformen. Auf der nächsthöheren Ebene liegt der größte Ballspielplatz im heutigen Bundesstaat Oaxaca. Noch etwas weiter oben erkennt man Patio 1 mit dem Ratssaal, dessen Eingang von zwei großen Pfeilern flankiert wird. Den Durchgang hinter diesem Saal ziert ein langes Mosaikfries, ähnlich jenen Friesen, die in den Palästen von Mitla entdeckt wurden. Auf der höchsten Ebene des Komplexes steht der Palast der Sechs Höfe, eine weitläufige Residenz mit unterschiedlich großen Räumen, die auf sechs Innenhöfe blicken. Hier lebte vermutlich der Adel von Yagul. Die Architektur erinnert an die ältesten Bauten in Mitla, die etwa zur gleichen Zeit entstanden.
In mehreren Bauwerken Yaguls entdeckte man kreuzförmig angelegte Grabstätten mit Architraven und Steinfriesen. Sie enthielten wie viele zapotekische Gräber der nachklassischen Zeit Luxusgüter der Mixteken. Diese gelangten vermutlich über Handelsbeziehungen oder Eheschließungen des Adels in die jeweilige Region.
Auf dem Hügel, der Yagul überragt, erhebt sich eine Festung, ein klares Zeichen für die kriegerische Gesamtsituation, welche die nachklassische Zeit prägte.

MITLA

84 Dieser Blick zeigt den nördlichen Hof des Kirchenkomplexes. Charakteristisch für die Paläste von Mitla sind Anordnung und Ausstattung der Säle um einen quadratischen Hof sowie die jeweils drei Eingänge.

Geschichte

Mitla, die schönste und eleganteste Stadt des Zapoteken-Reiches, liegt etwa 50 Kilometer östlich von Monte Albán. Ihre Blütezeit erlebte die Stadt, die seit der vorklassischen Zeit bewohnt war, nach dem Zerfall von Monte Albán, etwa um das Jahr 750. Wie die nachklassischen Städte Yagul und Zaachila wurde auch Mitla ein blühender Stadtstaat, dessen Reichtum sich vermutlich auf florierenden Handel gründete, der auch nach der spanischen Eroberung andauerte.
Mitla ist der Name, unter dem die Stadt in Nahuatl bekannt ist, abgeleitet vom Begriff *Mictlan* für das Totenreich. Dieser Name belegt ebenso wie die ursprüngliche zapotekische Bezeichnung *Liubá* (Grabstätte), dass der Ruf der Stadt mit dem Andenken an die hier beigesetzten Adeligen in Verbindung stand. Mitla wurde zwar als Siedlung der Zapoteken gegründet, pflegte jedoch in der nachklassischen Zeit intensive Beziehungen zu den Mixteken, wie viele Kunstwerke im mixtekischen Stil beweisen. Ein Zeichen für das dynamische und turbulente politische Leben in der nachklassischen Zeit ist die Festung in Stadtnähe, die vermutlich den Regierenden von Mitla bis zur Ankunft der Spanier als Zufluchtsstätte diente.

MITLA

A Komplex Süd
B Arroyokomplex
C Säulenkomplex
D Adobekomplex
E Kirchenkomplex

1 Südlicher Hof des Säulenkomplexes
2 Nördlicher Hof des Säulenkomplexes
3 Nördlicher Hof des Kirchenkomplexes

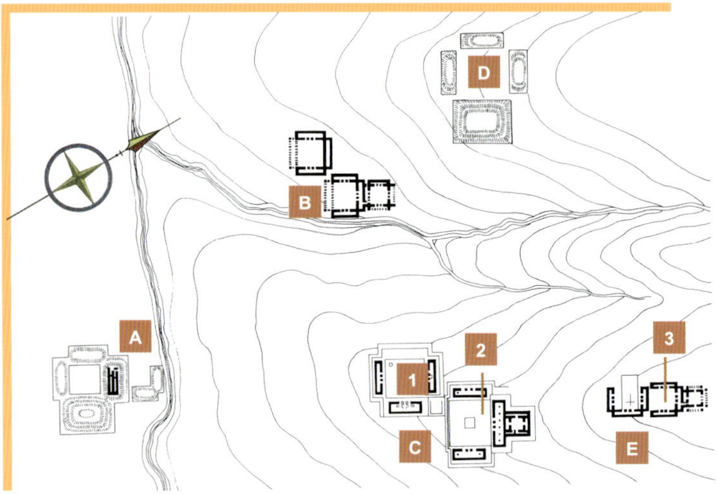

Die Stätte

Der Stadtkern von Mitla besteht aus fünf Tempelanlagen, um die sich die Wohngebiete gruppieren. Zu Mitlas ältester Geschichte gehören vermutlich der Adobekomplex oder Komplex West und der Komplex Süd, der eine Grabstätte aus der klassischen Zeit birgt, deren Entstehung mit der Bauphase Monte Albán III einherging. Beide Komplexe umfassen vier Bauwerken, die sich um einen zentralen offenen Platz gruppieren. Eine ähnliche Bauweise prägt auch den Säulenkomplex, der vermutlich in der Blütezeit Mitlas, zwischen 750 und 900,

84–85 Kunstvolle Mosaikmäander, wie hier an der Fassade des Säulenkomplexes von Mitla, gelten als typisches Merkmal der zapotekischen Architektur der späten klassischen und postklassischen Zeit.

85 oben links Im oberen Bereich dieses Fotos von Details der Mosaikmäander am Säulenkomplex von Mitla erkennt man das Motiv der offenen Muschel wieder.

85 oben rechts Im nördlichen Hof des Säulenkomplexes sind die Mäander an Gesimsen angebracht. Diese stellen eine Weiterentwicklung des doppelten Gesimses der Zapoteken dar.

85 unten links In der Eingangshalle des Säulenkomplexes stehen die eindrucksvollen monolithischen Säulen, die einst das Dach stützten.

85 unten rechts Vor der Fassade des Nordbaus im südlichen Hof des Säulenkomplexes erkennt man den Eingang zu Grab 1, einem typischen kreuzförmigen Grab der Zapoteken.

erbaut wurde. Dieser Komplex stellt die schönste Anlage der Stadt dar. Er erhebt sich mitten im Stadtkern und besteht aus zwei Innenhöfen, die jeweils von vier großen Gebäuden eingefasst sind.

Die Fassaden dieser Gebäude zieren außergewöhnliche Steinfriese, die den Ruf Mitlas in künstlerischer Hinsicht prägten. Zum Teil sind diese Friese in eine einzige Steinplatte gemeißelt, zum Teil bestehen sie aus Mosaiken. Mäander und andere geometrische Elemente schmücken die verschiedenen Bänder der Friese. Die sich nach oben verjüngende Struktur der Gebäude steigert das Spiel von Licht und Schatten, das von den Friesen hervorgerufen wird und sicher noch bemerkenswerter war, als die ursprünglichen Farben noch existierten.

Vor zwei Bauten des südlichen Hofes des Säulenkomplexes liegen die Eingänge zu zwei Gräbern mit kreuzförmigem Grundriss, die an die Grabstätten in Monte Albán erinnern. Im nördlichen Hof erhebt sich das wundervolle Bauwerk mit den Säulen, die dem Komplex seinen Namen gaben. Eine Arkade führt in den einst überdachten weiten Saal mit den großen monolithischen Säulen. Die als Arroyokomplex und als Kirchenkomplex bekannten Bauten datieren aus der nachklassischen Zeit. Den Mittelpunkt des Kirchenkomplexes bildet die im 17. Jahrhundert erbaute Kirche San Paolo. Beide Anlagen bestehen aus drei von Gebäuden umgebenen Innenhöfen, die – im Gegensatz zu den älteren – an den Ecken geschlossen sind. Friese, die nur aus einem Band bestehen, schmücken den oberen Bereich der Wände. Einige der hier zu bewundernden Architrave weisen noch Spuren der ursprünglichen Malerei auf. Das zentrale Thema der Malereien im Arroyokomplex scheint die Geburt der Sonne zu sein, während im Kirchenkomplex vor allem die Reise der Venus und der Sonne durch die Unterwelt dargestellt wird, ein fundamentales Thema der mesoamerikanischen Mythologie. In all diesen Malereien erkennt man eindeutig den ursprünglich mixtekischen Stil, ein Hinweis auf die engen Beziehungen zu anderen Stämmen. Diese Beziehungen waren für das Leben in Mitla in der nachklassischen Zeit charakteristisch.

HUIJAZÓO

86 oben links Über dem Architrav des Eingangs zu Grab 5 thront der bedrohlich wirkende Kopf eines Schlangenjaguars, aus dessen Maul ein Vogelkopf herausragt. Die Darstellung ist in Stein gemeißelt und mit Stuck überzogen.

86 unten links Diese monolithische rot bemalte Stele, die in zwei Register unterteilt ist, steht in der Totenkammer von Grab 5. Die untere Szene zeigt eine Frau und einen Mann, die obere Szene stellt einen jungen und einen älteren Mann dar.

Die Grabungsstätte Huijazóo, auch bekannt als Suchilquitongo oder Cerros de la Campana, ist eine Siedlung der Zapoteken aus der klassischen Zeit. Die Stätte umfasst etwa zwanzig Bauten, die bisher kaum untersucht wurden. Dennoch ist Huijazóo für sein Grab 5 berühmt, das zu den prächtigsten bisher entdeckten zapotekischen Grabstätten gehört. Das Grab wurde unter einem Wohnkomplex angelegt, und sein Baustil ist dem der typischen Adelsresidenzen der Zapoteken nachempfunden.

Das Grab war mit einer 2,5 Tonnen schweren Platte verschlossen. Darunter entdeckte man eine Treppe mit neun Stufen als Symbol für die neun Ebenen der Unterwelt, die zu einem Eingang führt. Dieser wird gekrönt von einem Relief in Form eines doppelten Gesimses, in dessen Mitte das aufgerissene Maul eines Schlangen-Jaguars erscheint, aus dem ein Vogelkopf herausragt. Durch den Eingang gelangt man in die Vorkammer I mit vier Pilastern, die wie alle Pilaster im Grab mit Basreliefs verziert sind. Die Darstellungen hier zeigen Figuren mit Kopfputz und *Copal*-Beuteln. Darüber erkennt man verschiedene Hieroglyphen.

Von hier gelangt man durch einen Eingang mit bemalten Architraven in Vorkammer II, sie entspricht dem offenen Patio in den Residenzen der Lebenden. Den nördlichen Architrav zieren polychrome Malereien und die Kalendernamen der Ahnen. Die Bemalung im Zuge der Einrichtung des Grabes erfolgte wahrscheinlich in der Epoche Monte Albán IIIb, in den Jahren 500 bis 750. Der südliche Architrav mit gröberen Hieroglyphen wurde vermutlich bei einer erneuten Öffnung der Grabstätte in der Epoche Monte Albán IV zwischen 750 und 1000 bemalt, als auch mixtekische Grabbeigaben darin deponiert wurden.

In Vorkammer II befinden sich an allen Seiten Portale. Neben dem Eingangsportal erkennt man drei weitere Portale mit weißen doppelten Gesimsen und roten Rechtecken, flankiert von Pilastern mit Basreliefs. Die beiden Seitenportale führen in zwei Nischen, verziert mit den Darstellungen adeliger Männer und Frauen sowie Kriegerparaden und einer Szene, die an die aztekische Zeremonie des Neuen Feuers erinnert.

86 rechts Auf dem linken Pilaster der Ostnische in der Vorkammer II von Grab 5 zeigt ein Basrelief einen stehenden Mann im Profil. Er trägt einen reichen Federkopfputz, Ohrringe, Waffen und Schild, einen Stock, einen Weihrauchbeutel und Sandalen. Im oberen Abschnitt finden sich Hieroglyphen, außerdem Zahlensymbole und der sogenannte Rachen des Himmels, ein typisches Motiv der Zapoteken.

87 Der Blick geht aus Vorkammer II auf den Eingang zur Totenkammer. Über dem Türarchitrav sieht man eine Stuckmaske, die einen Jaguarkopf mit aufgerissenem Maul darstellt, aus dem eine bizarre Figur mit Fledermauskopf und Menschenarmen auftaucht. An den Seiten der Tür stehen je zwei monolithische Pilaster mit Basreliefs, die einen Jaguarmenschen und eine Priesterin darstellen.

An beiden Seiten des Frontportals, das in die Totenkammer führt, stehen jeweils zwei Pilaster. Diese zieren Basreliefs mit einem Fledermausmann, der aus einem Jaguarfang auftaucht, über dessen Kopf ein Kopfputz mit einem Jahressymbol zu erkennen ist. Die Totenkammer schmücken zwei übereinander liegende Malereien. Die obere zeigt alte Menschen mit großen Vogelkopfputzen, die untere Malerei eine Reihe von Spielern mit einem Ball, deren Gesichter von Helmen mit großem Kopfputz bedeckt sind.
In der Tiefe der Grabkammer steht eine rot bemalte Stele mit Basrelief, die man in die Zeit der zweiten Graböffnung datiert. Die in zwei Register unterteilte Darstellung zeigt im unteren Bereich eine Frau und einen Mann, im oberen Abschnitt dagegen einen jungen und einen älteren Mann. Vielleicht handelt es sich dabei um eine genealogische Abhandlung.
Auch wenn sich die Malereizyklen in Grab 5 bisher nicht eindeutig interpretieren ließen, ist es doch offensichtlich, dass sie auf das Totenreich und die Rolle der Ahnen Bezug nehmen. Darauf weisen zum Beispiel die Darstellungen der alten Menschen und des Ballspiels hin, das eng mit dem Weg ins Totenreich verbunden war. Wie wichtig dieses rituelle Spiel in Bezug auf die Symbolik des Grabes war, beweist auch die Tatsache, dass im Eingang ein Keramikball mit einem Durchmesser von circa dreißig Zentimetern entdeckt wurde.

88 Diese berühmte Wandmalerei gehört zu den am besten erhaltenen in Grab 5. Dargestellt ist eine Priesterin mit prächtigem Gewand und Weihrauchbeutel. Das Gemälde ziert die Nordwand der westlichen Nische in Vorkammer II.

89 oben rechts Die Westwand der Totenkammer von Grab 5 schmückt eine Wandmalerei, deren oberer Abschnitt eine Prozession alter Menschen darstellt. Das Detail zeigt eine dieser Personen. Bemerkenswert ist der prächtige Federkopfputz in lebhaften Farben.

89 links Die hier gezeigte Figur in den Farben Rot und Grün ist auf der Innenseite des linken Türpfostens an der Totenkammer des Grabes 5 zu sehen.

89 unten rechts Dieses Gemälde schmückt die Rückwand der östlichen Nische in Vorkammer II und stellt vier Personen beim Spinnen dar. Der Ausschnitt zeigt die beiden Figuren in der Mitte der Szene: Sie tragen kurze Umhänge und Röcke. Ihre Haare sind über dem Kopf mit weißen Bändern zusammengebunden.

REISEROUTE 4

DIE WALDVÖLKER

Im Südosten Mesoamerikas entwickelten sich verschiedene Kulturen, wie die der Olmeken und der Maya. In dieser üppigen tropischen Region entstanden einige der kulturell und künstlerisch beeindruckendsten Gesellschaften Mesoamerikas. Zwischen den Jahren 1200 und 400 v. Chr. entwickelte sich in der Ebene am südlichen Golf von Mexiko die Kultur der Olmeken. Sie wurde die einflussreichste der vorklassischen Zeit und trug wesentlich zur Entstehung der frühesten mesoamerikanischen Gesellschaften bei. Die Kunst der Olmeken, deren herausragende Meisterwerke aus San Lorenzo und La Venta stammen, wurde in der vorklassischen Zeit, als die Kunstwerke der Olmeken auf den verzweigten Handelsrouten auch in weit entfernte Gebiete gelangten, zu einem Sinnbild der politischen und sozialen Zusammenhänge in der Region.
Auch wenn die Bezeichnung „Mutter der mesoamerikaschen Kultur" für die Olmeken-Kultur heute zur Diskussion steht, gibt es keinen Zweifel, dass viele Fundamente der religiösen mesoamerikanischen Tradition ebenso wie viele ihrer ikonografischen Themen ihren frühesten bekannten Ausdruck in der alten Heimat der Olmeken fanden. Nach dem Untergang der eigentlichen Kultur der Olmeken spielten deren Erben, die Epi-Olmeken, bis zum Beginn der klassischen Zeit eine herausragende Rolle. Innerhalb der Volksgruppen aus der Mixe-Zoque-Sprachfamilie, zu der die Olmeken gehörten und die heute von den Mixe, Zoque und Popoluca vertreten wird, entstanden vermutlich die ersten Schriftformen und die ältesten kalendarischen Aufzeichnungen.
Zweifellos bildete das Kulturgut der Olmeken die Entwicklungsgrundlage für die Maya der klassischen Zeit im Tiefland, auch wenn, entgegen der herkömmlichen Meinung, die Kontakte zwischen dem Reich der Olmeken und den Tiefland-Mayas nur sehr begrenzt und indirekt waren. Die engste und produktivste Beziehung scheint mit den Völkern an der Pazifikküste von Chiapas und Guatemala bestanden zu haben sowie mit den Nachbarn im Hochland von Guatemala. Hier entwickelte sich gegen Ende der vorklassischen Zeit ein Izapeño genannter innovativer Kunststil als Ergebnis der Beziehungen zwischen Mixe-Zoque-Städten wie Izapa und Maya-Zentren wie Kaminaljuyú. Aus dem Hochland von Guatemala wanderten die Stämme entlang der Flussläufe in das Tiefland und besiedelten die tropischen Wälder. Der anhaltende Kontakt zu den Maya des Tieflands führte dazu, dass diese kulturelle Elemente der Olmeken und der Epi-Olmeken annahmen, welche sie weiterentwickelten und schließlich zur Basis der außerordentlichen kulturellen und künstlerischen Blüte ihrer klassischen Stadtstaaten machten. Palenque, Tikal, Yaxchilán, Bonampak und Copán sind die herausragendsten Beispiele für die außergewöhnlichen Fähigkeiten der Maya. Sie sind Spiegel für den Glanz und die Macht der Herrscherdynastien des klassischen Zeitalters. Die meisten Kunstwerke der Maya sind eine Verherrlichung der dynastischen Macht, der heldenhaften Adligen und ihrer göttlichen Ahnen. Die politische Zersplitterung des Tieflands begünstigte eine kulturelle Differenzierung und führte zur Entwicklung unterschiedlichster Kunstrichtungen. All diese lokalen Kunststile lassen sich jedoch zumindest auf einen gemeinsamen Kanon zurückführen, der geprägt war von den engen politischen Beziehungen zwischen den Dynastien, welche die etwa zehn Maya-Städte während der klassischen Zeit im zentralen Tiefland regierten.

Man weiß noch nicht genau, wie viel Macht die größeren Stadtstaaten direkt oder indirekt auf die kleineren Städte ausübten. Die Unsicherheit der Experten zeigt sich in den unterschiedlichen Rekonstruktionen der politischen Landschaft im Maya-Tiefland während der späten klassischen Zeit. Die Anzahl der politischen Gemeinschaften, die angenommen wird, variiert zwischen acht und 63. Gemäß der jüngsten Hypothese kann man aber mit ziemlicher Sicherheit von fünf großen regionalen „Staaten" im zentralen Tiefland sprechen, die von Palenque, Yaxchilán, Tikal, Copán und Calakmul beherrscht wurden. Hinzu kamen noch drei solcher politischer Einheiten in Yucatán: Cobá, Rio Bec und Chenes-Puuc.
Die Krise der klassischen Zeit erreichte das Maya-Reich etwas später als die Völker Zentralmexikos. Zwischen dem 7. und 9. Jahrhundert erlebten die Maya-Städte ihre höchste Blüte, um dann um das Jahr 900 plötzlich verlassen zu werden. Wie in ganz Mesoamerika muss man diese Krise eher als eine ziemlich radikale Veränderung als einen unerklärlichen Zusammenbruch begreifen, und nicht alle Gebiete der Maya waren gleichermaßen davon betroffen. Entlang des Usumacinta besiedelten neue „mexikanisierte" Maya-Stämme verschiedene Städte wie zum Beispiel Seibal. In Yucatán entwickelten sich neue Stilrichtungen, die aufgrund ihrer Raffinesse und Kurzlebigkeit an die zentralmexikanischen nachklassischen Stilrichtungen erinnern. Sie bildeten die Verbindung zur nachklassischen künstlerischen Entwicklung, die sich auch bei den etwa zehn bedeutenden Maya-Stämmen im Hochland von Chiapas und Guatemala vollzog. Diese Stämme existieren zum Teil noch heute, wie zum Beispiel die Tzotzil, die Tzeltal und die Quiché.

90 Diese Terrakottaskulptur, die den Alten Gott darstellt, wurde in der Grabanlage eines Adeligen in Tikal gefunden. Die schönsten erhaltenen Keramiken der Maya fand man als Grabbeigaben in den letzten Ruhestätten des Adels und der Herrscher.

91 Das Detail der Stele F in Copán zeigt die Gesichtszüge des Herrschers 18 Kaninchen. Viele Kunstwerke der Maya dienten der Machtdemonstration und sollten an die Taten der Herrscher erinnern, welche die einzelnen Stadtstaaten regierten.

LA VENTA – GRABUNGSSTÄTTE UND PARK

Geschichte

San Lorenzo in Veracruz und La Venta in Tabasco, die beiden großen Siedlungen der Olmeken, waren die zeremoniellen Zentren des vorklassischen Mesoamerikas. Sie brachten bereits architektonische Meisterwerke hervor und waren mit Skulpturen geschmückt, die einen der Höhepunkte der amerikanischen Kunst darstellen.

So viel über die Kunst der Olmeken bekannt ist, so wenig weiß man über das Volk selbst. Die bedeutenden Siedlungen, wie Laguna de los Cerros, sind archäologisch unerforscht, und auch über die Geschichte der beiden größten Stätten – an denen derzeit archäologische Grabungen unternommen werden – ist nur wenig bekannt.

Ausdruckskraft, aber nicht weniger verblüffend ist die von den Olmeken unternommene Anstrengung für den Transport der Basaltblöcke. Sie stammen aus Vorkommen, die von San Lorenzo etwa 60 Kilometer und von La Venta sogar 90 Kilometer weit entfernt sind. Vermutlich wurden die bis zu 25 Tonnen schweren Blöcke auf Flüssen und dem Seeweg mit Flößen transportiert.
Um 400 v. Chr. wurde La Venta verlassen. 20 seiner 24 Bauwerke wurden beschädigt, Ähnliches war auch circa einhundert Jahre früher in San Lorenzo geschehen. Die Gründe für diese Zerstörungen sind nicht bekannt. Lange Zeit vermutete man eine Art Aufstand gegen die Machthaber, doch heute neigt man eher dazu, rituelle Zerstörungen anzunehmen, oder geht davon aus, dass die alten Bauten schlicht als Steinbrüche für neue Gebäude herhalten mussten.

Die Stätte

La Venta entstand um 900 v. Chr. und erhielt zwischen dem 6. und dem 5. Jahrhundert v. Chr. seine heutige Form. Die Stadt ist in etwa entlang einer Nord-Süd-Achse angelegt und besteht aus mehreren offenen Plätzen, die von Gebäuden umgeben sind. Die weitläufigste Anlage ist der Komplex C, dessen Platz von der großen über dreißig Meter hohen Pyramide C1 dominiert wird. Diesen Platz überragt auch die sogenannte Stirling-Akropolis. Nördlich von Pyramide 3 befindet sich der Komplex A, die wichtigste zeremonielle Stätte von La Venta. Der offene zentrale Platz wird von den Ruinen der Pyramide beherrscht. An den Seiten erkennt man lange, parallel verlaufende Tempelplattformen. Der Platz ist unterteilt in zwei hintereinander liegende Innenhöfe. Im nördlichen Innenhof, der von monolithischen Basaltsäulen wie von einem Zaun umgeben ist, fand man einige der aufsehenerregendsten Opfergaben der Olmeken. Zwei große maskenförmige Mosaike mit circa zwanzig Metern Seitenlänge, bestehend aus tausenden Serpentinblöcken, grub man in acht Metern Tiefe aus. Sie lagen unter Schichten aus verschiedenfarbigem Sand, als handle es sich um ebenfalls oft aus Serpentin bestehende Fußböden. Die Masken wurden lange Zeit für Jaguarköpfe gehalten, doch heute zieht man das in Zweifel. In Komplex A entdeckte man zwanzig weitere kleinere Gegenstände, allesamt Meisterwerke der Olmeken-Kunst: Keramiken, Äxte aus grünem Porphyr und die berühmte Gruppe anthropomorpher Statuetten, die man heute im Museo de Antropología in Mexiko-Stadt bewundern kann. Diese Statuetten bildeten eine Art Versammlung in der Nähe eines steinernen Zaunes. Über dem Fundort dieser reichen Opfergaben befinden sich Tempelplattformen aus gestampfter Erde und andere Strukturen, wie zum Beispiel eine Grabkammer mit Basaltsäulen, ein großer Steinsarkophag und im äußersten Norden des Komplexes die großen Kolossalköpfe.
Zwar überraschen die Skulpturen der Olmeken bereits allein aufgrund ihrer

92 oben *Diese Skulptur eines korpulenten Menschen mit den typischen vorspringenden Lippen wurde in La Venta entdeckt.*

92 unten links *Große Maskenmosaike gehörten zu den von den Olmeken vergrabenen Opfergaben im zeremoniellen Zentrum von La Venta.*

92 unten Mitte *Skulpturen von korpulenten Menschen mit Jaguargesicht sind typisch für die Kunst der Olmeken. Es könnte sich um die idealisierte Darstellung eines Herrschers, aber auch um eine mythische Figur handeln.*

92 unten rechts *Die Gesichtszüge der Olmeken-Köpfe, wie diese des Kolossalkopfes Nr. 3 von La Venta, scheinen auf negroide Merkmale hinzuweisen, sind aber tatsächlich perfekte Abbilder der amerikanischen Ureinwohner. Man weiß nicht, ob die Beschädigungen der Gesichter auf gesellschaftliche Unruhen oder Eroberungen zurückgehen. Es könnte sich dabei auch um eine Art rituellen Mord an den verstorbenen Herrschern handeln.*

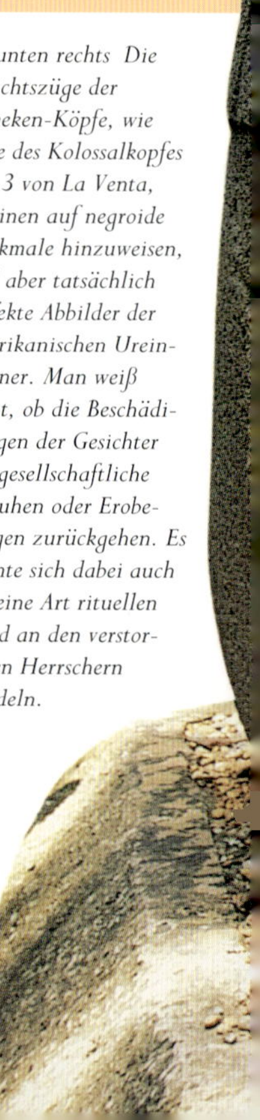

Der Park

In der Neuzeit wurde La Venta im Zuge des Baus von Erdölraffinerien teilweise zerstört, und seine Skulpturen wurden in den Park La Venta in Villahermosa in Tabasco umgesiedelt. Obwohl der Park eher eine Art Freilichtmuseum als eine archaologische Grabungsstätte ist, kann man hier eine große Auswahl an Skulpturen der Olmeken bewundern. Inmitten der üppigen Vegetation findet man etwa zehn Skulpturen, darunter die berühmten Kolossalköpfe, die Altarthrone sowie Statuen und Stelen. Außerdem befinden sich hier Basaltgräber und eine der riesigen Serpentinmasken.
Die Kolossalköpfe sind zweifellos die Skulpturen, die geradezu als Symbol für diese Kultur stehen können, aber nicht weniger eindrucksvoll sind die großen Altarthrone. Altar 4 ist mit der Figur eines Herrschers verziert, der aus dem Maul des Erdenmonsters auftaucht und ein Seil festhält, das ihn mit den Figuren des seitlichen Basreliefs verbindet, die entweder Gefangene oder Verwandte darstellen sollen. Auf dem Altar 5

entsteigt der Herrscher dem Maul des Monsters mit einem Jaguarjungen im Arm. An den Seiten erscheinen ebenfalls Jaguarjunge in den Armen weiterer Würdenträger. Auf Stele 2 erkennt man den Herrscher mit Zepter und Kopfputz. Kleine fliegende Wesen umgeben ihn. Sie erinnern an die als *Tlaloques* bekannten Begleiter des aztekischen Regengottes. Im oberen Teil von Stele 3 erkennt man ähnliche Wesen über einer Szene, die vermutlich das Treffen zweier Würdenträger darstellt. Das adlernasige Gesicht der als „Uncle Sam" bekannten rechten Figur gab zu zahlreichen Spekulationen über seine Herkunft Anlass.
Auf Bauwerk 19 sieht man einen Herrscher, der auf dem Körper einer großen Schlange mit Schellen sitzt und einen *Copal*-Beutel in der Hand hält.
Diese Stelen, die den Übergang von den dreidimensionalen Skulpturen der Olmeken zur Technik des Basreliefs bilden, scheinen die Prototypen aller Form- und Stilcharakteristika zu liefern, die in Zukunft die bedeutende klassische Kunst Mesoamerikas beherrschen sollten.

93 links Der Kolossalkopf Nr. 4 steht im Parkmuseum La Venta in Villahermosa. Er ist ein Beleg für die Kunstfertigkeit der Olmeken. Darüber hinaus zeigen Monumentalskulpturen auch deren Fähigkeit, tonnenschwere Basaltblöcke über Strecken von mehr als sechzig Kilometer zu transportieren.

93 rechts Der Altar 4 in La Venta zeigt eine Herrscherfigur, die aus einer Höhle in Form [illegible] herausschaut. Solche Darstellungen verweisen wohl auf die Verbindung zwischen dem Herrscher und den kosmischen Kräften der Unterwelt. Daher sind diese „Altäre" vermutlich Herrscherthrone.

PALENQUE

Geschichte

Palenque in Chiapas ist ein wahres Juwel des Maya-Reiches, und seine weiß gekalkten Bauten, eingebettet in das Grün der tropischen Wälder, bieten vielleicht den Eindruck, wie eine klassische Stadt zu ihrer Blütezeit ausgesehen haben mag. Laut neuerer Studien könnte die Stadt bei den antiken Maya den Namen Lakam-Ha (Großes Wasser), gehabt haben, und das Reich könnte Bak (Knochen), geheißen haben.

Die Entwicklung der Stadt, die eine der westlichsten des Maya-Reiches war, begann vermutlich im 5. Jahrhundert, als Bahlum Kuk (Jaguar Quetzal), der 431 den Thron bestieg, eine Herrscherdynastie begründete, die er auf U-Kix-Chan zurückführte, ein mythisches Reich aus dem Jahr 967 v. Chr. Im Jahr 604 n. Chr. endete mit der Regentschaft der Herrscherin Kanal Ikal, die 583 vielleicht mangels legitimer männlicher Erben an die Macht gekommen war, diese Dynastie. Ihr Sohn Ac Kan begründete eine neue Linie, aber bereits im Jahr 612 fiel die Macht aus unbekannten Gründen wieder an eine Frau, Sak Kuk (Weißer Quetzal), die mit einem Spross einer auswärtigen Herrschersippe verheiratet war. Der Sohn von Sak Kuk begründete dann die dritte und berühmteste der in Palenque ansässigen Maya-Dynastien. Der neue Herrscher war Pacal (Schild) II. Pacal der Große ist der eigentliche Urheber des Reichtums und des Ruhms von Palenque. Er bestieg im Jahr 615 im Alter von zwölf Jahren den Thron und regierte bis 683. Unter seiner Herrschaft und unter der seines Sohnes Chan Bahlum II. (684 bis 702) wurde Palenque zur mächtigsten Stadt des Tieflandes und eigentlichen Hauptstadt des Südwestens. Pacal und Chan Bahlum waren die Schöpfer eines ideologisch-architektonischen Programms, welches das Gesicht der Stadt änderte. Aus ihrer Regierungszeit stammen auch die meisten der bis heute erhaltenen Monumente.

Unter der Herrschaft von Kan Xul II. (702 bis 711/720), des Bruders von Chan Bahlum II., begann der Stern Palenques zu sinken. Möglicherweise wurde Kan Xul II., auch bekannt unter dem Namen Kan Joy Chitam II., im Jahr 711 hingerichtet. Man geht zwar gewöhnlich davon aus, dass nach Kan Joy Chitam Palenque in eine Spirale des Verfalls geriet, in der Kreuzgruppe wurden jedoch einige Gräber mit herrlichen Kunststücken entdeckt, die erst während der Herrschaft seiner Nachfolger entstanden. Letztlich wurde Palenque jedoch am Ende des 8. Jahrhunderts endgültig verlassen.

95 Man weiß nicht, ob der Stuckkopf aus der Krypta Pacals II. im Tempel der Inschriften ein Bildnis des Herrschers selbst oder seiner Gemahlin Ahpo Hel ist.

94 Diese Basreliefplatte mit dem Bildnis eines Herrschers wurde unter dem Sarkophag Pacals II. zusammen mit anderen Gegenständen entdeckt. Darunter waren auch die beiden berühmten Stuckköpfe, die von einem Gebäude, das sie ursprünglich zierten, entfernt worden waren.

Die Stätte

96 Der den Palast von Palenque überragende Turm war vermutlich ein astronomisches Observatorium. Von hier aus beobachteten die Herrscher der Stadt die Ereignisse am Firmament, die sie oft im Dienste politischer Propaganda auslegten.

96–97 Auf dieser Luftaufnahme des Palastkomplexes von Palenque erkennt man, dass die Anlage aus zwei zentralen Höfen besteht, um die sich die übrigen Gebäude gruppieren.

Die meisten der bis heute in Palenque erhaltenen Monumente stammen aus der Regierungszeit von Pacal und seinen Söhnen. Daher kann man sich ein relativ vollständiges Bild von der Ideologie machen, auf welche die Herrscher ihre Macht stützten, da diese sich in der Architektur der Stadt ausdrückte. Die Architektur Palenques ist typisch und unterscheidet die Stadt von den anderen Städten im Tiefland, in denen die „Herkunft der Macht" vor allem in gemeißelten Altarstelen dargestellt wurde. In Palenque findet man hingegen die Geschichte Pacals und seiner Söhne in Basreliefs aus Stein und Stuck an Wänden, Pfeilern, Dächern und Dachfirsten. Den Mittelpunkt der Stadt bildet zweifellos der Palast, der aus überdachten Räumen, Gängen und offenen Höfen besteht. Hier residierten die Herrscherfamilien, und jeder Herrscher baute den Palast nach seinen Vorstellungen um. Seine heutige Form erhielt auch dieser Palast überwiegend von der Familie Pacals. Sein Wahrzeichen ist der hohe Turm, der vermutlich als Observatorium diente. Die prächtigen Säulen des Portikus über der Treppe, die zum Ein-

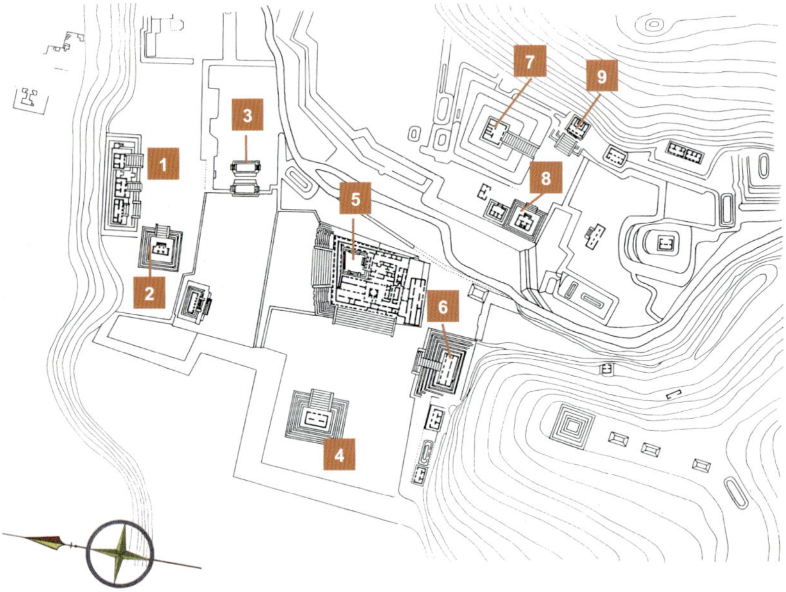

PALENQUE

1 Nördliche Tempelanlage
2 Tempel des Grafen
3 Ballspielplatz
4 Grosser Tempel
5 Palast
6 Tempel der Inschriften
7 Tempel des Kreuzes
8 Sonnentempel
9 Tempel des Blätterkreuzes

97 oben links Die Ovale Tafel des Palastes zeigt die Krönung Pacals II., der auf einem Thron in Form eines doppelköpfigen Jaguars sitzt. Sak Kuk, Mutter und Vorgängerin Pacals II., reicht dem Sohn eine Art Krone aus einer Vielzahl von Jadeperlen und einem hohen Panasch aus Quetzalfedern.

97 unten links Die Stuckreliefs, welche die Palastpfeiler zieren, zeigen verschiedene Mitglieder der regionalen Herrscherdynastien. Diese Darstellungsform ist typisch für die Kunst von Palenque, wohingegen man Basreliefs, die in Stein gemeißelt sind, nur sehr selten findet.

97 oben rechts Die heutige Form des Palastes von Palenque, in dem die Herrscherdynastien der Stadt residierten, geht größtenteils auf Pacal II., den Großen, zurück.

gang führt, zieren Stuckbasreliefs mit den Bildnissen der Herrscher. In den langen Gängen im Innern des Palastes findet man noch Spuren von Malereien und Stuckbasreliefs sowie die berühmte ovale Tafel, deren Basrelief an die Thronbesteigung Pacals II. erinnert. Der Herrscher sitzt hier auf einem Thron in Form eines doppelköpfigen Jaguars und erhält aus den Händen seiner Mutter Sak Kuk eine Art Tiara, welche die königliche Macht symbolisiert

97 Mitte rechts Die Treppenbalustraden im Hof des Palastgebäudes C in Palenque bestehen aus großen Monolithen, deren Basreliefs Kriegsgefangene darstellen. In diesen Höfen fanden die privaten Zeremonien der Herrscherfamilie statt.

und mit Jadeperlen sowie mit dem Gesicht des Gottes K verziert ist.
An einem der Innenhöfe des Palastes steht das Gebäude C, dessen Hieroglyphen auf der Treppe an eine Schlacht und an die Mondfinsternis des Jahres 659 erinnern. Pacal II. beobachtete diese gemeinsam mit dem Herrscher von Tikal und einem hohen Adeligen aus Yaxchilán, wobei nicht klar ist, ob Letzterer ein Gast oder ein Gefangener war. Bei diesem Ereignis wurden auf jeden Fall mehrere Kriegsgefangene geopfert, wie auf den großen Balustraden dargestellt ist. Auf der Treppe und an anderen Bauten sind auch viele der Gefechte abgebildet, bei denen sich Palenque und Calakmul, die traditionelle Rivalin Tikals und seiner Verbündeten, gegenüberstanden. Unter der Herrschaft Pacals II. entstanden auch der Templo Olvidado und der Tempel des Grafen. Dieser wurde nach Graf Waldeck benannt, der ihn zu seiner Residenz erwählte. Graf Waldeck gehör-

97 unten rechts In einem Portikus des Palastes erkennt man das für die Architektur der Maya typische falsche Gewölbe der Galerie sowie ein kleines Fenster in Form eines „T", wie es für Palenque charakteristisch ist. Die Wände zierten einst polychrome Malereien.

te zu den bedeutendsten Persönlichkeiten bei der Erforschung der Stadt und wohnte zwischen den Jahren 1834 und 1836 in den Ruinen des nach ihm benannten Tempels.
Den Höhepunkt des architektonischen Schaffens Pacals II. stellt zweifellos der Tempel der Inschriften dar, eine Totenpyramide, deren Bau von Chan Bahlum II., dem Sohn Pacals II., vollendet wurde. Auf den Pfeilern der Eingangsarkaden ließ Chan Bahlum II. Stuckbasreliefs anbringen, die Pacal und andere Ahnen zeigen, die Chan Bahlum II. im Arm halten. Chan Bahlum II. selbst ist hier als Gott K dargestellt, eine Bestätigung seiner Göttlichkeit.
Die mit Hieroglyphen verzierten Tafeln im Tempel erzählen in drei Abschnitten die gesamte Geschichte der Dynastien von Palenque. Der erste Abschnitt be-

schreibt das Ende der neun je zwanzig Jahre dauernden Kalenderzyklen (*Katun*) und die dazugehörigen Regentschaften bis hin zu den drei *Katun*-Zeremonien, die von Pacal II. selbst geleitet wurden. Im zweiten Abschnitt wird das Geburtsdatum Pacals II. in Beziehung gesetzt zum Geburtsdatum einer Gottheit vor mehr als einer Million Jahren und zu einem zukünftigen kalendarischen Ereignis, das am 23. Oktober 4772 stattfinden wird. Der dritte Abschnitt ist der weltlichste. Er erinnert an verschiedene Ereignisse, die in die Regierungszeit Pacals II. fielen, wie zum Beispiel an den Empfang des Herrschers von Tikal, an besondere Zeremonien und an die Hochzeit Pacals. Dieser Abschnitt wurde unter Chan Bahlum II. vollendet, denn er zeigt auch den Tod Pacals II. und die Thronbesteigung seines Erben.
In den Tempelinschriften wird die politisch-ideologische Strategie Pacals II. deutlich. Er konnte seine Herkunft nicht auf einen männlichen Herrscher zurückführen und verband deshalb seine Herrschaft mithilfe des Kalenders mit der seiner Vorgänger. Den Namen seiner Mutter assoziierte er mit dem der Göttin Sak Bak (Weiße Gaze), besser bekannt als Tierherrin oder Erste Mutter und als solche Schöpferin der göttlichen Trias, die das Pantheon Palenques beherrschte. Es ist offensichtlich, dass Pacal II. mit dieser sprachlich-kalendarischen List seine Göttlichkeit und sein Recht auf den Thron bekräftigte und so die übliche Regel der männlichen Thronfolge umging.
Im Fußboden des Tempels öffnet sich eine Falltür zu einer schmalen Treppe. Sie führt über die neun Stufen, Symbole für die neun Ebenen der Unterwelt, in die Pyramide. Auf Bodenniveau, das symbolisch ist für den „Boden des Totenreiches", öffnet sich die Grabkammer Pacals II. mit dem großen monolithischen Sarkophag, der gewissermaßen als Grundstein der Pyramide gelten kann, denn diese wurde darüber erbaut. In einer Steinkassette vor dem Eingang zur Krypta fanden Archäologen die sterblichen Überreste von fünf oder sechs geopferten Menschen, denen die Gliedmaßen abgetrennt waren. Sie sollten den Herrscher ins Jenseits begleiten.
An den Wänden der Krypta zeigt ein Basrelief neun Figuren, vielleicht die Neun Herren der Nacht oder die neun Vorgänger des Herrschers, die dieser bewusst mit den Gottheiten identifizierte. Die Seiten des Sarkophags zieren zehn Büsten, die aus schmalen Erdspalten auftauchen, jede in Begleitung eines Baumes. Es sind Darstellungen der Vorgänger Pacals II. Dieselben Personen werden in den Inschriften am Rand des Sarkophagdeckels erwähnt. Dem Satz, „sie schlossen den Sarkophag des Mais-

99 links Neben der Totenmaske Pacals II. aus Jade befanden sich noch viele andere Gegenstände aus grünem Porphyr im Grab des verstorbenen Herrschers.

gottes (Pacal)", folgen Aufzeichnungen der Sterbedaten dieser Personen bis hin zum Sterbedatum Pacals II. Die Sargplatte selbst ziert das vielleicht berühmteste Basrelief der Maya. Eingerahmt von einem „Himmelsband" aus Sternzeichen, steigt der Körper des Verstorbenen in Form des Maisgottes am Stamm des kosmischen Baumes herab. Auf dem Baumwipfel sitzt ein Vogel, die Verkörperung des himmlischen Drachens Itzamná. In der Mitte des Stammes erkennt man eine doppelköpfige Schlange, die den Gang symbolisiert, durch den die Maya-Herrscher mit den Himmeln und mit ihren Ahnen in Verbindung traten. Der Körper Pacals II. ruht im Maul der weißen skelettierten Schlange, Symbol für den Zugang zum Totenreich. Im Maul sieht man einen Weihrauchteller mit dem Gesicht der toten Sonne. Darauf liegen die Geräte für die Opferung: eine Muschel, ein Rochenstachel und ein Teil einer Pflanze. In der Mythologie der Maya entstand dank einer mit diesen Utensilien durchgeführten Selbstverletzung bei der letzten Welterschaffung der *Wakah-Kan* – die Wortbedeutung ist erhöhter Himmel oder kosmischer Baum.

Im Sarkophag fand man den Leichnam des Herrschers, mit Zinnober bedeckt und mit Brustpanzer, Armbändern, Diadem und Totenmaske aus Jade ausgestattet. All dies befindet sich heute im Museo de Antropología in Mexiko-Stadt. Den Mund des Herrschers umrahmte ein Rechteck aus Glimmer, und in seinen

beringten Händen hielt Pacal II. einen Würfel und eine Kugel aus Jade. Zwei weitere Jadekugeln befanden sich unter den Füßen des Herrschers. Eine kleine Jadestatuette lag auf seinem Rock, daneben eine Jadeplatte mit der Gravur *Te* (Baum), ein Hinweis auf den kosmischen Baum und auf die Rolle als Stütze des Universums, die der Herrscher zu Lebzeiten spielte. Unter dem Sarkophag entdeckte man neben anderen Gegenständen auch die beiden berühmten Stuckköpfe. Sie sollten den Herrscher begleiten. Man weiß nicht, ob es sich um Pacal und seine Gemahlin handelt oder ob es zwei Bildnisse des Herrschers selbst sind.

98 links Am Tempel der Inschriften führt eine Treppe zum oberen Tempelgebäude, in dem sich die Schrifttafeln befinden, auf denen die Geschichte der Dynastien erzählt wird und denen die Pyramide ihren Namen verdankt. Im Vordergrund sieht man die Pyramide mit dem Grab der Roten Königin und Im Hintergrund den Tempel des Totenkopfes.

98–99 In der Krypta der Pyramide, die als Tempel der Inschriften bekannt ist, befindet sich der Sarkophag des im Jahr 683 beigesetzten Herrschers Pacal II. Die neun Stufen der Pyramide symbolisieren die Ebenen, aus denen gemäß der Maya-Kosmologie die Unterwelt bestand.

99 rechts In der Krypta mit der Grabkammer Pacals II. sieht man unter der geöffneten Sargplatte den Sarkophag mit einer Vertiefung für den Leichnam des Herrschers. Der monolithische Sarkophag wurde bereits von der Erbauung der Pyramide an dieser Stelle platziert.

99 unten links Diese Reproduktion der Darstellung auf der berühmten Sargplatte Pacals II. zeigt den Herrscher, wie er am Stamm des kosmischen Baumes hinabsteigt.

Vor wenigen Jahren wurde neben dem Tempel der Inschriften das reich ausgestattete Grab einer Frau entdeckt, vielleicht das der Gemahlin oder eine Familienangehörigen Pacals II. Rechts von diesem Totentempel steht der Totenkopftempel, benannt nach einem Basrelief an der Stirnseite.
Die Beisetzungsfeierlichkeiten für Pacal II. waren bereits einer der Höhepunkte der Herrschaft Chan Bahlums II. Er bestieg den Thron 132 Tage nach dem Tod seines Vaters und setzte dessen Weg fort. Er verewigte seinen Ruhm und be-

stätigte seinen Machtanspruch durch die Erbauung einer neuen eindrucksvollen Anlage, der Kreuzgruppe, mit der Chan Bahlum II. seine Abstammung von Pacal II. hervorhob und die Verbindung zwischen der Dame Sak Kuk und der mythischen Tierherrin wieder aufleben ließ.
Der Tempel des Kreuzes, das höchste und nördlichste Bauwerk der Gruppe, ist eine große „himmlische Pyramide" mit 13 Stufen, auf denen man mehrere große Weihrauchgefäße aus Terrakotta mit dem Abbild des Sonnengottes fand.
Das kleine Heiligtum im Innern des Tempels, der die Pyramide krönt, zeigt links ein Basrelief von Pacal II. und rechts eines von Chan Bahlum II., die den kosmischen Baum – das „Kreuz" – flankieren. Die Inschriften zwischen den Figuren erinnern an Chan Bahlums Ernennung zum Thronerben, seine Thronbesteigung und eine Selbstverletzung.
Die beiden Basreliefs auf den Pfeilern des Heiligtums zeigen links Chan Bahlum II. und rechts den Gott L, einen der wichtigsten Götter des Totenreiches, der in ein Jaguarfell gekleidet ist und raucht. Chan Bahlum II. ist mit allen königlichen Insignien am zehnten Tag der Feierlichkeiten seiner Thronbesteigung dargestellt. Dieser Tag fiel mit dem Tag der größten Erdentfernung des Planeten Venus als Abendstern zusammen und markierte vermutlich die formelle Machtübernahme. Dieses Basrelief sollte offensichtlich die Macht Chan Bahlums II. rechtfertigen, denn es zeigt, dass er sie vom verstorbenen Vater, der kleiner und in Begleitung des Gottes L abgebildet ist, während der zehntägigen Feierlichkeiten erhalten hatte. Diese standen in direktem Zusammenhang mit astralen Ereignissen, die eng mit der Vorstellung der Maya vom Königtum verbunden waren. Die Hieroglyphentafeln an den Seiten des zentralen Basreliefs fassen die Geschichte der Dynastien der Stadt zusammen. Sie beginnen am 7. Dezember 3121 v. Chr., dem Geburtsdatum der Tierherrin, nennen das Geburtsdatum

ihres göttlichen Sohnes, des mythischen U-Kix-Chan, der als Dynastiegründer gilt und am 28. März 967 v. Chr. gekrönt wurde, und schließlich das Geburtsdatum Chan Bahlums II., den 20. September 524 n. Chr.
Der Tempel des Kreuzes spielt auf die höchste, die spirituelle Bestimmung des Königtums an, während die Tafeln in den beiden anderen Tempeln zwei andere symbolische Aspekte der königlichen Macht betonen. Der Tempel des Blätterkreuzes unterstreicht die Verbindung zwischen dem Herrscher und der Fruchtbarkeit. Pacal II. und Chan Bahlum II. stehen neben einem kosmischen Baum in Form einer Maispflanze, dem „Blätterkreuz". An den Seiten sieht man Chan Bahlum II.: links am Tag seiner Thronbesteigung und rechts zehn Tage

100 oben links Durch den Verfall der Fassade wurde beim Tempel des Blätterkreuzes die innere Galerie freigelegt, wohingegen im Gegensatz zu vielen anderen Bauwerken das Fundament noch immer nicht von Bewuchs befreit wurde. Der Name des Tempels entspringt der Fehlinterpretation eines Basreliefs, das die Weltachse als Maispflanze darstellt, was die Verbindung zwischen dem Herrscherhaus und den Mächten der Fruchtbarkeit darstellen soll.

100 oben rechts In der vorderen Galerie des Sonnentempels öffnet sich links der Raum, in dem sich das Heiligtum und die Basreliefafeln befanden.

100 unten Im Sonnentempel findet man Basreliefs, die an die Bedeutung der Sonne, aber auch der Kriege für die Herrschaft erinnern. Auf dem Dach, dessen schräge Flächen mit diversen Stuckbasreliefs verziert sind, erkennt man die Überreste eines für Palenque typischen Dachfirstes.

später. Die beiden Hieroglyphentafeln bringen einige Ereignisse aus dem Leben Chan Bahlums II. mit mythischen Geschehnissen in Verbindung.

Die Tafel des Sonnentempels, der nicht zufällig im Westen erbaut wurde, hat kriegerische Aspekte und die Unterwelt zum Thema. Hier erscheint zwischen den beiden Herrschern ein Schild mit dem Gesicht des Sonnenjaguars vor zwei gekreuzten Lanzen. Diese liegen auf einem Thron, aus dem zwei Drachenköpfe und ein Jaguarkopf ragen. Die ganze Szene ist blutüberströmt.

Den Thron stützen zwei Götter des Totenreiches, deren Haltung – wie auch die der Figuren, auf welche die Herrscher ihre Füße stellen – an die Haltung der Kriegsgefangenen erinnert, die auf den Gedenktafeln abgebildet sind. Es ist eine eindeutige Anspielung auf den im „Popol Vuh" erzählten Mythos, in dem die göttlichen Zwillinge, Inbegriffe der Maya-Herrscher, die Götter des Totenreiches bezwingen. Die Hieroglyphentafeln bringen die Ernennung Chan Bahlums zum Thronerben in Verbindung mit Ereignissen, die ihn als Verkörperung der Sonne charakterisieren.

Bei jüngsten Grabungen in Bauwerken der Kreuzgruppe (Gebäude 19 und 20) wurden weitere Basreliefs entdeckt, die beweisen, dass sich auch noch die Nachfolger Chan Bahlums II., etwa in der Mitte des 8. Jahrhunderts, auf die Ideologie bezogen, die in den Werken Chan Bahlums II. zum Ausdruck kommt. Einer dieser Herrscher könnte in dem Grab ruhen, das unter dem Gebäude 20 entdeckt wurde, bislang aber noch nicht geöffnet worden ist.

Obwohl ein Großteil der Grabungsstätte von Palenque südlich und westlich der zentralen Bauwerke liegt, also hinter dem heutigen Parkplatz, führt der Rundgang üblicherweise am Tempel des Grafen vorbei zum Ballspielplatz und zu anderen mit Basreliefs geschmückten Bauten. Folgt man dem Flusslauf des Otolum, kommt man an einigen Adelsresidenzen vorbei und erreicht anschließend das moderne Grabungsmuseum, in dem man einige der in Palenque gefundenen Meisterwerke bewundern kann.

100–101 Die Kreuzgruppe von Palenque wurde unter Chan Bahlum II. nach dem Tod seines Vaters Pacal II. erbaut. Die Hauptbauwerke sind der Tempel des Kreuzes (links), der Tempel des Blätterkreuzes (Mitte) und der Sonnentempel (rechts).

101 Upakal K'inich (Regierungszeit 736 bis 764 n. Chr.), Bruder des Herrschers Ahkal Mo' Naab III. und sein Thronfolger, ist auf der Stuckrelieftafel abgebildet, die eine Säule des Tempels XIX, eines Gebäudes der Kreuzgruppe, schmückt. Sein dekorativer Zyklus belegt, dass die plastischen Künste in Palenque auch jenseits der Herrschaftsperioden Pakals und seiner berühmten Söhne eine Blütezeit erlebten. Upakal K'inich ist hier in einem Vogelkostüm dargestellt, das bei drei Ritualen zum Einsatz kam, die in der Inschrift beschrieben werden.

Die Schrift

Die Schrift und die Aufzeichnungen kalendarischer Daten tauchen erstmals zwischen der mittleren und der späten vorklassischen Zeit, ab etwa 600 v. Chr., an den mesoamerikanischen Monumenten in der Region der Zapoteken und der Epi-Olmeken auf. Das Bauwerk 3 in San José Mogote, das unter den geopferten Gefangenen die Inschrift „1 Erdbeben" trägt, ist vermutlich das älteste bekannte Schriftbild, der Ursprung einer Tradition, die sich in den Danzantes in Monte Albán fortsetzt und in der klassischen zapotekischen Schrift ihren Höhepunkt erreicht. In der Golfgegend hingegen entwickelte sich das komplexe Schriftbild aus der Symbolik der Ikonografie der Olmeken, wie zum Beispiel bei der Statuette der Tuxtlas und bei der Stele von La Mojarra, deren Inschriften Beweise für den Gebrauch der Mixe-Zoque-Sprache sind. Hier tauchten auch etwa um die Zeitenwende die ersten kalendarischen Aufzeichnungen auf, die auf der sogenannten Langen Zeitrechnung basieren. Beurteilt man die Typologie der Bauten, so scheint es einen engen Zusammenhang zwischen der Schrift und den propagandistischen Zielen der aufstrebenden Herrscherdynastien der vorklassischen Zeit zu geben. Daher überrascht es nicht, dass die mesoamerikanische Schrift ihr höchstes Niveau im klassischen Maya-Reich erfuhr, zeitgleich mit der Blütezeit politischer Systeme, die sich auf Dynastien gründeten. Bestätigt wird diese enge Beziehung zwischen Schrift und dynastischem Machtanspruch durch das völlige Fehlen einer Schrift in Teotihuacán. Man kann dabei nicht unterstellen, dass die Menschen von Teotihuacán die Schrift nicht kannten, sondern man muss davon ausgehen, dass sie die Schrift aufgrund des besonderen politischen Systems in der Stadt und aufgrund anderer Legitimationsziele nicht benötigten.

Die Schrift der Maya gründet sich auf Zeichen (Hieroglyphen), die bildhaften, ikonografischen oder phonetischen Charakter haben und nach Art eines modernen Rebus aneinandergereiht sind. Für sehr lange Zeit konnten sie nicht entziffert werden. Kleine Zusatzzeichen, Prä- und Suffixen ähnlich, fungieren als phonetische Hinweise für die richtige Lesart der Haupthieroglyphe oder erfüllen grammatikalische Funktionen, zum Beispiel für das Tempus oder als Pronomen. Die Art, wie ein bestimmter Begriff ausgedrückt wird, zum Beispiel nur ideografisch oder in gemischter Schrift, aber auch der mehr oder weniger erhabene Stil der verwendeten Hieroglyphen, hing anscheinend vom Schreiber und vor allem vom Thema ab, und zweifellos spielte auch die Kalligrafie in der künstlerischen Praxis der Maya eine ganz zentrale Rolle. Im Lauf der letzten Jahrzehnte veränderte die Entzifferung großer Teile der Maya-Schriften unsere Vorstellung von dieser Kultur, denn die Zusammenhänge zwischen Propaganda, Mythos und Geschichte wurden dabei enthüllt, die den Inhalt der Schriften kennzeichnen. So lässt sich die Geschichte der Maya-Städte anhand von Namen, Ereignissen und exakten Daten genau nachzeichnen, was bei anderen mesoamerikanischen Kulturen nicht möglich ist.

Es gibt im Prinzip drei große Kategorien von Maya-Schriften. Die bekannteste Kategorie sind die Inschriften auf Stelen, Altären und Basreliefs, zu denen man auch die meisten gemalten Inschriften an Wänden zählen kann. Diese Schriften behandeln normalerweise geschichtliche und politische Themen, die stets mit mythischen oder astronomischen Geschehnissen zu tun haben. Die zweite Kategorie sind die Inschriften auf farbigen Gefäßen, die oft als „Bildunterschrift" für Abbildungen mythischer Erzählungen oder höfischer Szenen fungieren. Einige dieser Inschriften wurden auch als Namen der Maler beziehungsweise Schreiber identifiziert, denn die Maya-Sprache macht keinen Unterschied zwischen Malen und Schreiben. Dank der Übersetzung einiger Texte weiß man, dass die wichtigsten Künstler dem Hochadel angehörten, wenn nicht sogar die Herrscher selbst die Kunstwerke schufen. Die dritte Kategorie besteht aus den Texten der drei anerkannten Maya-Kodizes („Dresdensis", „Peresianus", „Tro-Cortesianus"). Hinzu kommt ein vierter Kodex („Grolier"), dessen Authentizität aber noch diskutiert wird. Die bekannten Kodizes behandeln vor allem kalendarische, astronomische und religiöse Themen und sind noch längst nicht vollständig entziffert, denn sie stammen aus der vorklassischen Zeit und verwenden ein anderes Schriftsystem, das noch nicht so gut erforscht ist wie das klassische. Man weiß jedoch bereits, dass diese

102–103 Diese Reproduktion einer farbigen Stucktafel aus dem Sonnentempel von Palenque ist eine Arbeit von Frederick Catherwood (1799 bis 1854), einem Pionier der mesoamerikanischen Archäologie.

103 unten Dieses Detail einer Inschrift der Maya der späten klassischen Zeit kann man auf einer Seite der Stele A in Copán bewundern. Das komplexe Schriftbild der Maya war – und ist – schwer zu entziffern. Der entscheidende Schritt zur grundsätzlichen Verständnis wurde gemacht, als man erkannte, dass die einzelnen Zeichen neben einer malerischen und ideografischen Bedeutung auch eine phonetische haben. Zum Lesen der klassischen Maya-Schriften benutzt man inzwischen verschiedene Maya-Dialekte, die zum Teil heute noch gesprochenen ähneln.

antiken Kodizes mehr literarische und epische Themen beinhalten. Zu diesem Typ muss auch der Hieroglyphenkodex gehören, von dem das Maya-Werk „Popul Vuh“ abgeschrieben wurde.

Nach der Krise, die den Untergang der blühenden klassischen Maya-Städte bedeutete, wurde auch die Schrift wesentlich seltener verwendet, und die Lange Zeitrechnung verschwand gänzlich. In der nachklassischen Zeit waren die Schrift der Mixteken und die der Zapoteken die bedeutendsten. Bei beiden beschränkte sich die eigentliche Schrift auf Namen und Daten, die hauptsächlich als Zusatz zu Malereien verwendet wurden.

102 Dies ist ein Detail einer Maya-Inschrift aus der späten klassischen Zeit im Palast von Palenque. Die Inschrift besteht aus einer einzigen Spalte, weshalb man die Hieroglyphenkartuschen von oben nach unten und von links nach rechts liest. Jede Kartusche besteht aus einer Haupthieroglyphe und aus einigen kleineren Hieroglyphen, die als Suffixe fungieren.

Yaxchilán

Geschichte

Yaxchilán in Chiapas war eine blühende Maya-Stadt an einer Schleife des Usumacinta, des größten Flusses im Petén. Einige Inschriften in der Stadt legen nahe, dass die Gründung der königlichen Dynastie auf das Jahr 320 zurückgeht, als Yax Balam (Penis Jaguar), den Thron bestieg.
Zwar entwickelte sich Yaxchilán schon in der frühen klassischen Zeit beachtlich, wie Empfänge für Botschafter aus Tikal, Bonampak und Piedras Negras beweisen, aber erst in der späten klassischen Zeit wurde es zu einer der wichtigsten Städte des Maya-Reiches. Hier lebten einige der berühmtesten Herrscher, und hier findet man vermutlich manche der schönsten bekannten Basreliefs.

Um 630 bestieg ein Herrscher namens 6 Tun Vogel Jaguar den Thron. In seiner Herrschaft kam es zu einer dramatischen Episode, von der die Inschrift an Haus C in Palenque erzählt. Sie berichtet davon, dass ein naher Verwandter des Herrschers von Pacal II. entweder empfangen oder gefangen genommen wurde. Die Inschrift erwähnt auch einen Sohn von 6 Tun Vogel Jaguar, Schild Jaguar II., der bereits als Kind großes Ansehen genoss. Dieser Prinz zeichnete sich während der Regierung seines Vaters durch kriegerische Taten aus, als er zum Beispiel im Jahr 680 den Adeligen Ah Ahau gefangen nahm. Im folgenden Jahr folgte Schild Jaguar II. seinem Vater auf den Thron, und es ist anzunehmen, dass Ah Ahau bei dieser Gelegenheit geopfert wurde. Dies war der Beginn einer Herrschaft, die 61 Jahre dauerte und Schild Jaguar II. zur führenden Persönlichkeit im politischen Geflecht der Maya-Städte werden ließ. Eine seiner Gemahlinnen war die berühmte Abendstern, eine Prinzessin aus dem mächtigen Calakmul. Auch nach dem Tod Schild Jaguars II. im Jahr 742 blieb Yaxchilán unter der Herrschaft seines Sohnes Vogel Jaguar III. ein florierendes Gemeinwesen. Es vergingen allerdings zehn Jahre zwischen dem Tod des Vaters und der Thronbesteigung des Sohnes, in denen es offensichtlich zu Kämpfen um die Nachfolge gekommen war, doch Vogel Jaguar ging daraus als Sieger und legitimer Erbe hervor. Im Jahr 752 wurde Vogel Jaguar III. Herrscher und hielt dabei auch eine Familientradition am Leben, indem er sehr wahrscheinlich während der Krönungsfeier seinen Widersacher Chac Cib Tok opferte, den er selbst ein Jahr zuvor gefangen genommen hatte. Die Inschriften der Stadt erzählen von seinen kriegerischen Unternehmungen, von seiner unermüdlichen Bautätigkeit, von seiner strategischen Heirat mit der Dame Großer Schädel aus einer der wichtigsten Familien der Stadt und von dem starken Willen, in seiner Machtentfaltung nicht hinter seinem Vaters zurückzustehen. Tatsächlich war es aber zu einer Schwächung der Macht gekommen, denn die Inschriften belegen auch, dass Vogel Jaguar III. ständig Allianzen mit den Adelsfamilien der Stadt suchte. Dies setzt sich in der Politik seines Sohns Chel Te, der als Schild Jaguar III. den Thron bestieg, fort. Er ist der vorletzte Herrscher, der in den Schriften Yaxchiláns erwähnt wird. Zu Beginn des 9. Jahrhunderts wurde die Stadt verlassen, und eine strahlende Herrscherdynastie der Maya fand ihr Ende.

104 oben Auf dem Basrelief von Architrav 55 in Yaxchilán erkennt man einen Herrscher, der vor einer Frau, vermutlich seiner Gattin, thront. In Yaxchilán findet man Basreliefs vor allem auf Architraven über den Eingängen im Innern der Gebäude. Die dargestellten Szenen sollten von unten nach oben „gelesen" werden.

104 unten Dieses Basrelief befindet sich in Yaxchilán an der Treppe zu Tempel 33. Es zeigt den Herrscher Vogel Jaguar III. am 21. Oktober 744 beim Ballspiel.

105 Das Basrelief von Architrav 26 in Yaxchilán zeigt den Herrscher Schild Jaguar II., der von seiner Gattin Xoc einen Helm in Form eines Jaguarkopfes in Empfang nimmt. Dieser Architrav ist der einzige von dreien aus dem Tempel 23, der im Museo Nacional de Antropología in Mexiko-Stadt ausgestellt ist. Die beiden anderen, die zu den Meisterwerken der Basreliefs in der Maya-Kunst gehören, befinden sich heute im British Museum in London.

Die Stätte

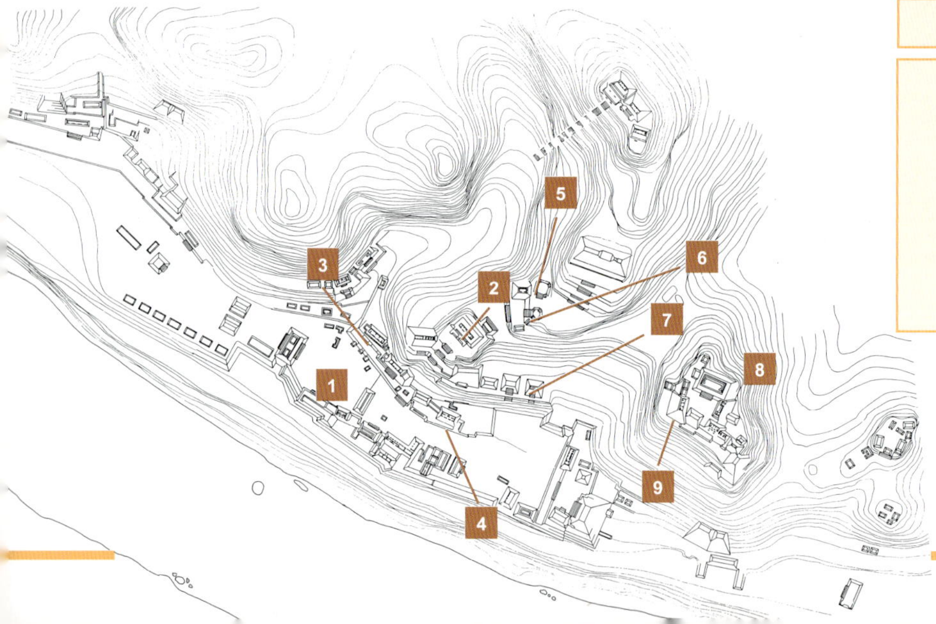

YAXCHILÁN

1 Hauptplatz
2 Tempel 33
3 Tempel 20
4 Tempel 23
5 Tempel 35
6 Tempel 36
7 Tempel 30
8 Westliche Akropolis
9 Tempel 42

Yaxchilán, das man auf dem Wasserweg auf dem Usumacinta erreicht, gehört zu den schönsten Stätten des Maya-Reiches. Sein beeindruckendes Stadtzentrum ist nur teilweise freigelegt, und ein Großteil der Stadt schlummert noch unter der üppigen Vegetation des Regenwaldes. Der lang gestreckte Hauptplatz ist von Gebäuden umgeben und umfasst einen Ballspielplatz, Stelen und Altäre. An der Südseite wird er von einer Reihe von Gebäuden beherrscht, die an den Hängen eindrucksvoller Anhöhen liegen. Viele der schönsten heute noch erkennbaren Bauten stammen aus der Regierungszeit der zwei berühmtesten Herrscher, deren Taten auf den Basreliefs der Stelen und vor allem auf den Architraven der Bauten verherrlicht werden.

Unter Schild Jaguar II. entstand der Tempel 41 auf dem Gipfel der höchsten Anhöhe. Dort ließ der Herrscher Stele 16 aufstellen, die an ein Ritual zum Zeitpunkt der Sommersonnenwende erinnert. Doch das wichtigste Bauwerk seiner Regierungszeit war der Tempel 23 auf dem Hauptplatz, dessen drei Eingänge von Architraven gekrönt wurden, die vermutlich den Höhepunkt der Basreliefkunst der Maya darstellen. Sie befinden sich heute im Museo Nacional de Antropología in Mexiko-Stadt (Architrav 26) und im British Museum in London (Architrav 24 und 25). Architrav 24 zeigt den Herrscher, der eine Fackel oder einen Fächer über seine Gattin Xoc hält. Anlass für diese Darstellung war die Geburt von Vogel Jaguar III., obwohl dieser der Sohn seiner Gemahlin Abendstern war. Die Dame Xoc, gekleidet in kostbare Gewänder und mit kunstvoll geschmücktem Antlitz, nimmt eine Selbstverletzung vor, bei der sie sich eine mit Agavendornen besetzte Schnur durch die Zunge zieht. Das Blut sammelt sich in einer Rindenschale zu Füßen des Herrschers. Die nächste Szene, die auf Architrav 25 dargestellt ist, zeigt das Ergebnis der Selbstverletzung. Die Dame Xoc kniet in ekstatischer Trance vor der Schlange der Vision, die aus dem Rauch der brennenden blutigen Rindenschale aufsteigt. Im Maul der Schlange erscheint ein Gesicht, vermutlich das Yax Balams, des Dynastiegründers. Auf Architrav 26 ist Schild Jaguar II. in Kampfmontur abgebildet, der aus den Händen seiner Gemahlin einen Helm in Form eines Jaguarkopfes empfängt.

107 oben Anders als dieses Gebäude auf dem Hauptplatz von Yaxchilán wurde ein Großteil der Ruinen der Stadt noch nicht freigelegt und ist noch unter der üppigen Vegetation des Regenwaldes verborgen.

106–107 Auf dem Bild sieht man die Tempel 39, 40 und 41 in Yaxchilán. Der Tempel 41 (ganz links) wurde unter Schild Jaguar II. erbaut, während Tempel 40 unter seinem Sohn Vogel Jaguar III entstand, der versuchte, es seinem Vater in puncto Prachtentfaltung gleichzutun. Vor dem Tempel 40 stand einst die berühmte Stele 11 mit dem Abbild beider Herrscher und einer Szene, die Vogel Jaguar III. bei der Demütigung von drei Gefangenen zeigt.

Eines der letzten Monumente, das unter der Herrschaft von Schild Jaguar II. erbaut wurde, ist Anlage 44 in der Mitte des Komplexes, der den Westteil der Grabungsstätte dominiert. Der Herrscher war zum Zeitpunkt der Erbauung bereits achtzig Jahre alt und wollte mit dieser Anlage seine militärische Lebensleistung verherrlichen.

Mit der Thronbesteigung von Vogel Jaguar III. erfuhr Yaxchilán noch einmal einen enormen architektonischen und künstlerischen Aufschwung. Die Zeiten nach der Machtübernahme sind auf der berühmten Stele 11 dargestellt, die ursprünglich in Tempel 40 stand, der von Vogel Jaguar III. neben dem Tempel 41 seines Vaters erbaut wurde. Damit sollte die Kontinuität der beiden Regentschaften unterstrichen werden. Die Stele, die heute auf dem Hauptplatz steht, zeigt auf der einen Seite links

107 unten links Die Ruinen der Stadt Yaxchilán, hier ein Blick auf den Hauptplatz, gehören zu den eindrucksvollsten Hinterlassenschaften der Maya. Sie waren im Regenwald am Ufer des Usumacinta verborgen, der die Grenze zwischen Mexiko und Guatemala bildet.

107 unten rechts Dieses Gebäude liegt am Hauptplatz der Stadt Yaxchilán.

Schild Jaguar II. und rechts Vogel Jaguar III. am 26. Juni 741 bei einem Ritual zur Sommersonnenwende, analog zur Darstellung des Vaters in Tempel 41. Auf der anderen Seite der Stele erkennt man Vogel Jaguar III. unter dem Bildnis seiner Eltern Schild Jaguar II. und Abendstern. Vogel Jaguar III. verfolgt hier die Demütigung von drei Gefangenen, die vermutlich im Zuge seiner anstehenden Thronbesteigung geopfert werden sollen.
Nach seiner Machtübernahme und im Zuge eines Bauprogrammes, das im wahrsten Sinne des Wortes seine rechtmäßige Thronfolge untermauern sollte, ließ Vogel Jaguar III. die Tempel 10, 12, 13, 20, 21 und 22 erbauen. Diese Heiligtümer zieren Architrave mit Basreliefs, die Gefangennahmen, Selbstverletzungen des Herrscherpaares bei der Geburt des Erben und andere Rituale zeigen. Die Absicht Vogel Jaguars III., seinem Vater nachzueifern, wird vor allem in Tempel 21 offenbar, der neben Tempel 23 errichtet wurde. Die Architrave des jüngeren Tempels greifen die Themen des älteren Heiligtums wieder auf. Architrav 17 zeigt den Herrscher, der vor einer seiner Gemahlinnen sitzt, die sich selbst verletzt, Architrav 15 stellt die Gemahlin in ekstatischer Trance dar, und Architrav 16 widmet sich dem Thema Krieg. Er zeigt Vogel Jaguar III. mit seinem Widersacher Chac Cib Tok, einem der Gefangenen, die bei der Thronbesteigung geopfert wurden. Im Innern des Tempels fand man auch eine Stele mit dem Bildnis der Dame Abendstern, die ihre Zunge durchbohrt.
Eine Reihe neuerer Bauten bezeugt die zweite Phase der politischen Bemühungen Vogel Jaguars III. Dies sind die Tempel 33, 1, 42, 54 und 55, deren Basreliefs vermutlich die Absicht zeigen, einen Erben zu legitimieren und sich dafür die Unterstützung möglichst vieler Adelsfamilien zu sichern.
Der Tempel 33, der eine dominierende Position auf dem Platz einnimmt, ist das berühmteste Bauwerk von Yaxchilán. Die Tempeltreppe schmücken Basreliefs mit Ballspielszenen. Man erkennt Vogel Jaguar III., seinen Vater und seinen Großvater beim Spiel mit Bällen, auf denen Kriegsgefangene abgebildet sind. Auf den Architraven des Tempels sind die Thronbesteigung Vogel Jaguars III. dargestellt, einer seiner Jahrestage und ein Ritual zum Zyklusende. Der Herrscher wird stets von seiner Gemahlin Großer Schädel, seinem Sohn Chel Te und – was eher ungewöhnlich ist – von einem Adeligen namens Ah Mac Kin Mo'Ahau begleitet.

Die Darstellung der verschiedenen Gemahlinnen und einiger ihrer Verwandten ist bezeichnend für die neue königliche Propaganda. Auf den Architraven der Tempel 1 und 42 erkennt man mindestens drei verschiedene Gemahlinnen des Herrschers – eine davon ist eine Prinzessin aus Motul de San José – sowie diverse Adelige. Der wichtigste unter ihnen ist Kan Toc, der den Herrscher in der berühmten Szene auf Architrav 8 in Tempel 42 begleitet, wo die beiden zwei Gefangene festnehmen. Chel Te, der Sohn Vogel Jaguars III., erscheint mehrmals auf den Architraven der Tempel 54 und 55 zusammen mit seiner Mutter und jenem Onkel mütterlicherseits, der offensichtlich das Oberhaupt der Familie der Königin war und somit vermutlich einer der einflussreichsten Adeligen der Stadt.
Die Suche Vogel Jaguars III. nach Allianzen beschränkte sich nicht auf die Adelsfamilien der Stadt. Mehrere Monumente aus nahe gelegenen Siedlungen belegen die diplomatischen Aktivitäten des Herrschers. Sie zeigen ihn beim Ritus des

108 In der Eingangsgalerie eines Bauwerkes in Yaxchilán erkennt man das falsche Gewölbe und eine Steinbank an der Wand.

108–109 Dieses Gebäude auf dem Hauptplatz von Yaxchilán weist die typischen architektonischen Merkmale der Paläste von Yaxchilán auf. Die Bauwerke erstrecken sich eher in die Länge als in die Höhe, haben aber hohe, schräge Dächer und Dachfirste, welche an die Bauwerke von Palenque erinnern.

109 oben links Auf dem Kopf einer Statue in Tempel 33 von Yaxchilán, die den Herrscher Vogel Jaguar III. darstellt, sitzt ein Kopfschmuck in Form einer Fantasiemaske, die von Quetzalfedern umrahmt wird.

Aderlasses zusammen mit dem *Cahal*, dem Gouverneur von La Pasadita und bei der Teilnahme an der Thronbesteigung eines Herrschers von Piedras Negras. Die innovative propagandistische Strategie Vogel Jaguars III. zeigte zumindest langfristig nicht die gewünschte Wirkung. Yaxchilán verlor unter der Herrschaft von Chel Te – Schild Jaguar III. – und dessen Nachfolger Schädel Tah III. rapide an Ansehen und ging innerhalb weniger Jahre gänzlich unter. Das letzte datierte Bauwerk der Stadt stammt aus dem Jahr 808.

109 oben rechts In einer Galerie im Innenraum des Tempels 33 steht der Rest der Statue von Vogel Jaguar III., an der die Darstellung eines Brustschmucks aus Jadeperlen besonders bemerkenswert ist.

109 unten rechts Der Tempel 33 wurde unter der Regentschaft von Vogel Jaguar III. erbaut. Die drei Architrave zeigen die Thronbesteigung, ein Ritual, das der Herrscher zusammen mit seinem Sohn Chel Te zelebrierte, und ein kalendarisches Ritual, bei dem ein lokaler Gouverneur den Herrscher begleitete. Auf der Treppe vor dem Tempel erkennt man den Herrscher, seinen Vater und seinen Großvater beim Ballspiel. Vor dem Tempel wurde eine Stele aufgestellt.

BONAMPAK

Geschichte

Bonampak, eine weitere Ruinenstätte der Maya im tropischen Regenwald von Chiapas, war eine kleinere Stadt circa 30 Kilometer von Yaxchilán entfernt. Heute ist sie aufgrund der herrlichen Wandmalereien, die eines ihrer Monumente zieren, außerordentlich bekannt. Während der frühen klassischen Zeit unterhielt Bonampak enge Beziehungen zu Yaxchilán, wie einige Bauwerke des mächtigen Nachbarn beweisen. Diese Beziehungen setzten sich auch in der späten klassischen Zeit fort, als Bonampak unter der Regierung von Chan Muan II., Himmel Harpyie II., seine Blütezeit erlebte. Dieser Herrscher bestieg im Jahr 776 den Thron und ließ die berühmten Malereien in Tempel 1 anfertigen, der um das Jahr 791 geweiht wurde.

110 Hinter der Stele 4 auf dem Hauptplatz von Bonampak erkennt man die Treppe zur Akropolis und darauf den Tempel 1, den Tempel der Fresken, der unter Chan Muan II. errichtet wurde.

110–111 Dieses Detail der Originalmalereien des Tempels 1 in Bonampak zeigt paradierende Musikanten. Das lebhafte Blau des Hintergrundes ist eines der typischsten Merkmale der Wandmalerei der Maya.

111 Die Wände und die Gewölbe der drei Räume des Tempels der Fresken sind vollständig mit einer dünnen Schicht aus Stuck überzogen und bemalt. Die kompositorisch bemerkenswert ausgewogenen Malereien sind von einer wunderbaren Leichtigkeit. Sie befinden sich allerdings leider in schlechtem Zustand.

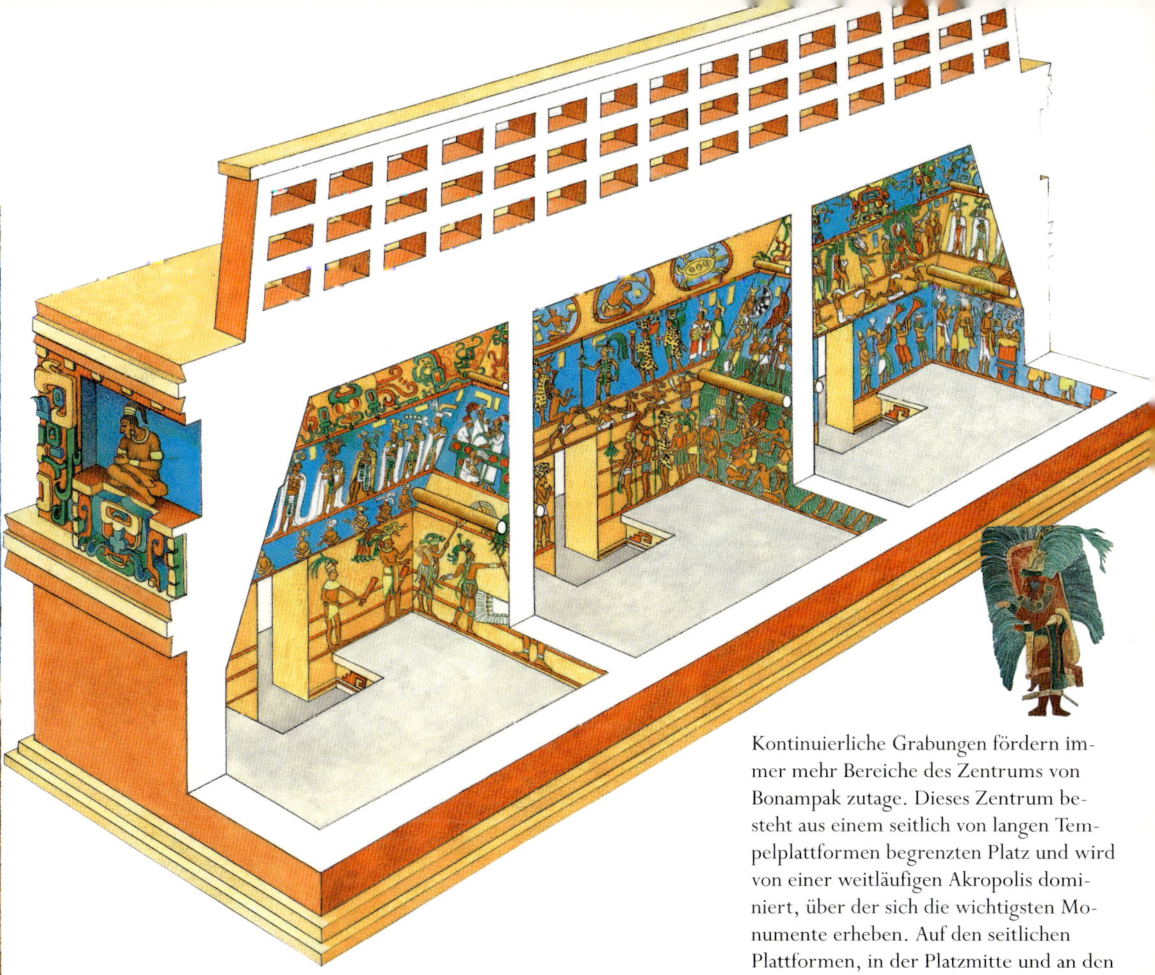

Die Stätte

BONAMPAK

1 Hauptplatz
2 Stelen des Herrschers Chan Muan II. (776 bis 790)
3 Akropolis
4 Tempel 1 (Tempel der Fresken)

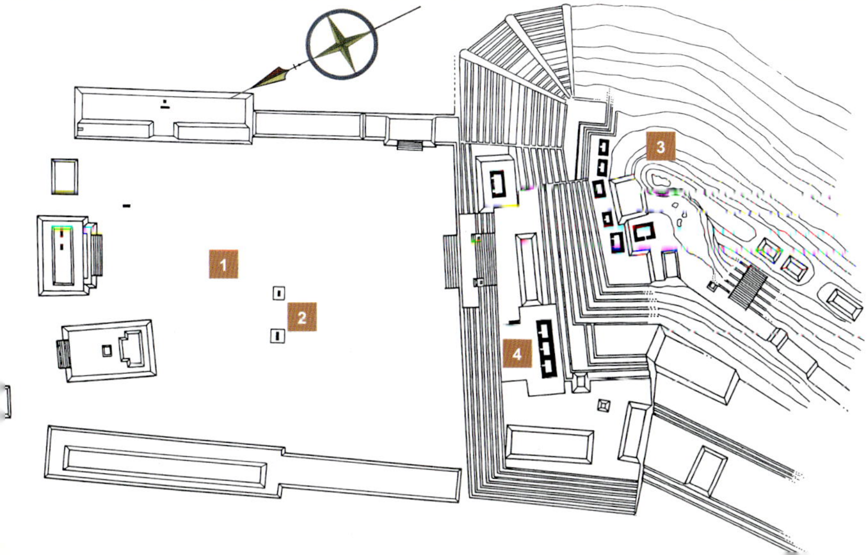

Kontinuierliche Grabungen fördern immer mehr Bereiche des Zentrums von Bonampak zutage. Dieses Zentrum besteht aus einem seitlich von langen Tempelplattformen begrenzten Platz und wird von einer weitläufigen Akropolis dominiert, über der sich die wichtigsten Monumente erheben. Auf den seitlichen Plattformen, in der Platzmitte und an den Seiten der Treppe zur Akropolis sind einige Stelen mit Basreliefs aufgestellt. Die Treppe, die von zwei Stelen aus der Zeit Chan Muans II. flankiert wird, führt zur ersten Ebene, auf der sich der Tempel 1, genannt Wab Naab (6 Meer), erhebt. Er besteht aus drei Räumen, an deren Eingängen sich Architrave befinden, deren Bildhauerstil an Yaxchilán erinnert. Sie zeigen Gefangennahmen aus der Zeit Chan Muans II. und seines Vaters Jaguar Knotenauge. Die Wände der drei Räume schmückt ein Malereizyklus, der von historischen Ereignissen unter Herrscher Chan Muan II. berichtet. Die Interpretation, die in der Darstellung des Thronerben den Mittelpunkt des Zyklus sieht, wird inzwischen angezweifelt, man deutet die Inschriften heute anders. Die Dynamik der Szenen, ihre außergewöhnliche Farbenfreude und die Vielfalt der Gewänder der genau 303 abgebildeten Personen machen die Malereien von Bonampak zu einem Meisterwerk der Maya-Kunst und lassen den Verlust der Malereien, die bedeutendere und reicher geschmückte Bauten der Stadt zierten, noch schmerzlicher empfinden.

Die Wandmalereien in Raum 1 sind in horizontalen Registern aufgetragen. Gezeigt werden Tributzahlungen; eine Gruppe Adeliger ist in lange weiße Mäntel gekleidet und auf eine Weise porträtiert, durch die ein hierarchisches Schema erkennbar ist, an dessen Spitze der Herrscher auf dem Thron sitzt. Er ist umgeben von einigen Mitgliedern der Königsfamilie, darunter auch ein kleiner Junge. Zu Füßen des Throns sind Säcke zu sehen, die den Tribut enthalten. Einer von ihnen trägt die Inhaltsbezeichnung „fünfmal 8000 Kakaobohnen“. Auf der nördlichen Wand sieht man die Einkleidung dreier adeliger Jugendlicher mit großen gefiederten

Kostümen, wie sie ebenfalls von den drei Personen im unteren Teil der Südwand getragen werden, die einen „Quetzal-Tanz“ aufführen. Sie werden dazu von einer Gruppe Musiker begleitet, die auf langen Trompeten, Schellen, Schildkrötenpanzern und einem Holztamburin spielen. Die drei tanzenden Adeligen tragen zu den Federgewändern auch große Kopfbedeckungen aus Federn.

Raum 2 ist vermutlich der berühmteste von Bonampak. Mit Ausnahme der Nordwand bedeckt eine Kampfszene alle Wände des Raumes. Sie zeigt Krieger in ungewöhnlich vielfältigen Kampfgewändern. Der Herrscher Chan Muan II. ist porträtiert, während er am Haarschopf eines Gefangenen zieht und gleichzeitig ein anderer adeliger Krieger sich auf dessen Rücken stellt, wahrscheinlich ein Herrscher von Lacanjá, der mit Chan Muan II. verbündet war. An der Nordwand ist eine Szene dargestellt, die auf die Schlacht folgte. Der Hof von Bonampak hat sich um den Herrscher versammelt. Zur Rechten der Gruppe erkennt man die Mutter des Herrschers und seine Gemahlin Grünes Kaninchen, eine Prinzessin aus Yaxchilán. Auf einer Treppe liegen Kriegsgefangene, denen zum Teil die Fingernägel ausgerissen wurden, sodass Blut von den Fingern tropft. Auf einer Stufe liegt ein abgeschlagener Kopf. Einige Experten halten die Darstellung der Figur, die unter den Füßen des Herrschers zu sehen ist, für das Meisterwerk schlechthin unter den Maya-Wandmalereien. Im oberen Bereich der Wand sieht man Gefangene und symbolische Darstellungen, die sich auf Sternbilder, wie die Plejaden oder Orion, beziehen, vermutlich als Hinweis auf den astralen Hintergrund der Schlacht.

In Zimmer 3, leider das am wenigsten gut erhaltene, ist die Feier eines militärischen Sieges dargestellt: Dieselben drei adeligen Tänzer aus Zimmer 1 tanzen nun in Kostümen, die mit großen seitli-

chen „Flügeln“ ausgestattet sind, während auf einer Treppe ein Menschenopfer dargebracht wird. Gleichzeitig sitzen einige Frauen aus der Herrscherfamilie neben einer Reihe Adeliger auf dem Thron und durchstechen sich die Zunge, um ihr eigenes Blut als Opfer zu vergießen.

112 links *Der Ausschnitt aus der Kopie einer Wandmalerei von Bonampak in Raum 1 des Museo Nacional de Antropología in Mexiko-Stadt zeigt einige Musikanten in einer höfischen Szene.*

112 rechts *Auf diesem Ausschnitt aus der Kopie einer Wandmalerei von Bonampak in Raum 1 des Museo Nacional de Antropología in Mexiko-Stadt sieht man eine Gruppe von Musikanten mit großen Rasseln.*

112–113 *Diese Kampfszene, in der die Krieger prächtige Kopfputze tragen, ist ein dramatischer Ausschnitt der Kopie einer Wandmalerei von Bonampak in Raum 2 des Museo Nacional de Antropología in Mexiko-Stadt.*

113 unten In diesem Ausschnitt der Kopie einer Wandmalerei von Bonampak in Raum 2 des Museo Nacional de Antropología in Mexiko-Stadt ist eine weitere Kampfszene festgehalten. Konflikte zwischen verschiedenen Maya-Städten hatten oftmals übergeordnete mythologisch-rituelle Ursachen und wurden von astronomischen Ereignissen mitbestimmt.

TIKAL

Geschichte

114 *Diese Zeichnung zeigt, wie Tikal in seiner Blütezeit um das Jahr 750 vermutlich ausgesehen hat.*

114–115 *Auf dieser Luftaufnahme von Tikal ragen nur die Spitzen der höchsten Pyramiden aus dem tropischen Regenwald des Petén.*

Tikal in Guatemala, dessen antiker Name vermutlich Mutul (Haarknoten) lautete, war die mächtigste Maya-Stadt der klassischen Zeit und im Verlauf seiner langen Geschichte die bestimmende Größe in Allianzen und Konföderationen verschiedener Stadtstaaten.
Tikal wurde in der späten vorklassischen Zeit gegründet und war zunächst vielleicht der großen vorklassischen Stadt El Mirador unterstellt. Bald jedoch war Tikal Sitz einer reichen Elite, deren Gräber in den tiefsten Schichten der nördlichen Akropolis entdeckt wurden.
Der Untergang von El Mirador gegen Ende der vorklassischen Zeit begünstigte das Wachstum anderer Städte, unter denen Tikal eine entscheidende Rolle spielte. Im 3. Jahrhundert lebte hier Yax Moch Xoc, der Begründer einer dauerhaften Dynastie, und im Jahr 292 wurde ein Herrscher der Stadt auf Stele 29 abgebildet, der ersten Stele der Maya des Tieflandes, auf der die Lange Zeitrechnung zur Anwendung kommt und die unter den Experten die Schwelle zur klassischen Zeit markiert. Unter der Herrschaft von Große Jaguarkralle, dem neunten Nachfolger von Yax Moch Xoc, der in der zweiten Hälfte des 4. Jahrhunderts den Thron bestieg, begann Tikal seine Expansionspolitik mit einem Angriff auf das nahe gelegene Uaxactún. Dieses wurde im Jahr 378 unter der Führung eines gewissen Rauchende Kröte erobert, der vielleicht der Bruder des Herrschers von Tikal war und umgehend zum Herrscher der eroberten Stadt ernannt wurde. Die Tatsache, dass Eroberungskriege dem Maya-Reich bis zu diesem Zeitpunkt eigentlich fremd waren, sowie einige archäologische und epigrafische Hinweise ließen manche Experten vermuten, dass der Krieg zwischen Tikal und Uaxactún gemäß dem Modell von Teotihuacán offensichtlich als erstes Beispiel für einen Sternenkrieg, den Krieg der Tláloc-Venus, geführt wurde.
Unter dem Herrscher Gekräuselte Nase (379 bis 411) und dessen Sohn Gewitterhimmel (411 bis 457), der einer der berühmtesten Herrscher der Stadt war, wurde der Einfluss Teotihuacáns auf Tikal immer umfangreicher. Unter Gewitterhimmel wurde Tikal zu einer der mächtigsten Städte des Tieflandes und unterhielt diplomatische Beziehungen zu Yaxchilán und vielleicht zu den entfernten Städten Copán und Quiriguá. Anscheinend

war für Herrscher wie Gewitterhimmel die Verbindung der eigenen Macht mit einer Art „Teotihuacán-Patronat" eine besondere Ehre; ein Vorgehen, das an das des nachklassischen Tollan erinnert.
Die ständig wachsende Macht Tikals führte zu Zusammenstößen mit anderen aufstrebenden Städten, vor allem mit Calakmul im heutigen Bundesstaat Campeche, einer riesigen Stadt im Norden des Petén, einst bekannt unter dem Namen Kaan, Schlange. In die Gefechte waren Calakmul, Caracol, Naranjo und Tikal verwickelt. Die Rivalität der beiden Machtbereiche und der

in ihnen zusammengeschlossenen Städte gipfelte vermutlich in einer Schlacht, in der das Heer von Caracol das von Tikal besiegte. Die Folgen der Niederlage des Jahres 562 waren für Tikal verheerend: Auf das letzte vor den Krieg zu datierende Monument, das Bildnis des Herrschers Doppelter Vogel aus dem Jahr 557, folgten fast 130 Jahre Stillstand in der Bautätigkeit der Stadt. Dieser Hiatus bildet die Schwelle zwischen der frühen und der späten klassischen Zeit.
Nach der langen Krise fiel der Wiederaufstieg Tikals mit der Herrschaft von Ah Cacaw zusammen, dem bedeutendsten Herrscher in der Geschichte der Stadt, der im Jahr 682 den Thron bestieg. Nachdem er die Renovierung des Stadtkerns veranlasst und dies zu einer aussagekräftigen Darstellung seines Herrschaftsanspruchs gemacht hatte, die ihn als den wiedererstandenen Gewitterhimmel erscheinen lassen sollte, schickte Ah Cacaw sich an, auch das militärische Ansehen Tikals wiederherzustellen. Im Jahr 695, am Jahrestag eines genau 260 Jahre vorher von Gewitterhimmel geführten Gefechts, griff Ah Cacaw Calakmul an und nahm den Herrscher Jaguarkralle gefangen. Der gefangene Herrscher und andere Adelige der Stadt wurden in Tikal öffentlich zur Schau gestellt und vierzig Tage später geopfert. Ah Cacaw starb im Jahr 723. Ihm folgte sein Sohn Yax Kin, genannt Grüne Sonne, auf den Thron, der die ruhmreiche Politik seines Vaters fortsetze, sodass Tikal den Platz an der Spitze der politischen Hierarchie der Maya behaupten konnte. Seine Nachfolger regierten wohl nicht alle so geschickt, und bis zum Jahr 899 ist über Tikal nur wenig bekannt. Aus diesem Jahr stammt die letzte datierte Stele der Stadt. Die Krise, welche die klassische Epoche beenden sollte, hatte nun auch das Herz des Maya-Reiches erreicht.

115 Die Totenmaske aus Jade, Muscheln und Obsidian stellt das Gesicht eines verstorbenen Herrschers mit Kopfputz in Form eines Vogels dar. Die Jaguarohren über der menschlichen Ohren sollen zeigen, dass der Herrscher nun im Reich der Toten weilt.

Die Stätte

Der zentrale Platz von Tikal mit seinen schlanken Pyramiden, die aus dem Regenwald aufragen, ist vielleicht der bekannteste Ort der Maya. An den kurzen Seiten begrenzen ihn die Tempel 1 und 2, an den langen befinden sich zwei große Monumentalkomplexe, die zentrale und die nördliche Akropolis. Hier lassen sich viele Abschnitte der Stadtgeschichte er-

kennen. Die zentrale Akropolis war die Herrscherresidenz, die nördliche diente dagegen als Begräbnisstätte, aber auch als Ort für politische und ideologische Propaganda.

Die meisten Bauwerke, die hier die Zeiten überdauert haben, entstanden unter der Herrschaft von Ah Cacaw. Nach seiner Thronbesteigung ließ er als Erstes den Tempel 2 errichten, die große dreistufige Pyramide im Westen des Platzes. Sie ist 38 Meter hoch und noch im Baustil der frühen klassischen Zeit errichtet, massig und mit eingefassten Ecken. Vor der Treppe stehen eine große Stele und ein Altar, die keine Verzierungen tragen. Der Holzarchitrav über dem Eingang zeigt eine Frau, vielleicht die Gemahlin des Herrschers.

Am besten aber kann man Ah Cacaws Bauaktivitäten an der nördlichen Akropolis beobachten, die bis in die vorklassische Zeit die traditionelle Grabstätte der Herrscher war. Auch die Stuckmasken an einigen Gebäuden stammen aus dieser Zeit. Die Stelenreihe vor der nördlichen Akropolis wurde in unterschiedlichen Epochen gefertigt und in der nachklassischen Zeit an ihrem heutigen Standort aufgestellt.

In der nördlichen Akropolis fand man zahlreiche ältere Bauten mit Gräbern, darunter jenes von Große Jaguarkralle und von Gekräuselte Nase. Das Grab von Gewitterhimmel liegt im äußersten Osten, und man weiß, dass Ah Cacaw Jahrhunderte später darüber eine große Pyramide errichten ließ, die heute als Folge der Grabungen vollkommen abgetragen ist. Bei dieser Gelegenheit ließ Ah Cacaw die berühmte Stele 31, die Gewitterhimmel flankiert von zwei Figuren mit Gewändern im Stil von Teotihuacán zeigt, von der Tempelfront entfernen und im Innern aufstellen. Dort wurde sie unter dem neuen Bauwerk begraben, das man zu Ehren des alten Herrschers errichtete. Das heute verschwundene, dem Tempel 1 sehr ähnliche Bauwerk markierte den Beginn der für Tikal typischen „vertikalen" Architektur. Ab diesem Zeitpunkt wurde in der nördlichen Akropolis kein Herrscher mehr beigesetzt.

Es liegt auf der Hand, was Ah Cacaw ausdrücken wollte: Er betrieb die Glorifizierung eines heldenhaften antiken Herrschers, und dessen Glanzzeit sollte durch die „Versiegelung" der Akropolis bekräftigt werden. Der daraufhin beginnende neue Baustil war hingegen das Symbol einer neuen glanzvollen Epoche. Tikal erstrahlte damit nach seiner dunkelsten Zeit in neuem Glanz.

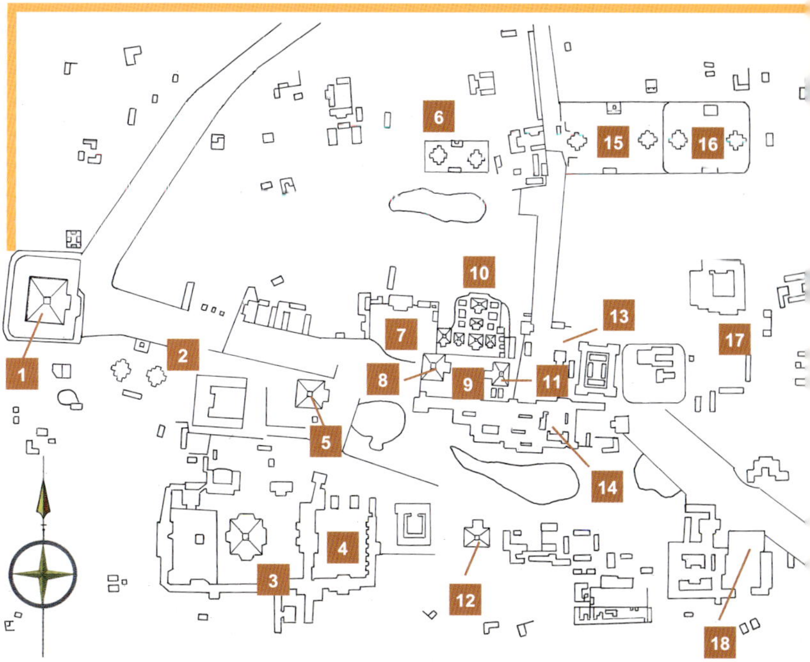

116 Die neunstufige Pyramide des Tempels 1 in Tikal wurde als Totentempel für Ah Cacaw erbaut, den wichtigsten Herrscher der Stadt in der späten klassischen Zeit. Charakteristisch ist der in die Höhe strebende Baustil.

T I K A L

1 Tempel 4	10 Nördliche Akropolis
2 Komplex N	11 Tempel 1
3 Südliche Akropolis	12 Tempel 5
4 Platz der sieben Tempel	13 Östlicher Platz
5 Tempel 3	14 Zentrale Akropolis
6 Komplex O	15 Komplex R
7 Westlicher Platz	16 Komplex Q
8 Tempel 2	17 Anlage F
9 Großer Platz	18 Anlage G

117 unten Mitte Das farbige Gefäß mit Deckel aus der frühen klassischen Zeit wurde in einem Adelsgrab in Tikal entdeckt. Die größte Abbildung darauf zeigt eine Gottheit, deren Attribute auf den Regengott Zentralmexikos hinweisen, der aber im stilistischen Umfeld der Maya dargestellt ist.

116–117 Der berühmte Tempel 2 von Tikal beherrscht den Hauptplatz der Stadt. Diese Pyramide, die zu Beginn von Ah Cacaws Regentschaft entstand, weist noch den für die frühe klassische Zeit typischen Baustil auf. Die Stelen und Altäre im Vordergrund erheben sich vor der nördlichen Akropolis.

117 unten links Das farbige zylindrische Gefäß stammt aus dem Grab des Herrschers Hasaw Ka'an K'awil (Regent A) von Tikal aus der späten klassischen Zeit. Der Herrscher, der hier das Geschenk eines knienden Würdenträgers in Empfang nimmt, war auch Schriftgelehrter und Maler.

117 unten rechts Die Dachfirste der Tempel 1 und 2, die einst mit farbigen Basreliefs verziert waren, scheinen sich auf diesem Foto vom Tempel 4 gegenüber direkt nebeneinander zu befinden. Das Basrelief des Tempels 1 zeigte den thronenden Ah Cacaw.

Der Höhepunkt von Ah Cacaws architektonischem Schaffen war zweifellos Tempel 1, ein neuer majestätischer Totentempel für den Herrscher. Der neue Baustil manifestierte sich in der Konstruktion einer großen neunstufigen „Unterweltpyramide“ mit einem hohen Dachfirst, auf dem der thronende Herrscher dargestellt war, ursprünglich eine Malerei in Rot, Weiß, Grün und Himmelblau. Der Holzarchitrav zeigte den unter einer schützenden Schlange sitzenden Ah Cacaw, und auf dem Architrav im Innern wird der Herrscher von einem riesigen Jaguar überragt.

Das Grab Ah Cacaws, das sich heute im Grabungsmuseum befindet, hat man in einer Krypta im Unterbau der Pyramide entdeckt. Der Leichnam des Herrschers war bedeckt von einem herrlichen bemalten Gefäß und 180 Jadeperlen in Form von Arm- und Beinschmuck, Ohrgehängen, Diademen und vor allem einer Kette aus regelrechten Kugeln des wertvollen grünen Porphyrs, die allein mehr als sieben Kilogramm wiegt. Der Verstorbene lag auf einer Art steinernem Tisch, gebettet auf eine Matte mit Quasten aus Jadeperlen und Muschelornamenten. Um ihn herum waren große bemalte Teller und zahlreiche gravierte Knochen verteilt. Einer dieser Knochen zeigt den Herrscher in einem Kanu auf seiner Reise in das Totenreich.

118 unten Unter dem Tempel 2 vermuten einige Experten das Grab von Ah Cacaws Gattin, die wahrscheinlich auf dem Architrav über dem Eingang abgebildet ist.

Unmittelbar südlich des Tempels 1 liegt ein kleiner Ballspielplatz. Den gesamten südlichen Platz nimmt die zentrale Akropolis ein. Sie umfasst Residenzen, die jahrhundertelang von den Herrschern der Stadt bewohnt und auch auf verschiedenen Abbildungen dargestellt wurden; auf einer solchen Darstellung sieht man zum Beispiel einmal Ah Cacaw neben dem von ihm gefangen genommenen Herrscher von Calakmul.

Die zentrale Akropolis blickt auf den Ostplatz. Sie liegt hinter Tempel 1, an der Stelle, an der sich ein rechteckiger Komplex befindet, den vermutlich die Überreste des Stadtmarktes bilden. Daneben stößt man auf den größten Ballspielplatz der Stadt. Am Ostplatz beginnt außerdem die Méndez-Straße, die zu Anlage G und zum Tempel der Inschriften führt. Anlage G ist ein Wohnkomplex mit Wandmalereien, in dem die Oberschicht lebte. Der Tempel der Inschriften ist eine Pyramide, die von einem Dachfirst mit Inschriften gekrönt wird, welche eine Datierung des Bauwerks auf das

PLAN DER NÖRDLICHEN AKROPOLIS

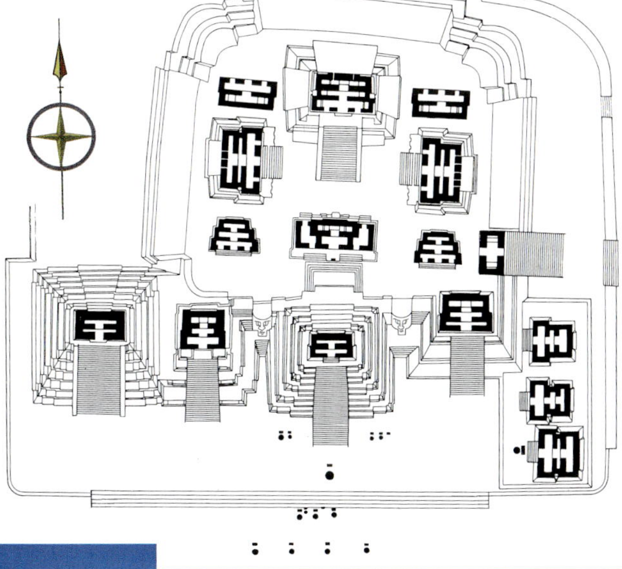

118–119 Der Blick auf den Hauptplatz von Tikal zeigt links die nördliche Akropolis. Rechts davon ist der Tempel 1 zu sehen. Alle Herrscher Tikals wurden auf der nördlichen Akropolis beigesetzt, bis Ah Cacaw diese Tradition beendete und sich in einer Krypta unter Tempel 1 beisetzen ließ.

119 oben Hinter dem Hauptplatz und dem Tempel 1 sieht man von der nördlichen Akropolis aus die zentrale Akropolis, die Residenz der Herrscherfamilien von Tikal.

119 unten Dieser Blick geht vom Gipfel der zentralen Akropolis aus auf Tempel 1. Links im Hintergrund kann man die Gebäude der nördlichen Akropolis erkennen.

Jahr 766 ermöglichen. In Richtung Ostplatz liegen hinter der zentralen Akropolis die Ruinen des Tempels 5, der zweitgrößten Pyramide der Stadt. Sie wurde um 700 erbaut, vermutlich als Totentempel für einen unbekannten Herrscher. Weiter westlich, jenseits der südlichen Akropolis und des Platzes der sieben Tempel – mit einem dritten Ballspielplatz – liegt der Mundo Perdido, der größtenteils aus der frühen klassischen Zeit stammt. Dominiert wird er von den Überresten einer großen Pyramide aus der vorklassischen Zeit. Die Grabungen im Mundo Perdido ermöglichten es, die ältesten Phasen der Stadtgeschichte nachzuzeichnen und somit zu rekonstruieren, welch großen Einfluss Teotihuacán in der frühen klassischen Zeit auf Tikal ausübte.
Nördlich des Mundo Perdido steht Tempel 3, die letzte Totenpyramide der Stadt, die vermutlich zu Ehren des Herrschers Chitam um das Jahr 810 erbaut wurde. Der Holzarchitrav in ihrem Innern zeigt das Bildnis eines fettleibigen Mannes im Jaguarfell, flankiert von zwei als die „Exzentriker“ bekannten Höflingen, die steinerne Insignien tragen.
Geht man auf der Tozzer-Straße hinter Tempel 3 vorbei, überquert man die als Fledermauspalast bekannte Anlage und erreicht anschließend die Zwillingspyramide, die für die Feiern zum Ende eines zwanzigjährigen Kalenderzyklus erbaut wurde. In anderen Maya-Städten waren solche Zwillingsbauten schon in der frühen klassischen Zeit verbreitet, in Tikal war es jedoch der erste Komplex dieser Art. Er stammt aus dem Jahr 711, also aus der Regierungszeit Ah Cacaws. Unter anderem ist der Herrscher mit großem Federkopfschmuck auf Stele 16 abgebildet, und der angrenzende Altar 5 zeigt zwei Figuren, die neben Menschenknochen offensichtlich ein Totenritual zelebrieren.
Weiter in westlicher Richtung gelangt man zu Tempel 4, der höchsten Pyramide der Stadt, die ebenso wie Tempel 6 unter Yax Kin, Ah Cacaws Sohn, erbaut wurde. Die außergewöhnlichen Holzarchitrave, deren Originale heute in Basel stehen,

121 oben links In dem Mundo Perdido genannten Teil der Stadt, von dem man hier eine Pyramide sieht, entdeckte man viele Funde aus der präklassischen und aus der frühen klassischen Zeit.

121 Mitte rechts Von der Spitze des Tempels 4 blickt man auf die Bauwerk 5C-54 genannte Hauptpyramide des Mundo Perdido aus präklassischer Zeit. Die Seiten der vier Treppen zieren die für diese Zeit typischen Masken.

zeigen beispielsweise Yax Kin mit Schlangenkopfputz, überragt von einer riesigen doppelköpfigen Federschlange, oder Yax Kin, der vor einer riesigen Sonnengottheit sitzt. Vom Gipfel dieser Pyramide bietet sich ein wundervoller Blick über die Stadt.

Einige Experten vermuten, dass sich unter dem Tempel 4 oder 6 das Grab von Yax Kin befindet. Ein reich ausgestattetes Grab unter einem kleinen Gebäude am Hauptplatz weist jedoch viele Charakteristika auf, die darauf hindeuten, dass stattdessen hier die letzte Ruhestätte Yax Kins sein könnte, denn in vielen Details erkennt man darin eine Nachahmung des Grabes des früheren großen Herrschers Ah Cacaw.

Die Maudslay-Straße, die nördlich des Tempels 4 verläuft, führt zu einem großen Palast, bekannt als Anlage H, und zu zwei weiteren Zwillingspyramiden, die in den Jahren 768 bis 810 unter Chitam erbaut wurden, dem letzten bekannten Herrscher der Stadt. Vermutlich versuchte er damit, dem großen Ah Cacaw nachzueifern.

Um die fünf Tempelpyramiden, die das etwa drei Quadratkilometer große Stadtzentrum bilden, erstrecken sich noch circa 16 Quadratkilometer Gelände, das mit kleineren Gebäuden bebaut war. Man vermutet, dass neben den bereits freigelegten Anlagen noch mindestens 10 000 ältere Bauwerke verborgen sind.

121 Mitte links Dies ist der Komplex Q der Zwillingspyramide am Hauptplatz, auf dem verschiedene Stelen und Altäre zu erkennen sind. Der gesamte Komplex wurde im Jahr 711 erbaut, um das Ende eines zwanzigjährigen Kalenderzyklus zu feiern. Die Jahreszahl entspricht dem Datum 9.17.0.0.0 der Langen Zeitrechnung von Ah Cacaw.

121 unten Dieses Bauwerk mit hohem Dachfirst erhebt sich über dem Mundo Perdido und dem Platz der Sieben Tempel.

120 Hier im Komplex der zentralen Akropolis fand man neben den Residenzen verschiedener Herrscher auch Kunstwerke, die häufig an die Kriege erinnern, die diese Herrscher führten.

120–121 Hinter einer Pyramide des Mundo Perdido in Tikal sieht man den Tempel 4, die höchste Pyramide der Stadt, die hoch über die dichte Vegetation hinausragt.

Uaxactún

Geschichte

Das kleine Uaxactún, das etwa vierzig Kilometer nördlich von Tikal liegt, war in der vorklassischen Zeit eine der wichtigsten Städte des Tieflandes. Die Stadt, deren alter Name Sian Kan lautet, was so viel heißt wie „im Himmel geboren", war eine lebendige und vor allem politisch unabhängige Stadt, bis Rauchende Kröte, ein Militärführer von Tikal, sie im Jahr 378 eroberte und ihr neuer Herrscher wurde. Doch das eroberte Uaxactún genoss zumindest noch einige Jahre ein gewisses Ansehen, wie auf Stele 5 in der Stadt zu lesen ist. Die Inschrift besagt, dass Gekräuselte Nase, der im Jahr 379 den Thron von Tikal bestieg, „das Zepter im Reich von Rauchende Kröte zeigte". Dies war offenbar ein Ausdruck für die hierarchische Ordnung zwischen beiden Städten. Einige Experten vertreten die Ansicht, dass Rauchende Kröte der Onkel von Gekräuselte Nase war und dass seine Macht aufgrund der Verwandtschaft mit dem Herrscher von Tikal anwuchs. Noch unter der Herrschaft von Gekräuselte Nase, vor allem aber unter seinem Nachfolger Gewitterhimmel, spielte Tikal eine immer größere Rolle, und Uaxactún wurde ein bloßer Vorort der großen Nachbarstadt. Vermutlich wurde Uaxactún in der ersten Hälfte der nachklassischen Zeit aufgegeben und verlassen.

122 oben Die Stele 5 in Uaxactún zeigt Rauchende Kröte, der am 16. Januar 378 als Kommandant des Heeres von Tikal die Stadt eroberte. Er ist im Profil dargestellt, mit Obsidianstäben in der einen Hand und einer Schleuder in der anderen. Auf seinem Kopfschmuck sitzt ein Quetzal mit langem Schwanz. Dies ist eine der ältesten Darstellungen der typischen Ausstattung eines Kämpfers in den Sternenkriegen.

122–123 Das Bauwerk E-8-sub des Komplexes E in Uaxactún stammt aus der präklassischen Zeit und ist mit Masken von Gottheiten verziert. Man trug bei der Freilegung des Bauwerkes einen später entstandenen Komplex vollständig ab.

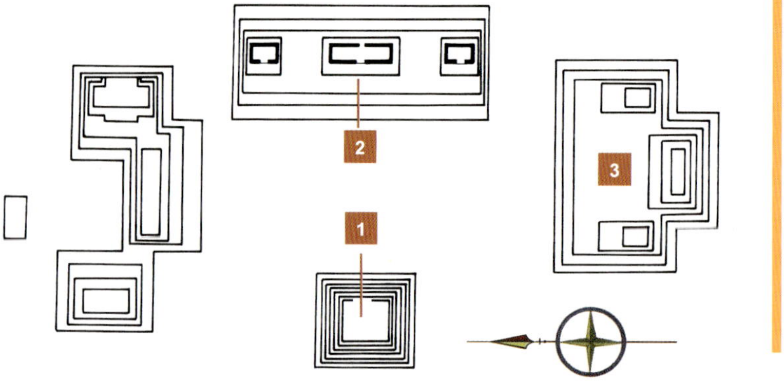

PLAN DES KOMPLEXES E UAXACTÚN

1 Bauwerk E-7-sub
2 Östlicher Komplex
3 Gruppe A

122 unten Der Komplex E-10 der Anlage E in Uaxactún erinnert – wenn auch weniger beeindruckend – an ähnliche Anlagen in Tikal, dem Uaxactún lange Zeit unterstellt war.

123 oben links Der Palast 5 des Komplexes A in Uaxactún wurde in der späten klassischen Zeit erbaut, als Uaxactún bereits kaum mehr als ein bedeutender Vorort von Tikal war.

Die Stätte

Die bedeutendsten Monumente Uaxactúns bestehen aus verschiedenen Tempel- und Residenzkomplexen. Die Freilegung der Komplexe A, B und E in den Jahren 1926 bis 1937 stellte ein epochales Ereignis in der mesoamerikanischen Archäologie dar, denn dies waren

123 unten rechts *Der Komplex 16 der Anlage A wurde nur teilweise restauriert.*

123 unten links *Im Innern eines Bauwerkes von Uaxactún kann man das falsche Gewölbe, den Verputz, der noch immer an den Wänden haftet, und die starken Holzstreben erkennen.*

123 oben rechts *Vermutlich war Palast 5 des Komplexes A der Sitz der lokalen Oberschicht in der klassischen Zeit.*

die ältesten bis dahin bekannten Bauwerke des Maya-Reiches. Uaxactún, „Acht Steine“, erhielt seinen Namen aufgrund des Fundes von sechs sehr alten Monumenten, die laut Maya-Kalender im achten *Baktun*, das heißt zwischen den Jahren 328 und 416, erbaut wurden.
Bei einer der ersten Grabungen wurde der Komplex E freigelegt, der aus einer nach Osten gerichteten Pyramide besteht, vor der sich eine Plattform mit drei kleineren Bauten befindet, über denen – von der Pyramide her blickend jeweils an bestimmten Tagen im Jahr die Sonne aufgeht. Vor diesen Bauten stehen einige antike Stelen.
Die weitgehend zerstörte Hauptpyramide wurde komplett abgetragen, um den Blick auf den darunter liegenden Komplex E-7-sub freizugeben, ein vorklassisches Gebäude mit 16 Stuckmasken, vier an jeder Seite, mit Venus als Morgen- und Abendstern sowie mit der werdenden und der vergehenden Sonne. Diese Ikonografie ist für viele vorklassische Bauten typisch und findet sich zum Beispiel auch in Cerros in Belize und im Mundo Perdido von Tikal.
Die Komplexe A und B umfassen Residenzen und Ritualbauten, die in der frühen klassischen Zeit errichtet wurden.
In Komplex B entdeckte man eine herrliche Wandmalerei mit höfischen Szenen, die heute jedoch verschwunden ist.
In jüngster Zeit konzentrierten sich die Grabungen auf den Komplex H. Hier wurden unter Konstruktionen der frühen klassischen Zeit wichtige Bauten aus der späten vorklassischen Zeit freigelegt. Den Komplex H-3-sub zieren Stuckmasken, die *Wits* (heilige Gebirge), darstellen und auf die symbolische Funktion des Gebäudes selbst hinweisen. Den nahe gelegenen Komplex H-10-sub zierten *Ahau*-Masken, „Herr“-Masken, und Motive des *Pop*, des „Rates“, eines der Hauptsymbole der Maya-Macht, die sich mit dem von Voluten umgebenen thronenden Herrscher abwechselten.
An den ältesten Anlagen Uaxactúns kann man die politische Ideologie der Maya ablesen. Die Macht war eng mit der Identifikation mit Venus und Sonne verbunden, Gestirne, die wie die Zwillinge im „Popol Vuh“ die Mächte der Unterwelt im Herzen des Heiligen Gebirges bekämpfen, um dann erneut am Himmel aufzugehen, der die Welt der Lebenden überspannt.

CALAKMUL

Geschichte

Obwohl seit dem Jahr 1931 bekannt, werden die Ruinen der Maya-Stadt Calakmul, die sich im gleichnamigen Biosphärenreservat des mexikanischen Staates Campeche erheben, erst seit wenigen Jahren mit der geheimnisvollen Hauptstadt von Kaan, „Schlange“, in Verbindung gebracht. Diese Stadt soll einigen Inschriften zufolge im Verlauf des 6. und 7. Jahrhunderts mit Tikal um die Rolle als mächtigste Stadt in der Welt der Maya gekämpft haben.
Die Ursprünge von Calakmul liegen im Dunkeln, wahrscheinlich gehörten verschieden Maya-Städte aus dem Norden des Petén, wie El Mirador und Nakbé, zum Einflussbereich von Kaan. Sicher ist, dass die Stadt seit der frühen klassischen Zeit besiedelt wurde, als man dort mächtige öffentliche Bauten errichtete. Die ersten historischen Daten, die sich auf einen Herrscher der Stadt beziehen, datieren jedoch erst auf das 6. Jahrhundert n. Chr., als die Stadt begann, ein bedeutender Machtfaktor in der Maya-Welt zu werden. Sie war der Kopf einer politisch-militärischen Allianz, die 562 n. Chr. die Niederlage von Tikal herbeiführte.
Den Höhepunkt der politisch-militärischen Bedeutung erreichte Calakmul unter der Herrschaft von Yuknoom Ch'een II. Er dauerte von 636 bis 686 ein halbes Jahrhundert lang an, in dem der Herrscher Calakmuls seinen Einfluss auf die Städte Naranjo, Cancuén und Caraco ausdehnte und die Gründung von Dos Pilas durch einen Zweig der Herrscherdynastie von Tikal unterstützte. Auf den großen Herrscher folgte sein Sohn Yuknoom Yich'aak K'ak' (Pranke des glühenden Jaguars), der im Jahr 695 die Demütigung einer militärischen Niederlage durch das wiedererstarkte Tikal hinnehmen musste. Auch nach der Niederlage war Calakmul noch

124 links und 124–125 Die Malereien aus der Klassischen Antike wurden erst in jüngster Zeit in der Struktur 1 der Nordakropolis gefunden und stellen Szenen dar, die zeigen, wie ein Getränk auf der Basis von Mais zubereitet und getrunken wird – vermutlich im Rahmen einer religiösen Zeremonie.

124 unten Die äußere Fassade der Struktur 2 von Calakmul stammt aus der klassischen Periode.

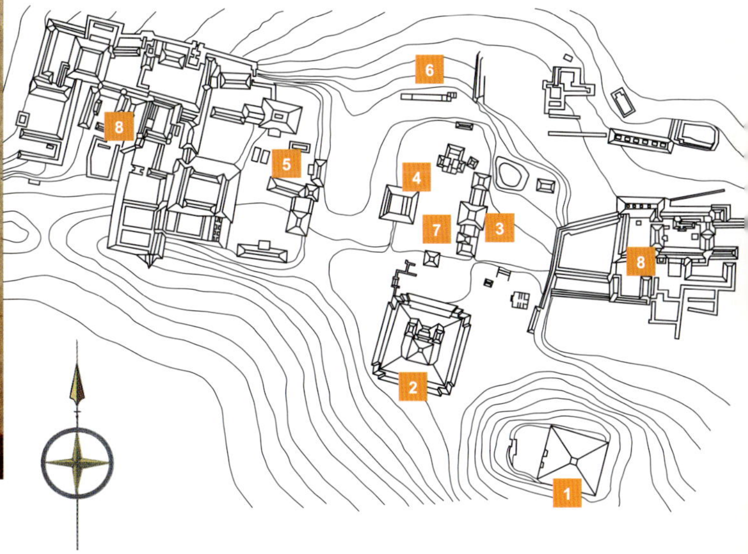

für einige Jahrzehnte ein florierendes Gemeinwesen, bis es wie viele andere Maya-Städte Anfang des 9. Jahrhunderts verlassen wurde.

Die Stätte

Das Hauptgebäude von Calakmul ist die Struktur 2, eine riesige mit Treppen versehenen Pyramide von 45 Metern Höhe, die im Verlauf der Stadtgeschichte mehrere Male erweitert wurde. In den Grabmalen im Inneren des Gebäudes wurden außergewöhnliche Kunstwerke der Präklassik entdeckt, etwa ein langer Stuckfries und große Maskarone von Gottheiten, die ebenfalls in polychromem Stuck gearbeitet sind. Innerhalb der Pyramide wurde eine bedeutende Grabstätte erschlossen, die manche für das Grab von Yuknoom Yich'aak K'ak' halten. Sein Körper war in eine Matte gewickelt und mit einer reichen Ausstattung an Keramik, Jade und anderen wertvollen Objekten versehen. Im Norden der Struktur 2 dehnt sich der Hauptplatz des Ortes aus, während sich im Osten und Westen große architektonische Komplexe bürgerlicher Wohnanlagen befinden. Bei neuen Gräberfunden auf der nördlichen Akropolis sind außerordentliche Wandmalereien aus der Klassik entdeckt worden, die in lebendigen und brillanten Farben Szenen ritueller Nahrungszubereitung und -aufnahme zeigen. Eine lange, bemalte Bank mit Bildern von Pflanzen und Wassertieren zeigt, dass in diesem Teil der Stadt ein gestalterisches Thema vorherrschte, das auf Chiik Naab', den mythischen urweltlichen Ort im Wasser, verwies, der auch in der Ausstattung der bürgerlichen Architektur dargestellt wird.

125 Die große Struktur 2 von Calakmul, die aus dem Regenwald von Petén emporragt, war in der klassischen Periode, als sich an hier die Hauptstadt des Königreichs Kaan befand, der Sitz einer mächtigen Königsdynastie. Das monumentale Bauwerk wurde im Laufe seine jahrtausendealten Geschichte immer wieder umgestaltet.

C A L A K M U L

1 Struktur 1
2 Struktur 2
3 Struktur 3
4 Struktur 4
5 Ballspielplatz
6 Nördliche Akropolis
7 Grosser Platz
8 Bürgerliches Wohnareal

Copán

Geschichte

126 Altar G1 wurde unter Yax Pac im Jahr 800 auf dem Hauptplatz von Copán errichtet. Dargestellt ist der zweiköpfige himmlische Drache mit aufgerissenem Fang, die tierische Gestalt der Gottheit Itzamná. Einer der beiden Köpfe, im Foto links, ist skelettiert was als Symbol der Dualität zu verstehen ist. Die Kugel in der Mitte der Inschrift verkörpert vermutlich die Sonne.

127 Dieses Detail der Stele A zeigt den berühmten Herrscher 18 Kaninchen. Die Stele datiert aus dem Jahr 731 und ist aufgrund ihrer Inschrift sehr bekannt. Diese nennt Copán, Tikal, Calakmul und Palenque in Verbindung mit den vier Kardinalpunkten, so, als ob die Städte zu jener Zeit die Hauptstädte der Maya gewesen wären.

Die Ruinen und Monumente von Copán in Honduras beweisen, dass die Stadt über 2000 Jahre lang ununterbrochen bewohnt war und in der klassischen Zeit über eine blühende Architektur und Bildhauerkunst verfügte. Zu jener Zeit wurde die Stadt im äußersten Südosten des Maya-Reiches zur Hauptstadt einer großen politischen Einheit, deren Einfluss sich sowohl auf viele Maya-Städte als auch auf andere südliche Stämme ausdehnte. Ihren ursprünglichen Name Xuk, Ecke, verdankte die Stadt vielleicht ihrer Lage. Die ersten Spuren von Siedlungen im Tal von Copán gehen auf das Jahr 1000 v. Chr. zurück. Den Höhepunkt erlebte Copán mit der Gründung der Dynastie, welche die Stadt bis zu ihrem Untergang regierte, das heißt, mit Yax Kuk Mo', Grüner Quetzalpapagei, in den Zwanzigerjahren des 4. Jahrhunderts n. Chr.
Die Expansion Copáns begann dann vermutlich unter Butz Chan, Rauch Schlange oder Rauch Himmel, der von 578 bis 628 regierte, und setzte sich unter Rauch Imix Gott K von 628 bis 695 fort, der die Grenzen des Reiches bis hin zur Eroberung von Quiriguá erweiterte.
Der Herrscher 18 Kaninchen oder Waxaklahun-Ubah-K'awil, 18 Bildnisse von K'awil, der dreizehnte Nachfolger von Yax Kuk Mo', bestieg den Thron im Jahr 695 und machte Copán zu einer der mächtigsten Städte des Maya-Reiches. Im Jahr 738 wurde 18 Kaninchen nach 43 Regierungsjahren von Himmel Cauac gefangen genommen, dem Herrscher von Quiriguá, den er selbst auf den Thron der Vasallenstadt gesetzt hatte. Am 3. Mai 738 wurde 18 Kaninchen geopfert, und 39 Tage später, als die Venus als Morgenstern ihre größte Erdentfernung erreicht hatte, folgte ihm Rauch Affe als neuer Herrscher, für den damit eine elfjährige Regentschaft bis 749 begann. Sein Nachfolger Rauch Muschel, der von 749 bis 763 regierte, war mit einer Prinzessin aus Palenque verheiratet; ihm gelang es, Copán an die erste Stelle in der politischen Hierarchie der Maya zu bringen.
Yax Pac oder Yax Pasah, Neue Morgendämmerung, der Sohn von Rauch Muschel, übernahm ein mächtiges Reich. Yax Pac regierte 57 Jahre lang, von 763 bis 820, und ließ viele der heute in der Stadt zu bewundernden Monumente erbauen. Sein Tod scheint den Niedergang Copáns eingeleitet zu haben. Am 10. Februar 822 wurde U-Cit-Tok zum Herrscher ernannt. Das Bauwerk, das an seine Thronbesteigung erinnern sollte, blieb jedoch unvollendet.
Der neue Herrscher legte seine Thronbesteigung auf den Tag, an dem der Morgenstern seine Reise ins Totenreich begann und an dem gleichzeitig Mars und Jupiter eine Konjunktion bildeten. Doch die Sterne halfen weder U-Cit-Tok noch Copán, das bald in Vergessenheit geriet.

128 oben links Der Platz A des Komplexes Las Sepolturas war ein bedeutender Wohnkomplex der sozialen Oberschicht am Rand des Stadtkerns von Copán.

Die Stätte

Den Stadtkern Copáns bildet eine Akropolis, die an einem großen bebauten Platz liegt. Sie wird von den Ruinen der Komplexe 11 und 16 dominiert, die sich um zwei große Innenhöfe gruppieren, den Westpatio und den Ostpatio. In jüngster Zeit änderte der Fluss Copán seinen Lauf. Dies ermöglichte es den Archäologen, in das Innere der Bauten vordringen, die über kilometerlange Gängen zugänglich sind. Aufgrund der Erforschung der Stätte weiß man nun, dass mit dem Bau der Akropolis um das Jahr 400 begonnen wurde und dass ein

128 unten links Die Stele P in Copán mit dem Bildnis des Regenten Butz Chan entstand gegen Ende des 6. Jahrhunderts. In späterer Zeit wurde sie vom Originalstandort entfernt und vor dem Bauwerk 16 auf der Akropolis der Stadt aufgestellt.

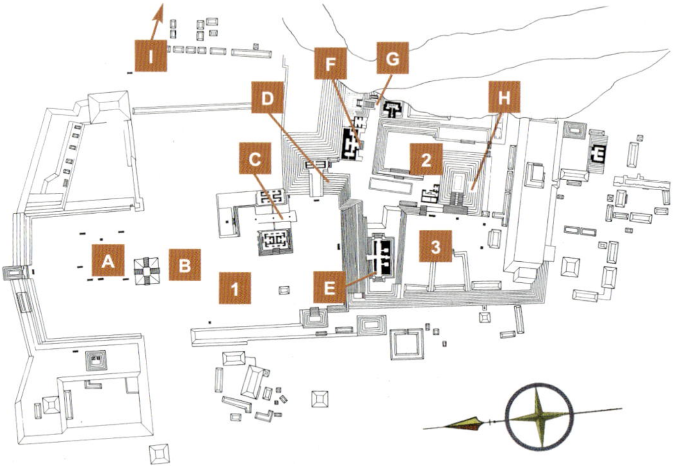

COPÁN

1 GROSSER PLATZ
2 OSTPATIO DER AKROPOLIS
3 WESTPATIO DER AKROPOLIS
A STELEN DES HERRSCHERS 18 KANINCHEN
B STRUKTUR 4
C BALLSPIELPLATZ
D HIEROGLYPHENTREPPE UND TEMPEL 26
E STRUKTUR 11
F STRUKTUR 22
G STRUKTUR 21
H STRUKTUR 16
I LAS SEPOLTURAS

128 Mitte Dies ist ein Detail des sogenannten Altars Q, der vermutlich ein Thron von Yax Pac war, dessen Ikonografie die dynastische Linie des Herrschers unterstreichen sollte. Die Seiten zieren Abbilder aller 16 Herrscher der Dynastie von Copán. Das Foto zeigt von rechts nach links die Porträts des dritten, vierten und fünften Herrschers.

128–129 Beim Blick auf den Großen Platz sieht man im Vordergrund den Ballspielplatz, und hinten rechts ist Komplex 4 zu erkennen. Auf dem Großen Platz stehen zahlreiche Stelen.

129 oben Dieses Grab liegt innerhalb des Platzes A im Komplex Las Sepolturas. Links sieht man die Steinplatten, die einst den Eingang verschlossen.

wesentlicher Teil unter der Herrschaft des Dynastiegründers Yax Kuk Mo' vollendet wurde. Unter der Akropolis fand man die Residenz des Herrschers – mit *Taluds* und *Tableros* im Stil von Teotihuacán –, die auch sein Grab barg. Der Leichnam des Yax Kuk Mo' ruhte zwischen Grabbeigaben aus Jade, Nadeln aus Rochen-, Kaninchen- und Jaguarknochen, Muscheln und wertvollen Gefäßen, darunter viele im Stil von Teotihuacán.
Über dem Grab ließ Kinich Ah Pop, Sonnenaugenherr des Rates, der Sohn und Nachfolger des Herrschers, einen herrlichen Totentempel, die Yehnal-Anlage, erbauen, dessen Wände Stuckbasreliefs des Sonnengottes schmücken, in denen keinerlei Einfluss aus Teotihuacán zu erkennen ist. Über diesem Bauwerk wurde die wunderbare Margarita-Anlage erbaut, deren Treppe von großen Basreliefs mit dem Namen des Dynastiegründers von Copán flankiert war. Bald aber deckten weitere Tempelplattformen auch dieses Bauwerk zu.
Bei all diesen Erweiterungen ließ man jedoch den Zugang zur Grabkammer von Yax Kuk Mo' frei, in der Jahre später, nahe einem bewaffneten Krieger, auch die Gemahlin des Herrschers beigesetzt wurde.
Der Bau von Monumenten und Königsgräbern wurde jahrhundertelang fortgesetzt, sodass im Lauf der Zeit eine große Akropolis entstand. Die eindrucksvollste Anlage darin ist sicher die Rosalila-Anlage, mit ungewöhnlichen farbigen Fassaden, die im Jahr 571 unter Mond Jaguar erbaut wurde. Die heutige Form der Akropolis ist zum größten Teil Yax Pac zu verdanken, auf den die Tempel 11 und 16 zurückgehen. Vor dem Tempel 16 ließ Yax Pac den berühmten Altar Q aufstellen, auf dem die gesamte Geschichte der Dynastie der Stadt zusammengefasst ist. Links vom Altar befindet sich Stele P mit dem Abbild des Herrschers Butz Chan.
Am Ostpatio der Akropolis befinden sich bedeutende Bauwerke. Anlage 22 wurde unter 18 Kaninchen errichtet

129 unten Auf dem Platz C im Komplex Las Sepolturas sieht man links das Bauwerk 9N-82, das für die Stadt bedeutende Inschriften enthielt. Die Fassade wird von Skulpturen der Schutzgottheiten der Schrift geschmückt, und im Innern befindet sich eine fein gemeißelte Steinbank.

und diente ihm vielleicht als Residenz. An den vier Ecken sieht man das Monster des *Wits*, des Heiligen Gebirges, und das innere Portal wird von einem Fries gekrönt, der das Himmlische Monster zeigt, umgeben von Opferblut. Den Fries stützen die beiden *Pahuatún*-Figuren, eine Art Atlanten. Der Palast war offensichtlich eine Art Kosmogramm, und sein Portal zeigt das Tor des Heiligen Gebirges, zu dem nur der Herrscher Zugang hatte. Ganz in der Nähe ließ Yax Pac die Anlage 18 erbauen, die am 12. August 801 eingeweiht wurde. Die Turbulenzen seiner letzten Regierungsjahre sind auf den Pfeilern abgebildet, die unter anderem den Herrscher und seinen Sohn in Kriegsbekleidung darstellen. Im Innern findet man Friese in Federform und eine Bank mit Masken von Gottheiten. Unter dem Bauwerk liegt eine im Altertum geplünderte Grabkammer, in der vermutlich Yax Pac ruhte.

Anlage 11, die vielleicht Yax Pacs Residenz war, ist zweifellos eine Nachahmung der Anlage 22 von 18 Kaninchen. Die unterste Ebene symbolisiert die Gewässer der Unterwelt, das Portal zeigt das Tor des Heiligen Gebirges, und in den Ecken befanden sich zwei große, heute zerfallene *Pahuatún*, die das kosmische Monster stützten. Die Rückseite, die dem Westpatio zugewandt ist, ist wie ein Ballspielplatz mit entsprechenden Markierungen erbaut. Die Inschriften und der Muschelschmuck charakterisieren es als ein Feld, das sich den Gewässern der Unterwelt öffnet. Möglicherweise wurden von der Treppe der Anlage 11 die Gefangenen, als symbolische Spielbälle und dem Tode geweiht, hinabgeworfen in das Totenreich – sowohl im metaphorischen als auch im wörtlichen Sinn.

Steigt man die Treppe der Anlage 11 in Richtung des Platzes hinab, so steht man vor dem großen Tempel 26, der über dem Heiligtum von 18 Kaninchen im Jahr 756 unter Rauch Muschel erbaut wurde. Er ist auf den angrenzenden Ste-

130 oben Diese Skulptur befindet sich an der Fassade des Bauwerkes 11, das auch Tempel der Inschriften genannt wird. Es handelt sich dabei um eines der wichtigsten Bauwerke der Akropolis. Die Fassadenskulpturen zeigen eine Art symbolischen Ballspielplatz an den Gewässern der Unterwelt.

130 unten Der Tempel 22 in Copán, dessen Innenraumfassade hier zu sehen ist, wurde unter dem Herrscher 18 Kaninchen erbaut. Die Skulpturen stellen eine Art Kosmogramm dar. Im Vordergrund ist ein Bacab *zu erkennen, eine der Gottheiten, die das Firmament stützten. Die Figur sitzt auf einem Totenschädel, der ein Symbol der Unterwelt ist. Zwei dieser* Bacab *stützen ein schlangenartiges Himmelsmonster, dessen Darstellung über dem Eingang zu sehen ist.*

131 links Vom Westhof der Akropolis blickt man auf Bauwerk 11.

131 rechts Auf den Pfeilern des Tempels 18 im Osthof der Akropolis befinden sich Basreliefs mit dem Abbild von Yax Pac und seinem Bruder in Kriegsbekleidung. Eine Kammer unter dem Tempel, die leider bereits im Altertum ausgeplündert wurde, enthielt vermutlich die Gewänder des Herrschers.

130–131 Die Steinskulptur auf der Treppe der Jaguare im Osthof der Akropolis lässt sich anhand der Pupillen mit den Haken und der charakteristischen Verzierung auf der Stirn als die Sonnengottheit Kin identifizieren.

len M und N abgebildet. Auf der großen Hieroglyphentreppe ist der längste Text des vorkolumbischen Amerikas eingraviert, der die komplette Geschichte der Dynastien der Stadt erzählt. Auf jeder zwölften Stufe sind einige Herrscher abgebildet.
Nördlich des Patios der Hieroglyphentreppe liegt der Ballspielplatz, der seine heutige Form unter 18 Kaninchen erhielt. Die Seitenwände zieren Skulpturen von Papageienköpfen, eine der bekanntesten Verkörperungen der Sonnengottheit, die offenbar auf die Astralsymbolik des Spiels hinweist. Auf dem Feld selbst stehen drei rechteckige Steinmarkierungen. Die beiden seitlichen Tempel sind mit Mosaiken in Form von Papageien mit geöffnetem Schnabel, ausgebreiteten Flügeln und deutlich sichtbaren Krallen geschmückt. Im Komplex im Norden des Feldes steht Stele 2 mit einem Bildnis des Herrschers Rauch Imix Gott K sowie der Altar L, das letzte und unvollendete Monument von Copán, das den Herrscher U-Cit-Tok zusammen mit seinem Vorgänger zeigt.
Vom Ballspielplatz aus erreicht man den Hauptplatz, auf dem man, vorbei an der Anlage 4, zu jenem Komplex gelangt, der nach Ansicht der Experten von den Maya „Wald der Könige" genannt wurde. Der Platz wird von Herrscherskulpturen in Form „kosmischer Bäume" eingerahmt. Stele E an der Westseite stammt aus den ersten Jahren des 6. Jahrhunderts und stellt den Herrscher Wasserlilie Jaguar dar. Auf Stele I in der Südostecke ist Rauch Imix Gott K abgebildet. Alle weiteren Stelen (A, B, C, D, F, H

132 links Der Altar vor Stele M in Copán stellt das Erdenmonster Cauac dar, während die Stele selbst ein Bildnis von Rauch Muschel ziert. Hinter der Stele erhebt sich die Hieroglyphentreppe. An ihr findet man die längste in Stein gehauene Inschrift der Maya, welche über die Geschichte der herrschenden Dynastien der Stadt berichtet.

133 oben Dies ist ein Detail der seitlichen Inschrift auf Stele 2 mit dem Abbild des Herrschers Rauch Imix Gott K am Tag seiner Thronbesteigung im Jahr 652. Dem Zweck angemessen ist der Stil der Inschrift außergewöhnlich ausgefeilt.

133 unten Auf diesem Foto sieht man den wichtigsten Ballspielplatz auf dem Großen Platz in Copán. An den Seitenwänden sind Papageienkopfskulpturen angebracht, deren Funktion oder Bedeutung nicht bekannt ist.

132 rechts In dieser Szene eines Ballspiels in Copán erkennt man links den Herrscher 18 Kaninchen in Spielerkleidung vor dem Gott O, einer Unterweltgottheit, die als Charakteristikum anstelle des Unterkiefers eine Hand hat. Zwischen beiden befindet sich ein Ball mit einer Inschrift.

132–133 Diese herrliche Mosaikskulptur zeigt einen scharlachroten Ara an einem Bauwerk seitlich des Ballspielplatzes in Copán. Die ausgebreiteten Flügel und die Krallen sind gut zu erkennen. Diese Skulptur wurde aus verschiedenen Teilen identischer Skulpturen zusammengesetzt, die sich zu beiden Seiten des Ballspielplatzes fanden.

und 4) wurden zwischen den Jahren 711 und 736 aufgestellt und zeigen 18 Kaninchen in den Gewändern verschiedener Gottheiten, in deren Körper er in ekstatischer Trance schlüpfte.
Diesem Herrscher ist auch die herrliche Stele J am äußersten Ende des Ostplatzes gewidmet. Sie enthält eine Inschrift in Form eines Geflechts, Symbol für königliche Macht. Vor den Stelen stehen viele Altäre mit dem Bildnis des Irdischen Krokodils, das auch als Monster Cauac bekannt ist.
Die Darstellungen des Herrschers 18 Kaninchen gehören zweifellos zu den Meisterwerken unter den Skulpturen von Copán. Sie sind typische Beispiele für den „barocken" Charakter der Kunst dieser Stadt. Die zoomorphen Altäre G1, G2 und G3 mit himmlischen Schlangen standen ursprünglich in dem Monumentalkomplex von Yax Pac, der damit offenbar eine Verbindung seines Reiches mit dem seines berühmten Vorgängers herstellen wollte.
Unter den vielen Bauten, die sich um den Stadtkern gruppieren, ist auch die Anlage 9N-82 erwähnenswert, die von Skulpturen und Inschriften geziert wird, die beweisen, dass das Bauwerk die Residenz einer einflussreichen Familie von Schriftgelehrten in der Stadt war.

134 Die Stele H trägt eines der berühmtesten Bildnisse des Herrschers 18 Kaninchen. Die Darstellung ist ein typisches Beispiel für den „barocken" Charakter der Kunst in Copán. Es zeigt den Herrscher in Gestalt des Maisgottes, der bei der Erschaffung der Welt tanzte.

135 oben links Die Stele H im Vordergrund steht auf dem Großen Platz von Copán. Einige Experten halten die dort aufgestellten Stelen aufgrund ihrer Form für Symbole des kosmischen Baums. Deshalb wird dieser Platz in Copán auch „Wald der Könige" genannt.

135 unten links Auf dem Altar der Stele D erkennt man das Abbild eines skelettierten Jaguars der Unterwelt. Die Darstellung bezieht sich vermutlich auf die Reise durch die Unterwelt, die der Herrscher in Form einer ekstatischen Trance unternimmt, die auf der entsprechenden Stele dargestellt ist.

135 oben rechts Die Stele D, die auf dem Hauptplatz von Copán steht, zeigt unter anderem 18 Kaninchen in durch Selbstverletzung hervorgerufener ekstatischer Trance. Diese wird durch die Darstellung des Durchstoßenen Gottes angezeigt, der auf dem Kopf des Herrschers tanzt.

135 unten rechts Auf der Stele A sieht man 18 Kaninchen, der einen Zeremonienstab mit einer doppelköpfigen Schlange hält, dem Symbol für die Autorität und die Fähigkeit des Herrschers, mit übernatürlichen Wesen in Verbindung zu treten.

Quiriguá

Geschichte

Quiriguá in Guatemala wurde zu Beginn der frühen klassischen Zeit im Tal des Motagua gegründet. Es liegt in einer für die Obsidian- und Jadegewinnung wichtigen Gegend und wurde vielleicht von Kolonisten aus dem zentralen Tiefland gegründet. Aus den Schriften an einigen Bauten geht hervor, dass hier bereits gegen Ende des 5. Jahrhunderts eine lokale Dynastie herrschte, aber es scheint auch, dass Quiriguá, dessen alter Name Tzuk, Teilung, war, ab dieser Zeit bereits dem nahen Copán untertan war. Im Jahr 725 bestieg Himmel Cauac unter der Ägide von 18 Kaninchen, des berühmten Herrschers von Copán, den Thron und machte sofort klar, dass er sich von der Vorherrschaft Copáns befreien wollte. Er nahm den Titel K'ul Ahau (Göttlicher Herr) an, der ausschließlich den allerhöchsten Herrschern vorbehalten war. Der Konfrontationskurs von Himmel Cauac gipfelte im Jahr 738 in einem Krieg, in dem es ihm gelang, 18 Kaninchen gefangen zu nehmen, der geopfert wurde. In den folgenden sechzig Jahren seiner Herrschaft förderte Himmel Cauac ein Architekturprogramm, das Quiriguá zu einer Art Miniaturausgabe von Copán machte.
Himmel Cauac bediente sich der gleichen propagandistischen Bildhauerei, die schon unter 18 Kaninchen zur Entstehung eindrucksvoller skulptierter Stelen geführt hatte. Außerdem ließ er Quiriguá in Anlehnung an Copán mit einer zweigeteilten Akropolis ausstatten. In einigen Inschriften bezeichnet sich Himmel Cauac als 14. Gouverneur. Er spielte damit vermutlich darauf an, dass er der Nachfolger von 18 Kaninchen, dem 13. Herrscher von Copán, war. Nicht zufällig taucht unter seinen Herrschertiteln auch *Zotz* (Fledermauskopf,) auf das Symbol Copáns.
Auf Himmel Cauac folgten die Regenten Xul Himmel (784 bis 800) und Jade Himmel, der seine Herrschaft im Jahr 800 begann. Quiriguá erlangte nun großen Wohlstand, worauf ausgedehnte Bauaktivitäten auf der Akropolis hindeuten. Man weiß nicht, wann seine Herrschaft endete, aber bevor die Stadt zwischen 900 und 1000 aufgegeben wurde, unterstand sie einigen Volksstämmen, die von der karibischen Küste gekommen waren.

136 links Dies ist eine der vielen Stelen auf dem Monumentalplatz von Quiriguá, die neben anderen Charakteristika Quiriguá zu einer Art Miniaturausgabe des nahe gelegenen Copán machen.

136 rechts Mit einer Höhe von 10,66 Meter ist die im Jahr 771 aufgestellte Stele F eine der größten, welche die Maya jemals errichteten. Auf ihr sieht man den Herrscher Himmel Cauac, der auf einer Maske steht, die vermutlich das Irdische Krokodil oder einen Jaguar darstellt.

QUIRIGUÁ

1 Monumentalplatz
2 Ballspielplatz
3 Tempelplatz
4 Östlicher Komplex

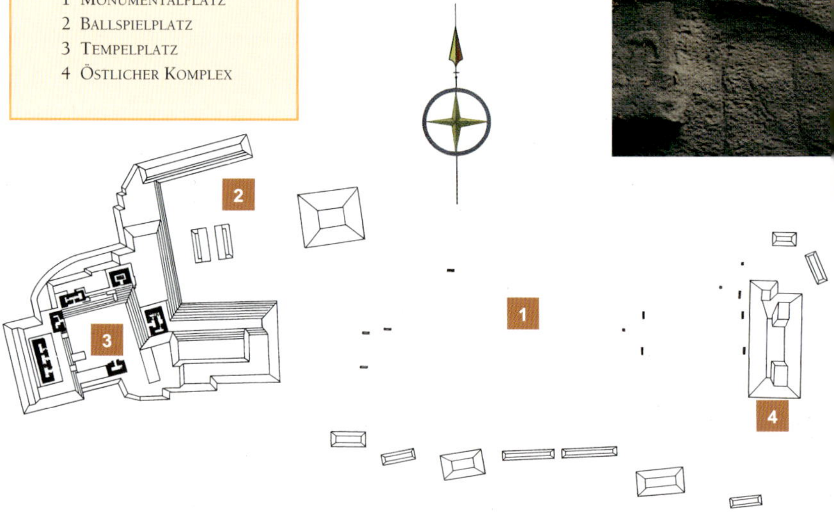

Die Stätte

Wie bereits erwähnt, gleicht der Stadtkern von Quiriguá dem von Copán. Innerhalb der großen Akropolis liegt ein Platz mit einem Ballspielfeld, der übergeht in den zentralen Platz, umrahmt von Stelen und Altären. Südlich und östlich der Akropolis liegen zwei Wohnkomplexe, ähnlich jenen, die sich einst vermutlich um die gesamte Stadt erstreckten.

Der östliche Bereich der Akropolis war wahrscheinlich für den lokalen Familienkult bestimmt. Hier fand man unter einer Residenz ein Grab, das vielleicht jenes des Dynastiegründers war.

Im Norden und Süden des zentralen Patios der Akropolis stehen zwei große, unter Jade Himmel erbaute Anlagen (1B-1 und 1B-5). Im Osten des Patios befinden sich vor der Anlage 1B-6 die Altäre Q und R, und im Westen liegen zwei Anlagen, unter denen ein Ballspielplatz verborgen war. In der südwestlichen Ecke des Patios steht das kleine Bauwerk 1D-2, das vermutlich die Residenz von Himmel Cauac war und von seinem Nachfolger aus Kultgründen erhalten wurde. An der Außenfassade im Westen der Akropolis befindet sich eine Reihe von Basreliefs des Sonnengottes.

Auf dem kleinen Platz vor der Akropolis stehen neben dem Ballspielplatz die Monumente O und P, die wohl die bildhauerischen Meisterwerke Quiriguás darstellen. Es handelt sich dabei um zwei große Skulpturen des Monsters Cauac, des Irdischen Krokodils, aus dessen aufgerissenem Rachen die Gestalt des Herrschers auftaucht. Vor jeder Skulptur steht ein herrlicher Altar mit der Gestalt einer Gottheit neben einer eingravierten Inschrift.

Ebenso berühmt sind die Skulpturen auf dem Hauptplatz. Hier erheben sich die höchsten Stelen des Maya-Reiches wie „Bäume aus Stein", von denen sieben (A, C, D, E, F, H, J) das Bildnis von Himmel Cauac tragen. Zwischen den Stelen befinden sich zoomorphe Altäre, und die Seiten der Stelen D und E zieren die vermutlich schönsten Hieroglypheninschriften der Maya.

Diese Skulpturen beweisen, dass die Künstler von Quiriguá einen sehr ausdrucksvollen Stil entwickelt hatten, nicht weniger beeindruckend als der Stil von Copán, an dem sie sich ganz offensichtlich orientierten.

136–137 Das Monument P als beeindruckendes, über und über mit Hochreliefs geschmücktes Bauwerk ist ein Meisterwerk der lokalen Kunst. An der Vorderseite sieht man den Herrscher aus dem Rachen des Irdischen Krokodils auftauchen.

137 oben rechts Auch das Monument B zeigt den Herrscher im Rachen des Irdischen Krokodils. Die Funktion der für Quiriguá typischen zoomorphen Bauwerke dieser Art ist bis heute unbekannt.

137 unten rechts Die berühmte „Schildkröte" von Quiriguá gehört wohl zu den geheimnisvollsten Skulpturen der Maya. Die monolithische Rückenplatte ruht auf fünf Steinen, die Beine und Kopf des Wesens bilden.

REISEROUTE 5

Die Maya von Yucatán

Die Halbinsel Yucatán wurde von den Maya seit den frühesten Zeiten ihrer Vorgeschichte besiedelt. Im Bereich eines weiten Territoriums, das heute die mexikanischen Bundesstaaten Campeche, Yucatán und Quintana Roo sowie Teile der Republik Belize bildet, haben die Maya verschiedene kulturelle Traditionen hervorgebracht. Obwohl die verschiedenen Maya-Gemeinden nicht nur in sprachlicher Hinsicht viele Gemeinsamkeiten hatten, unterscheiden sie sich doch deutlich bezüglich ihrer künstlerischen Hervorbringungen. In der prähispanischen Geschichte Yucatáns entstanden insbesondere an Stätten wie Edzná, Acanceh, Dzibichaltún, Ek Balam, Cobá, Kohunlich und Dzibanché bemerkenswerte Monumente, die von einer lang andauernden Besiedlung der Orte zeugen. In ihnen kommen auch die stilistischen Unterschiede der einzelnen Unterregionen der Halbinsel zum Ausdruck. Bereits seit der Präklassik kam es an vielen Orten in Yucatán zu einer bemerkenswerten kulturellen Entwicklung. In der klassischen Zeit scheint ein Großteil der Halbinsel enge Verbindungen mit den zentralen Tiefland-Maya unterhalten zu haben, von der großen Metropole Calakmul im Norden bis in den Süden des heutigen Bundesstaates Campeche. Beziehungen zum Gebiet des Petén sind vor allem in den südöstlichen Zentren wie Kohunlich und in den prächtigen Monumenten von Cobá augenfällig, einer beeindruckenden, aber zum großen Teil noch von Vegetation bedeckten Siedlung im nordwestlichen Teil der Halbinsel. Die kulturelle Blütezeit Yucatáns liegt in der Spät- und Nachklassik, als verschiedene kulturelle Einflüsse dazu führten, dass dort einige der herrlichsten Bauwerke der Maya entstanden.

Die besten Beispiele für diese expressiven spätklassischen Formen sind sicher aus den Stilen von Río Bec und Chenes in den gleichnamigen Gegenden im Nordwesten der Halbinsel hervorgegangen. Aus diesen Stilrichtungen entwickelte sich in den Zentren wie Uxmal, Kabah, Sayil und Labna im Norden der Halbinsel der Puuc-Stil, der anfänglich noch gleichzeitig mit denen von Río Bec und Chenes existierte, aber langlebiger war. Er dominierte die Spätklassik und ging allmählich in nachklassische Stilrichtungen über. Die ununterbrochene Abfolge qualitativ hochwertiger Kunst- und Bauwerke in Yucatán bis zum Ende der Spätklassik ist

ein hervorragendes Beispiel dafür, dass die große Krise am Ende der klassischen Zeit die Welt der Maya nicht überall gleich stark traf. Auch in Yucatán spiegeln sich aber in der Entwicklung der künstlerischen Ausdrucksformen die großen ethnisch-politischen Umwälzungen wider, die in der gesamten mesoamerikanischen Kultur den Übergang zur Postklassik markieren.

138 Dieses Detail in Form einer gefiederten Schlange bildet den Sockel einer Säule, die den Eingang des Kriegertempels in Chichén Itzá säumen. In der nachklassischen Zeit war der Kult der gefiederten Schlange, die eng mit der Machtausübung verbunden war, in beinahe ganz Mesoamerika verbreitet.

138–139 Die Adler und aufgerichteten Jaguare im Stil der Tolteken auf einem Fries im Kriegertempel von Chichén Itzá belegen den zentralmexikanischen Einfluss auf die Kunst – und Politik – der postklassischen Zeit in Yucatán.

Zwischen Spätklassik und Postklassik

Yucatán erlebte die Einwanderung neuer Maya-Gruppen, die eine stark „mexikanisierte" Kultur mitbrachten und die folgenden Entwicklungen auf Yucatán beeinflussten. Diese Gruppen, unter denen die bekanntesten die Itzá und die Xiú sind, werden normalerweise als Putún-o-Chontal-Maya identifiziert, die ursprünglich aus dem Grenzgebiet zwischen Tabasco und Campeche kamen. Sie übten den bedeutendsten kulturellen Einfluss aus, der zum Ende der Klassik führte und letztlich Zentralmexiko mit der Welt der Maya vereinen sollte. Die Itzá brachten auch ihre Metropole Chichén Itzá zur Blüte, die sich während der Spätklassik mit Uxmal die Vorherrschaft über ein beachtliches Gebiet teilte. Chichén Itzá entwickelte sich schließlich zur Hauptstadt eines Regionalstaats, der die politische Landschaft Yucatáns etwa in den Jahren von 900 bis 1250 dominierte und dabei auch die noch junge, aber prächtige Stadt Tulum beherrschte, die zum Kultsitz der mythischen Schlange *Piumato* wurde. Die Konflikte mit dem nahen Mayapán, das von der Itzá-Gruppe der Cocom beherrscht wurde, trugen am Ende der Postklassik zum Sturz von Chichén Itzá bei. Es entstand eine neue multiethnische Herrschaft unter dem Vorsitz Mayapáns, das sich als eine jüngere Kopie von Chichén Itzá präsentierte. Den historischen Quellen zufolge stand Mayapán an der Spitze einer Bundes dreier Städte, in denen in einer multi-ethnischen Gemeinschaft die Cocom mit Xiú, Chel, Tzeh, Canul, Cupul, Luti, Pech und Cochuah zusammenlebten. Ein Konflikt zwischen den Xiú und den Cocom Itzá führte im Jahr 1450 dazu, dass auch Mayapán zerstört wurde. Die Adeligen der verschiedenen Geschlechter emigrierten in die unterschiedlichen Regionen Yucatáns und gründeten kleine politische Einheiten, die als *Cuchcabal*, „Provinzen", bekannt sind. Diese Zersplitterung charakterisierte die politische Landschaft der Halbinsel bei der Ankunft der Spanier. Yucatán war in 18 *Cuchcabalob* geteilt, wobei jede dieser Einheiten von einem Adeligen regiert wurde, den man *Halach Uinic* nannte und der seinen Sitz in einer kleinen Hauptstadt hatte. Zu den florierendsten Regionen dieser letzten prähispanischen Phase gehörte das Gebiet an der Karibikküste, wo kleine Küstenzentren, wie Tulum, die Handelsschifffahrt kontrollierten, die Yucatán mit der Golfküste und den Häfen von Honduras und Nicaragua verband. Genau diese kleinen Stadtstaaten waren die ersten politischen Einheiten indigener Mesoamerikaner, auf welche die Spanier trafen, die sich in den Jahren zwischen 1527 und 1546 auch an die schwierige Eroberung Yucatáns machten. Eine Gruppe der Itzá, die nach dem Fall von Chichén Itzá in den Regenwald des Petén emigriert war, hatte sich in Taysal am Ufer des Sees von Petén Itzá niedergelassen. Dieser Gemeinschaft fiel die Rolle des letzten unabhängigen Verteidigungsbollwerks der indigenen Bevölkerung zu. Erst im Jahr 1697 fiel Taysal in die Hände der Spanier. Die Eroberung Mittelamerikas und Einverleibung der mesoamerikanischen Kultur durch die spanische Krone war vollständig.

Der Kunststil von Río Bec und Chenes

Während der späten klassischen Zeit, etwa in den Jahren von 600 bis 900, erlebten Río Bec und Chenes, zwei Regionen auf der Halbinsel Yucatán, die Blüte zweier besonderer Baustile. In Río Bec, nahe der südlichen Grenze zu Campeche und Quintana Roo, waren die sogenannten falschen Turmpyramiden mit auffällig vertikaler Formgebung ein typisches Merkmal. Die Treppen, mit denen die Vorderseiten dieser „Türme" versehen sind, sind nur Dekoration, denn über die winzig kleinen Stufen kann man nicht hinaufsteigen. Die Türme und die unteren Partien zieren große Masken von Gottheiten, und oft sind die Eingänge mit dem

aufgerissenen Maul des Erdenmonsters dekoriert. Diese Darstellung findet man auch in Chenes, im nördlichen Teil des heutigen Bundesstaates Campeche, wo herrliche zoomorphe Portale die Tempel- und Palasteingänge zieren.

Leider sind die Kenntnisse über die Geschichte von Río Bec und Chenes sehr eingeschränkt, da man an beiden Orten keinerlei Inschriften entdeckt hat. Dennoch beweist die Blüte dieser Stile, deren Ursprung vielleicht in der Architektur Calakmuls zu suchen ist, dass diese Gegenden in der späten klassischen Zeit sehr wohlhabend waren. Auch ist die teilweise chronologische Überlappung der Baustile von Río Bec, Chenes und Puuc ein Hinweis darauf, dass die Krise anderer Regionen der Maya in der klassischen Zeit die Gegenden von Yucatán nicht traf, mehr noch, dass sich diese Regionen vielleicht sogar erst als Folge der Krise in den anderen Gebieten zum neuen Zentrum der Maya-Kultur entwickeln konnten.

Die Grabungsstätten von Río Bec

Xpuhil, Becán, Hormiguero, Río Bec und Chicanná sind die bekanntesten der über sechzig Grabungsstätten in der Region Río Bec. In Xpuhil steht das berühmte Bauwerk I, ein Komplex mit drei Eingängen, zwei typischen seitlichen Türmen und

140 oben Im Garten des Museo de Antropología Culturale in Mexiko-Stadt wurde die beeindruckende Fassade des Tempels 2 von Hochob originalgetreu nachgebildet. Sie gilt als Meisterwerk des Stils von Chenes. Das Portal repräsentiert den aufgerissenen Rachen des Erdenmonsters.

140 unten Demselben Baustil begegnet man auch in Chicanná – die bedeutendste Pyramide der Stätte ist hier abgebildet. Große Teile dieser Grabungsstätte warten noch auf ihre Entdeckung, was auch für das nahe gelegene Dzibilnocac gilt.

140–141 Eine aufwendige Restaurierung, bei der das Originalmaterial verwendet wurde, ermöglichte es, den eindrucksvollen Eingang des Komplexes 2 in Chicanná wieder „lesbar“ zu machen. Man betritt den Komplex über die herausgestreckte, von steinernen Zähnen eingerahmte Zunge der Kreatur.

141 unten Der Gott Chac, dessen Maske dieses Detail zeigt, ist anhand der langen Nase problemlos zu identifizieren. Diese Maske, die man als Motiv in Yucatán sehr häufig findet, schmückt eine Ecke des Bauwerkes 21.

einem ungewöhnlichen zentralen Turm. Auf jedem der über 25 Meter hohen Türme erhebt sich eine Art falscher Tempel, eigentlich ein Dachfirst in Form von fantastischen Masken mit aufgerissenem Rachen, die um einen nur scheinbaren Eingang herum angeordnet sind. Ähnliche Masken schmücken auch die Scheintreppen der Türme.
Im weitläufigen Stadtkern von Becán befinden sich verschiedene Bauten, die in Komplexen angeordnet sind und an zwei Hauptplätzen stehen. Obwohl die Siedlungsgeschichte des Ortes bis etwa in das Jahr 600 v. Chr. zurückreicht, wurden die allermeisten der bis heute erhaltenen Bauwerke zwischen dem 7. und 8. Jahrhundert n. Chr. errichtet. Der Komplex im äußersten Südosten zum Beispiel stammt aus dieser Zeit und kann als beispielhaft für den Stil von Río Bec gelten. Komplex I ist eine Art Palast. Auf der untersten Ebene beeindruckt eine Reihe von Eingängen, die zu den Seiten hin immer kleiner werden. Über der Ebene mit den Kammern erheben sich die beiden seitlichen Türme, die ebenfalls typisch für den Stil von Río Bec sind. Im Zentrum der Grabungsstätte befindet sich Komplex IX, eine über dreißig Meter hohe Pyramide.
In Hormiguero und Chicanná findet man einige Bauten, deren Fassadenschmuck identisch ist mit der typischen Dekoration der Stätten von Chenes, ein Zeichen für die enge Verbundenheit der beiden Regionen.

Plan des Bauwerkes I in Xpuhil

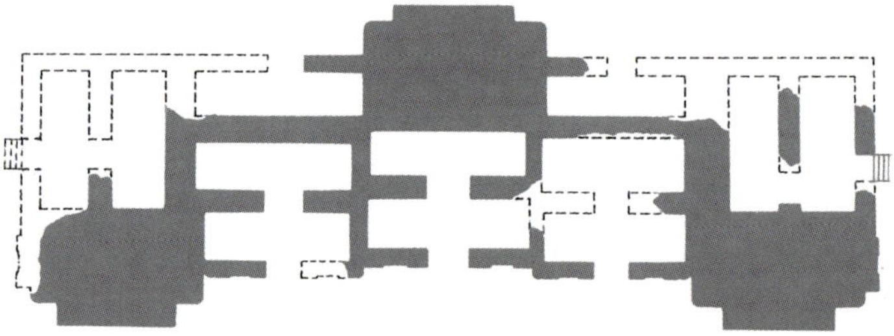

142 oben Der Blick geht über den Südost-Platz von Becán, eine der größten Maya-Gemeinden der Region Río Bec. Der turmförmige Komplex, den man im Vordergrund erkennt, ist relativ ungewöhnlich, und seine Funktion konnte bisher nicht eindeutig geklärt werden.

142 Mitte Beim berühmten und ungewöhnlichen Bauwerk 1 von Xpuil handelt es sich um eine Anlage, die von drei Türmen beherrscht wird, an deren Spitzen Scheintempel sitzen.

142–143 Diese Ansicht des Bauwerkes 1 in Xpuil zeigt deutlich, wie steil die Türme sind. Charakteristisch sind die Scheintreppen, die zu den drei Scheintempeln führen.

143 oben Die eindrucksvollen Ruinen des Komplexes 1 in Becán tragen zwei seitliche Türme, die dem typischen steil nach oben strebenden Baustil von Río Bec folgen. Ursprünglich hatten die Türme die Form sehr schlanker vierstufiger Pyramiden.

143 unten Anlage 2, die vermutlich die Residenz der lokalen Herrscher war, blickt auf den Platz des Südost-Komplexes von Becán.

DZIBILCHALTÚN

Geschichte

144 oben An den massigen Pfeilern der Galerie im Innern des Palastes sieht man noch stellenweise Überreste des roten Verputzes, der einstmals das gesamte Gebäude bedeckte.

144 unten Auf diesem Fragment der Stele 19 erkennt man das Gesicht eines Regenten mit großem Kopfputz. Er hält ein Zepter mit dem Bildnis des Gottes K in der Hand, dessen Charakteristikum die lange „Nase“ und der schlangenförmige Fortsatz sind. Das Zepter war das traditionelle Symbol des Herrschertums in der klassischen Maya-Zeit.

Dzibilchaltún, eine der bedeutendsten Maya-Städte Yucatáns, erlebte eine Blütezeit in der Epoche der späten Klassik, wurde aber bereits in der präklassischen Zeit gegründet, als sich der Norden der Halbinsel rasant entwickelte. Die Stadt war in der frühen klassischen Zeit vorübergehend verlassen, erreichte aber um das Jahr 800 den geschichtlichen Höhepunkt ihres Bestehens. In jenen Jahren entstanden auch die meisten der bis heute erhaltenen Anlagen sowie verschiedene Stelen, von denen eine die Jahresdatierung 849 trägt. In der frühen postklassischen Zeit wurde Dzibilchaltún erneut weitgehend aufgegeben, um etwa ab dem Jahr 1200 wiederum eine kurze Wiedergeburt zu erfahren. Noch vor der der spanischen Eroberung wurde die Stadt aber endgültig verlassen.

Die Stätte

Dzibilchaltún ist mit circa 8000 Bauten eine der größten Ruinenstätten der Maya in Nordyucatán. Allein der Stadtkern besteht aus circa einhundert Steinbauten, die sich um vier Plätze gruppieren.

Der südliche Platz und der Hauptplatz bilden das Zentrum der Grabungsstätte. Auf dem südlichen Platz steht ein großer Bau mit zentraler Treppe, der von Zwillingstempeln gekrönt wird. An einer Ecke des Hauptplatzes sieht man den Cenote Xlacah, der vermutlich nicht nur der Wasserversorgung diente, sondern auch ein Ort wichtiger Rituale in der Stadt war.

Die Südseite des Hauptplatzes wird vom Palast abgeschlossen, einem langen Gebäude mit über einhundert Räumen, in dessen Zentrum sich eine spanische Kapelle aus dem Jahr 1590 befindet. Im Osten und Westen des Hauptplatzes stehen zwei kürzlich freigelegte Bauwerke, und die Pyramide beschließt die Bebauung nach Nordosten. Hier hat man 31 Porphyrobjekte entdeckt, die als Opfergaben dienten.

144–145 Das Bauwerk 44 in Dzibilchaltún ist auch als Palast bekannt. Dieses lange Gebäude auf dem Hauptplatz der Grabungsstätte war vermutlich der Sitz der politisch-religiösen Elite des Ortes.

DZIBILCHALTÚN

1 Tempel der sieben Puppen
2 Plattform des Tempels der sieben Puppen
3 Sacbé
4 Hauptplatz
5 Cenote Xlacah (natürlicher Brunnen)
6 Südlicher Platz
7 Palast

145 oben links *Wie man an den Überresten der Treppe des Bauwerks 38 in Dzibilchaltún erkennt, wurde das Gebäude in der langen Siedlungsgeschichte des Ortes mehrere Male umgebaut.*

145 oben rechts *Der* Cenote Xlacah *auf dem Hauptplatz von Dzibilchaltún. Diese natürlichen Wasserstellen waren mit Symbolen geschmückt und wurden als Eingang zur Wasserwelt der Totengötter betrachtet. Deshalb findet man auf dem Grund dieser* Cenotes *auch häufig Überreste ritueller Opfergaben. Die Brunnen waren aber auch ganz profan wichtige Wasserquellen.*

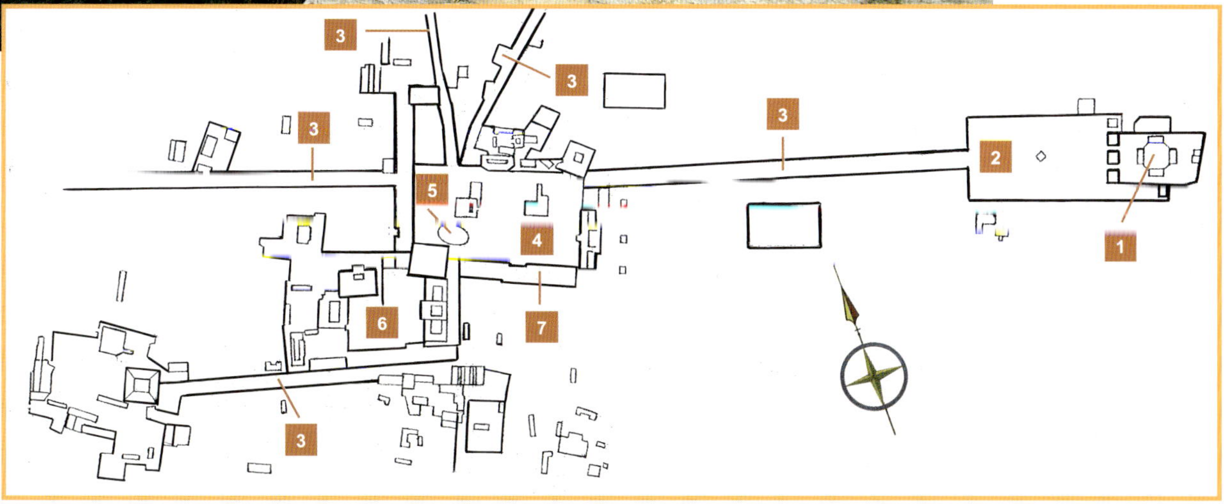

147 oben Der Blick vom Tempel der Sieben Puppen geht auf die Sacbé 1 von Dzibilchaltún. Die Sacbeob (Weiße Straßen) sind eines der Charakteristika der Stätten in Yucatán. Es handelt sich dabei um Straßen auf Erdwällen, die verschiedene Stadtteile oder einzelne Städte miteinander verbanden. Wahrscheinlich hatten sie auch eine zeremonielle oder politische Funktion, etwa als Ausdruck der Allianzen zwischen den Städten der Maya.

Mehrere gut ausgebaute Straßen, sogenannte *Sacbeob,* verbinden das Zentrum mit der übrigen Stätte und mit zwei weiteren im Südosten und Osten gelegenen Hauptbauwerken.

Die Anlage der sieben Puppen im Osten besteht aus einem rechteckigen Platz, in dessen Mitte eine Plattform mit vier Treppen und einer Stele steht. Die Ostseite wird begrenzt von drei niedrigen Bauten, hinter denen sich der eigentliche Tempel der sieben Puppen erhebt, das bekannteste Bauwerk der Stadt. Das um das Jahr 700 erbaute Heiligtum hat eine quadratische Grundfläche mit vier Treppen und eingefassten Ecken.

An den Fassaden erkennt man vier Masken, und im Innern des Tempels gelangt man über einen weiten Korridor in den zentralen Saal, der von einer Art Turm überragt wird. Der Tempel wurde gegen Ende der klassischen Zeit von einer größeren Anlage ummantelt, in der postklassischen Zeit jedoch erneut freigelegt und wieder benutzt. Hierzu stellte man im zentralen Saal einen Altar auf. In einer mit Malereien und Inschriften verzierten Grube vor dem Altar fand man die sieben Statuetten, die dem Tempel seinen Namen gaben

146 rechts Diese Skulptur stellt einen Herrscher mit dem zeremoniellen Zepter dar, dem Symbol der Macht.

146–147 Der Tempel der Sieben Puppen, das berühmteste Bauwerk von Dzibilchaltún, wurde um das Jahr 700 erbaut. Später wurde eine andere Konstruktion darüber errichtet, und man legte den Tempel erst im Lauf der postklassischen Zeit wieder frei.

147 unten Bauwerk 12 ist eine Plattform mit vier Treppen, auf der eine schmucklose Stele steht. Im Hintergrund ist der Tempel der Sieben Puppen zu erkennen.

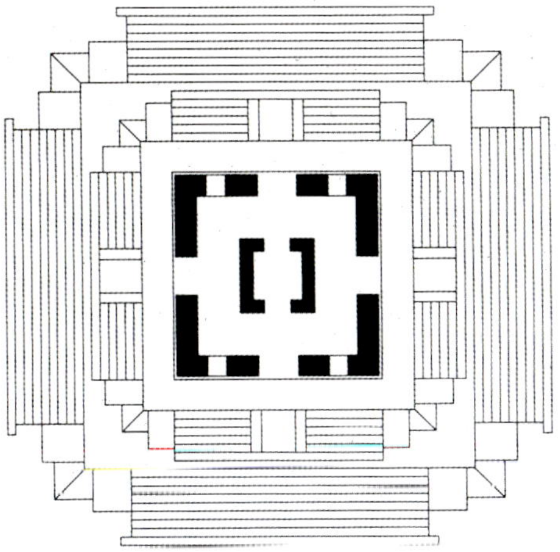

Grundriss des Tempels 1, bekannt unter dem Namen Tempel der sieben Puppen

146 links In der mittleren Kammer des Tempels der Sieben Puppen, dessen äußeren Gang man hier sieht, befindet sich der postklassische Altar, in dessen Nähe die sieben Terrakottafiguren gefunden wurden, denen der Tempel seinen Namen verdankt.

Edzná

Geschichte

Die Besiedelung von Edzná erstreckt sich von der mittleren präklassischen Zeit ab etwa 600 v. Chr. bis in die postklassische Epoche der Zeit um 1450. In diesem langen Zeitraum entwickelte sich die Stadt zu einem der wichtigsten Zentren in ganz Yucatán. In der späten vorklassischen Zeit erhielt Edzná ein Bewässerungssystem, das aus 13 Hauptkanälen, 31 Nebenkanälen und 84 Wasserreservoirs bestand. Zum zentralen Tiefland unterhielt Edzná während der klassischen Zeit enge Handelsbeziehungen. Es wurden Salz, Baumwolle und Meeresprodukte dorthin exportiert, und auch auf künstlerischem Gebiet fand ein reger Austausch statt, zum Beispiel bei der Herstellung von Stelen mit Basreliefs. Gegen Ende der klassischen Zeit erhielt Edzná neue kulturelle Impulse aus dem Puuc-Gebiet und war bis Mitte des 15. Jahrhunderts bewohnt. Der Name der Stadt geht auf die postklassische Zeit zurück und scheint sich von dem Begriff *Itzná* (Haus der Itzá) abzuleiten.

Die Stätte

Das Zentrum Edznás bildet ein zentraler Platz, der im Norden von der Tempelanlage der Messer, im Westen vom *Nohoch-Ná* und im Süden vom Südlichen Tempel und vom Ballspielplatz begrenzt wird. Im Osten befindet sich die Akropolis, eine 165 mal 150 Meter große Tempelplattform mit einem von Bauten umgebenen Innenhof. Im Osten erhebt sich das berühmte fünfstöckige Bauwerk, eine Art spätklassische Palastpyramide mit einer großen zentralen Treppe, ein Baustil, der vor allem in der Puuc-Region entwickelt wurde. Die vier unteren Stockwerke in Form von Pyramidenstufen bestehen in Wirklichkeit aus einer Reihe von Kammern. Darüber erhebt sich ein Tempel mit First. Diese Anlage, deren Freilegung erst kürzlich abgeschlossen wurde, erstreckt sich auf sechzig mal sechzig Meter und ist circa dreißig Meter hoch.

Unter dem fünfstöckigen Bauwerk entdeckte man eine Pyramide aus der frühen klassischen Zeit mit eingefassten Ecken, wie es charakteristisch für den Baustil des Petén ist. Auch die dreißig in Edzná gefundenen Stelen weisen typische Züge aus

148 Der nördliche Tempel der Großen Akropolis von Edzná stammt vermutlich aus der Zeit zwischen den Jahren 850 und 1100, als Edzná von den Chontal-Maya bewohnt wurde.

148–149 Der Pyramidenpalast der Großen Akropolis, ein fünfstöckiges Bauwerk, war die Machtzentrale dieses wichtigen Zentrums in Yucatán. Er weist architektonische Charakteristika auf, die mit den Neuerungen des Puuc-Stils die klassische Architekturtradition von Yucatán mitbegründeten.

EDZNÁ

1 Grosse Akropolis
2 Kleine Akropolis
3 Zentraler Platz
4 Tempelanlage der Messer
5 Nohoch-Na
6 Südlicher Tempel
7 Ballspielplatz
8 Fünfstöckiges Bauwerk

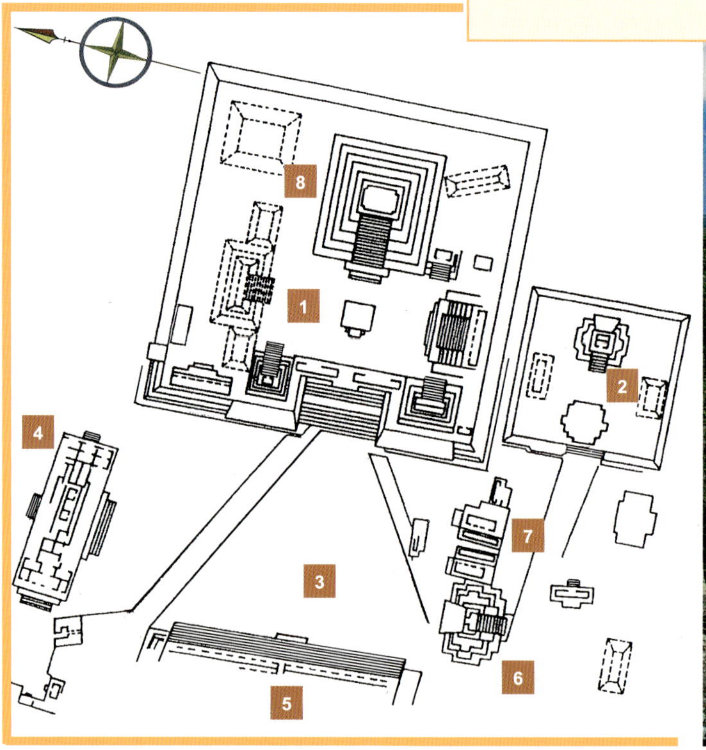

149 oben Der Dachfirst, der den Tempel auf dem fünfstöckigen Pyramidenpalast kront, ist ein traditionelles Element des klassischen Maya-Stils im Tiefland.

149 Mitte Eine in die Treppe des fünfstöckigen Bauwerkes gravierte Hieroglyphe zeigt den Sonnengott in seiner Eigenschaft als Herrscher.

149 unten links Vom Nohoch-Ná aus sieht man die Große Akropolis. Das Bauwerk begrenzt die Westseite des Hauptplatzes von Edzná.

149 unten rechts Diese Stuckmaske ziert die Fassade von Gebäude 414, den Tempel der Masken. Sie zeigt Kinich Ahau, den Sonnengott mit den typischen schielenden Augen und der Adlernase. Die Ohren zieren große runde Ohrringe.

Petén und Cobá auf. Diese Stelen wurden zwischen dem *Baktun* 8 (die Jahre 41 bis 435) und dem Jahr 810 gefertigt.
Südlich der Großen Akropolis befindet sich die Kleine Akropolis, auf der vier Bauwerke stehen, darunter der Tempel mit der Relieftreppe, deren Stufen die Überreste von Stelen sowie Basreliefs zieren. Vor der Kleinen Akropolis entdeckte man viele Stelen aus der klassischen Zeit, die aber erst im Verlauf der frühen postklassischen Zeit hier aufgestellt worden waren. Im Westen der Kleinen Akropolis erhebt sich der Tempel der Masken (Gebäude 414), mit Stuckmasken im Stil des Petén, die Kinich Ahau darstellen, den Sonnengott mit den für ihn charakteristischen schielenden Augen. Um den zentralen Platz erstrecken sich auf einer Fläche von circa 17 Quadratkilometern weitere Bauwerke.

Ek Balam

Geschichte

Ek Balam, Schwarzer Jaguar oder Stern Jaguar, war ein bedeutendes Zentrum auf der Halbinsel Yucatán, das von der späten präklassischen Zeit bis zur spanischen Eroberung ununterbrochen bewohnt war. Die Stadt entwickelte sich in der frühen klassischen Zeit in den Jahren von 400 bis 600 sehr schnell und erlebte zwischen 700 und 1000 ihre Blütezeit. Zunächst unterhielt Ek Balam intensive Beziehungen zu Cobá, mit dessen Hilfe es Kontakt zu den Maya im Petén knüpfen konnte, doch gegen Ende der klassischen Zeit konzentrierte es sich stärker auf Chichén Itzá und andere Puuc-Zentren.
Um das Jahr 1200 setzte aus bisher unbekannten Gründen der Verfall Ek Balams ein, das jedoch bis ins 16. Jahrhundert eine der größten Städte in Yucatán blieb.

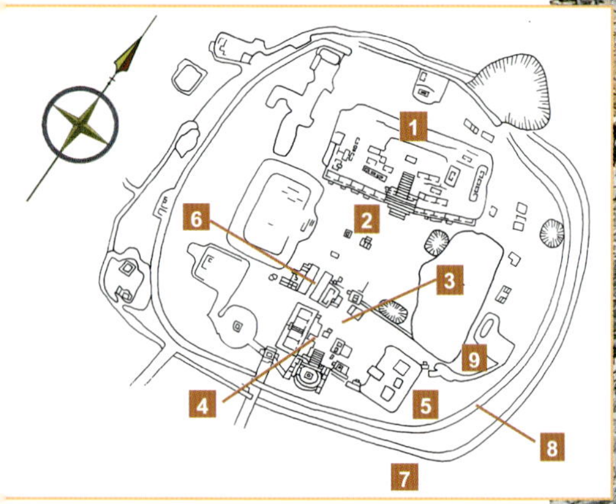

EK BALAM

1 Akropolis
2 Nördlicher Platz
3 Südlicher Platz
4 Zwillingspyramiden
5 Ovaler Palast
6 Ballspielplatz
7 Erste Stadtmauer
8 Zweite Stadtmauer
9 Dritte Stadtmauer

Die Stätte

150 oben und 150–151 Die größten Bauwerke von Ek Balam gruppieren sich auf dem nördlichen Platz. Die jüngsten Grabungsarbeiten belegen eindrucksvoll ihre hohe künstlerische Qualität.

150 unten Monumentale Torbauten, die man in Ek Balam und in ähnlichen Stätten entdeckte, sind ausdrucksvolle Belege für die Kreativität der Maya in Yucatán.

151 oben Der charakteristische Grundriss des Ovalen Palastes von Ek Balam gleicht dem der Wahrsagerpyramide in Uxmal, die man lange für einzigartig hielt.

151 unten Dieser erlesene Stuckfries vermittelt einen Eindruck von den prächtigen Verzierungen, welche die Bauwerke der Akropolis schmücken.

Die beeindruckenden Bauwerke von Ek Balam sind eine Kombination der architektonischen Stilelemente des Petén, der Puuc-Region und zusätzlicher Charakteristika der Ostküste Yucatáns und der Regionen um Río Bec.

Das Zentrum Ek Balams gruppiert sich um zwei Plätze. Den im Norden gelegenen Hauptplatz beherrschen drei große Bauwerke, von denen bisher nur die majestätische Akropolis freigelegt wurde. Sie ist mit 165 mal 65 Metern Grundfläche und 35 Metern Höhe das zweitgrößte Bauwerk Yucatáns. Der große Stuckfries der Akropolis gehört zu den schönsten der Maya. Er zeigt einen Herrscher, vermutlich Ukit Kan Lek, auch als Ukit IV. bekannt, der aus dem Maul eines Monsters auftaucht. Zu beiden Seiten des Herrschers befinden sich *Bacab*, Gottheiten, die das Firmament stützten.

Am südlichen Platz erheben sich die Zwillingspyramiden und der Ovale Palast, der vermutlich die Residenz der Stadtelite war. Auf der kleinen Plattform der Stelen stehen die beiden einzigen Stelen, die im Stadtzentrum gefunden wurden. Stele 1 zeigt zwei Personen, eine davon stellt den Herrscher Ukit Kan Lek dar. Seine erhöhte Stellung weist ihn als einen Vorfahren der zweiten Person aus. Auch die Hieroglyphe der Stadt erscheint auf dieser Stele. Zwischen diesen beiden Plätzen liegt der Ballspielplatz der Stadt. Hier wurden viele wichtige Opfergaben und ein – heute verdeckter – Fries gefunden, der einen Herrscher auf dem Thron darstellt. Sein Gesicht bedeckt eine Maske des Gottes Chac, und in seiner Hand sitzt ein Vogel.

Zwei der drei Stadtmauern, die die gesamte Stadt einfassen, umschließen das Zentrum der Grabungsstätte. Die fünf Tore in den Stadtmauern öffnen sich jeweils zu den *Sacbeob* (Weiße Straßen), die Ek Balam mit den Nachbarstädten verbanden. Sie sind nach den Haupthimmelsrichtungen ausgerichtet, wobei in südliche Richtung zwei *Sacbeob* verlaufen.

Die Puuc-Stätten

Geschichte

Die wichtigsten Puuc-Zentren entstanden um das Jahr 700 im Nordwesten Yucatáns, nahe der Hügelkette von Ticul. Noch ist nicht klar, ob an der Gründung und Entwicklung auch zugewanderte ethnische Gruppen beteiligt waren, die als Chontal-Maya bekannt sind und die aus dem Südwesten der Halbinsel stammten. Einigen historischen Quellen zufolge kamen die Itzá in den Jahren 672 bis 692 nach Chichén Itzá und die Xiú im Jahr 770 nach Uxmal. Andere Quellen nennen deutlich spätere Daten, was bedeuten würde, dass diese Stämme nur Einfluss auf die Entwicklung Yucatáns nach der Puuc-Zeit gehabt hätten.
Obwohl es stets schwierig ist, historische und archäologische Daten in Übereinstimmung zu bringen, gilt es als gesichert, dass die Blütezeit von Städten wie Chichén Itzá, Uxmal, Kabah und Sayil im 8. Jahrhundert begann. Diese Zentren waren vermutlich die Hauptstädte kleiner politischer Gemeinwesen. Am Ende des 9. Jahrhunderts und zu Beginn des 10. Jahrhunderts schufen Uxmal und Chichén Itzá zwei große Regionalstaaten, die den Norden der Halbinsel untereinander aufgeteilt hatten. Zu dieser Zeit war Uxmal das politische Zentrum Yucatáns. Einige Quellen legen nahe, dass diese Vorherrschaft das Ergebnis einer Allianz mit Kabah und Nojpat war. Zu jener Zeit regierte der Fürst Chac, der berühmteste Herrscher Uxmals, der viele der heute noch erhaltenen Bauwerke erschaffen ließ. Im Lauf des 10. Jahrhunderts, vielleicht unmittelbar nach Fürst Chacs Regierungszeit, erlebte Uxmal eine Periode des Verfalls, was zum Aufstieg Chichén Itzás führte, das in den folgenden Jahrhunderten das neue Machtzentrum von Yucatán bilden sollte.
Der Puuc-Stil zeichnet sich vor allem durch Mosaikfriese an den Wänden der Bauwerke aus. Die Friese zieren geometrische Muster, Mäander, Gitter (ein Symbol der Macht) oder Figuren wie die berühmten Masken mit langen Fortsätzen, die zu einem Charakteristikum des Puuc-Stils wurden, obwohl man sie auch in Río Bec und Chenes findet. Auch wenn die Masken oft mit dem Gott Chac identifiziert werden, so ist doch anzunehmen, dass sie unterschiedliche Gottheiten darstellen, wie zum Beispiel das Monster des *Wits* (Heiliges Gebirge), Itzamná als Erdenmonster oder himmlischer Drache oder den Gott K. Die lange Nase, die oft für einen Rüssel gehalten wurde, stellt in Wirklichkeit den Fortsatz eines Schlangenkopfes dar. Manche Fassaden zieren auch runde Skulpturen, die die Herrscher selbst darstellen.
Ein weiteres typisches Element der Puuc-Stätten, aber auch anderer Zentren Yucatáns sind die *Sacbeob* (Weiße Straßen), die auf Erdwällen verlaufen und die verschiedenen Stätten miteinander verbanden, vermutlich auch als sichtbares Zeichen für die politischen Allianzen und die Verbindungen der Herrscherhäuser.

152–153 Die Maske, die dieses Detail einer Ecke des östlichen Bauwerkes in der Anlage des „Nonnenklosters" von Uxmal bildet, stellt vermutlich den Regengott Chac mit dem typischen schlangenförmigen Fortsatz dar.

152 oben Diese als Basrelief gearbeitete Kalkplatte befindet sich an der rückwärtigen Fassade des Codz Pop*, des Maskenpalastes, in Kabah. Sie zeigt einen Herrscher mit einem Gefangenen in Gegenwart eines Gottes.*

152 unten Eine der Statuen an der östlichen Fassade des Codz Pop *von Kabah zeigt vor einem Hintergrund aus Quetzalfedern einen Herrscher der Stadt. Er ist in prächtige Gewänder gehüllt und trägt einen Kopfschmuck sowie eine Kette.*

Uxmal

Das monumentale Zentrum von Uxmal besteht aus vier Hauptanlagen. Das beeindruckendste Bauwerk ist zweifellos die circa vierzig Meter hohe Wahrsagerpyramide mit dem außergewöhnlichen ovalen Grundriss. Im Osten der Pyramide erhebt sich ein kleines Bauwerk mit einem Portal und einer riesigen Maske. Daran schließt sich einer der vier Paläste an, die das Quadrat der Vögel bilden, eine kürzlich restaurierte Anlage, die nach Ansicht einiger Experten die Residenz des Fürsten Chac war. Östlich davon steht das berühmte „Nonnenkloster", das Fürst Chac in den Jahren zwischen 900 und 910 erbauen ließ. Zu dieser Anlage gehören vier Bauwerke, die mit Friesen geschmückt sind, welche überwiegend an die Erschaffung der Welt und die damit verbundene Ideologie des Herrschertums erinnern. Das Hauptbauwerk mit einer Reihe großer grotesker Masken steht an der Nordseite. In der Mitte des Hofes symbolisiert eine Steinsäule den kosmischen Baum. Südlich dieser Anlage gelangt man vorbei an einem Ballspielplatz mit Bildnissen der gefiederten Schlange und gemeißelten Ringen zum größten architektonischen Komplex von Uxmal, dessen Ostplatz vom Gouverneurspalast beherrscht wird. Die dreigeteilte Palastfassade mit einer Skulptur des Fürsten Chac ist in Richtung jenes Punktes am Horizont ausgerichtet, an dem die Venus ihre südlichste Position

154 Im südlichen Sektor von Uxmal sieht man links den Gouverneurspalast, in der Mitte das Haus der Schildkröten und rechts den Ballspielplatz. Im Hintergrund erheben sich die Ruinen der Großen Pyramide und das Haus der Tauben.

154–155 Die Westseite der Wahrsagerpyramide von Uxmal blickt auf die quadratische Anlage der Vögel. Der ovale Grundriss dieser Pyramide ist ausgesprochen ungewöhnlich für die Architektur in Mesoamerika.

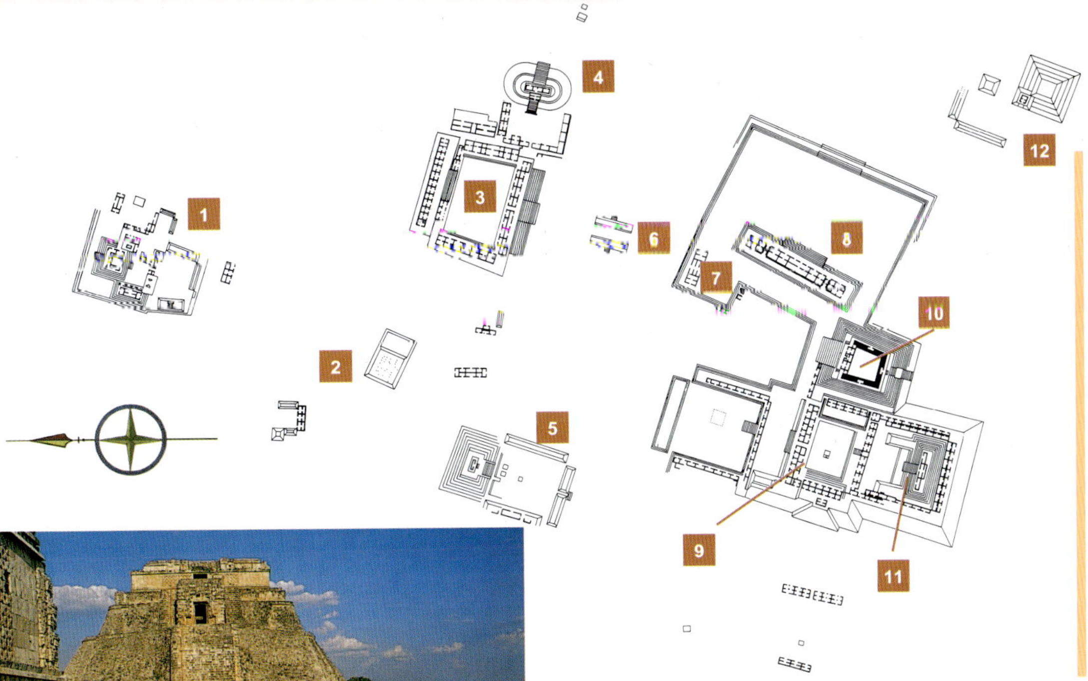

U X M A L

1 Nördlicher Komplex
2 Plattform der Stelen
3 „Nonnenkloster“
4 Wahrsagerpyramide
5 Friedhof
6 Ballspielplatz
7 Haus der Schildkröten
8 Gouverneurspalast
9 Haus der Tauben
10 Grosse Pyramide
11 Südlicher Komplex
12 Pyramide der alten Frau

155 oben links Beim Blick vom „Nonnenkloster“ auf die Wahrsagerpyramide und die quadratische Anlage der Vögel erkennt man sehr gut die Reihe kleiner Säulen und links an der Fassade die Gitter – beides typische Elemente des Puuc-Stils.

155 unten links Die Skulptur der sogenannten Königin von Uxmal scheint eher ein göttliches Wesen zu verkörpern, dessen Kopf aus dem aufgerissenen Maul einer Schlange auftaucht.

155 rechts Die Dekoration des westliches Portals der Wahrsagerpyramide besteht aus für den Puuc-Stil typischen Mosaikmasken.

erreicht. Sie zieht exakt hinter dem Thron vorbei, der die Form eines doppelköpfigen Jaguars hat. Dieser Thron steht vor dem Palast, und der Herrscher beobachtete von hier aus mit großer Wahrscheinlichkeit astronomische Ereignisse und unterstrich damit seine Verbindung zum Planeten Venus. Vermutlich war der Gouverneurspalast, unter dem ein früherer Palast im Stil von Chenes liegt, das *Popol Na* (Haus des Rates). Hier versammelte sich die städtische Regierung, die aus dem Herrscher selbst und den adeligen Familienoberhäuptern der Stadt bestand. Nördlich des Gouverneurspalastes steht das Haus der Schildkröten, ein kleines Bauwerk mit Skulpturen, die jene Tiere darstellen, die mit den *Pahuatún* in Verbindung gebracht wurden, den Gottheiten, die das Firmament trugen.

Die Große Pyramide verbindet einen Sektor des Palastes mit dem Haus der Tauben, einer großen Anlage mit Innenhöfen und vielen Räumen. Hohe Dachfirste, die an Taubenschläge erinnern und der Anlage ihren Namen gaben, überragen den Komplex. Nördlich des Hauses der Tauben befinden sich weitere städtische Bauwerke, darunter der Friedhof und der Nordkomplex.

156 oben Die gefiederte Schlange, der göttlichen Schutzpatron der Herrscherfamilien in Yucatán in der postklassischen Zeit, schmückt den Westteil des „Nonnenklosters". Das Bild zeigt ein Detail.

156 Mitte Aus der dichten Vegetation von Uxmal erheben sich die Ruinen des „Nonnenklosters" und der Wahrsagerpyramide.

156 unten Licht und Schatten betonen die Verzierungen im typischen Puuc-Stil am östlichen Gebäude des „Nonnenklosters".

156–157 Das „Nonnenkloster", hier eine Ansicht von oben, ist eines der bedeutendsten Bauwerke von Uxmal. Es entstand unter der Herrschaft des Fürsten Chac zwischen den Jahren 900 und 910.

157 oben links In dem Detail der Verzierungen des östlichen Gebäudes des „Nonnenklosters" erkennt man das Gesicht einer Gottheit mit einer Maske aus Jadeperlen, umrahmt von einem großen Federschmuck.

157 oben rechts Dieses Detail der Verzierungen des östlichen Gebäudes des „Nonnenklosters" zeigt eine kleine menschliche Figur auf einem Sockel mit Symbolen, die an die Gliederung des Universums in vier Teile erinnern.

157 unten Beim Blick auf den Südeingang des „Nonnenklosters" sieht man im Hintergrund die Fassade des nördlichen Gebäudes mit den charakteristischen, mit Mosaikmasken geschmückten Säulen.

158 oben Ringe aus Stein, wie dieses mit Hieroglypheninschrift geschmückte Exemplar auf dem Ballspielplatz von Uxmal, dienten als eine Art Ziel beim Ballspiel. Sie wurden erst am Ende der klassischen Zeit eingeführt.

158 unten Die Hauptskulptur der Fassade des sogenannten Gouverneurspalastes in Uxmal ist eine Darstellung des Fürsten Chac, des bedeutendsten Herrschers in der Geschichte von Uxmal, mit riesigem Federkopfputz.

158–159 Vom Thron am Gouverneurspalast in Uxmal aus konnte der Herrscher astronomische Vorgänge beobachten. Sein Standort ist so gewählt, dass die Venus am Tag, an dem sie ihren südlichsten Punkt erreicht, genau hinter ihm vorbeizieht.

159 oben Die Assoziation zwischen dem Jaguar und dem Herrscher hatte bei den Maya eine lange Tradition, die sich auch in dem Thron in Form eines doppelköpfigen Jaguars vor dem Gouverneurspalast zeigt. Bemerkenswert ist eine auffallende Ähnlichkeit zwischen diesem Thron und jenem Pacals II. auf der berühmten Ovalen Tafel von Palenque.

159 unten Der Gouverneurspalast, der bei diesem Blick auf Uxmal im Vordergrund steht, war vermutlich der Sitz der Stadtregierung, der sogenannte Popol Na *(Haus des Rates).*

160–161 Das Haus der Tauben in Uxmal verdankt seinen Namen den an Taubenschläge erinnernden durchbrochenen Dachfirsten.

160 In der Mythologie der Maya stand die Schildkröte, von der ein Detail am Haus der Schildkröten zu erkennen ist, traditionell mit den Gottheiten in Verbindung, die das Firmament stützten.

161 oben Das Haus der Schildkröten verdankt seinen Namen den Skulpturen am obersten Gesims. Es entstand ebenso wie die anderen Bauwerke in Uxmal in der späten klassischen Zeit.

161 unten Die nur teilweise freigelegte Große Pyramide verbindet den Komplex des Gouverneurspalastes mit dem Haus der Tauben.

KABAH

Mitten durch Kabah verläuft die mexikanische Bundesstraße 261. Westlich der Straße stehen mehrere Bauwerke, wie die eindrucksvolle Pyramidenplattform des Großen Tempels, das Haus der Hexen, der westliche viereckige Gebäudekomplex und ein großer Torbogen, der den Beginn der *Sacbé* (Weiße Straße) kennzeichnet, die Kabah mit dem 18 Kilometer entfernten Uxmal verbindet.
Nördlich des westlichen viereckigen Gebäudekomplexes befinden sich der Tempel der Schlüssel und der Tempel der Architrave. Die Holzarchitrave dieses Heiligtums wurden von John L. Stephens abgetragen und nach New York gebracht, wo sie dann unglücklicherweise bei einem Brand vernichtet wurden.
An der Ostseite der Straße stehen die bedeutenderen Gebäude von Kabah, zum Beispiel der Säulentempel, der *Codz Pop* (Maskenpalast) und der Palast. Dieser ist, wenn auch nicht so prunkvoll wie der in Sayil, ein sehr gutes Beispiel für den typischen Puuc-Stil, bei dem jedes Bauwerk über eine zentrale Säule verfügt.
Das berühmteste Bauwerk von Kabah ist der *Codz Pop*, der durch seine reiche Dekoration besticht. Er verfügt über zehn Räume und war vermutlich der Sitz der Stadtregierung. Die gesamte Fassade ist mit über 250 steinernen Masken von Gottheiten bedeckt. Jede Maske wurde aus dreißig Teilen gemeißelt und zusammengesetzt.
An der hinteren Fassade entdeckte man die Überreste von sieben Statuen, von denen heute nur noch zwei an ihrem ursprünglichen Platz stehen. Sie zeigen eine prächtig gekleidete Person mit Ornamenten im Gesicht, vermutlich ein Herrscher der Stadt, der allgemein nur als Herrscher von Kabah bekannt und auch auf den Türpfosten von Raum 21 des Gebäudes abgebildet ist.

Die Entdeckung der Skulpturen an der Ostseite führte auch zu einer Neuinterpretation der Tempelikonografie. Gemäß neueren Untersuchungen stellen die Masken Itzam Cab Ain dar, das Monster in Gestalt eines Alligators, die irdische Verkörperung von Itzamná, der höchsten Gottheit der Maya. An der Westseite erscheint der Gott in seiner nächtlichen und unterirdischen Gestalt, an der Ostseite in seiner himmlischen Gestalt. Diese himmlische Verkörperung von Itzamná bildete die Basis für die Legitimation der Macht des Herrschers von Kabah, dessen Statue sich nicht zufällig unterhalb einer gefiederten Schlange befindet, die als himmlisches Symbol für die königliche Abstammung galt.
Die neue Interpretation des *Codz Pop* und anderer Bauwerke der Puuc-Region veränderten die stereotype Vorstellung von einer Welt, die vom Regengott allein beherrscht wurde. Auch Kabah und die Puuc-Region folgen den künstlerischen und ideologischen Modellen, welche in der übrigen Welt der Maya gültig waren.

162 oben Bisher vermutete man, dass die Masken an der westlichen Fassade des Codz Pop *den Regengott Chac darstellen, eine neuere Interpretation geht jedoch davon aus, dass es sich um den Alligator Itzam Cab Ain handelt, die irdische Gestalt des Itzamná.*

162 Mitte In der Galerie im Innern des Codz Pop *von Kabah kann man sehen, dass die lange „Nase" der Maske unterhalb der Schwelle des Innenraumes als Stufe dient.*

162 unten Der Bogen von Kabah ist ein sogenanntes falsches Gewölbe. An ihm begann die 18 Kilometer lange Sacbé, *welche die Stadt mit Uxmal verband und die vermutlich eine Bekräftigung und ein Zeichen der Allianz zwischen den beiden Städten war.*

162–163 Mehr als 250 Masken bedecken die Fassade des Codz Pop *von Kabah, von der man hier den westlichen Teil sieht.*

163 links An der östlichen Fassade des Codz Pop kann man als einzig erhaltene zwei runde Statuen erkennen. Beide zeigen den Herrscher der Stadt, der lediglich unter der Bezeichnung Herrscher von Kabah bekannt ist.

163 rechts Links am Palast von Kabah auf dem Hauptplatz der Grabungsstätte sieht man zwei monolithische Säulen im typischen Puuc-Stil.

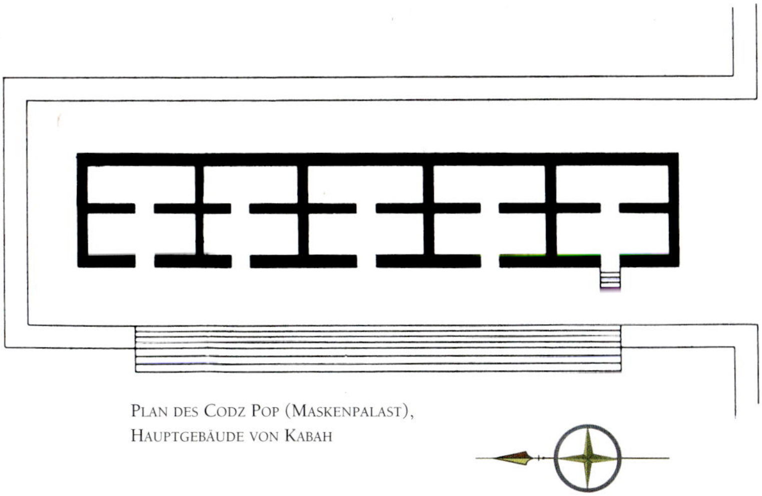

Plan des Codz Pop (Maskenpalast), Hauptgebäude von Kabah

SAYIL

Die Stadt Sayil wird von einem mehrstöckigen weitläufigen Palast beherrscht, dessen Fassade eine Säulenreihe und Masken von Gottheiten schmücken. Dieses prächtige Gebäude, das offensichtlich von der Herrscherfamilie bewohnt wurde, ist zweifellos der schönste Palast der gesamten Puuc-Region.
Von dem Platz unterhalb des Palastes führt eine *Sacbé* direkt nach Süden zu einem Ballspielplatz und einem zweistöckigen Palast, der vermutlich vom Adel und den Beamten bewohnt wurde, die das öffentliche Leben der Stadt regelten. Anschließend gelangt man zu einer Tempelplattform, auf der die Stelen und Altäre der Stadt standen. Sayil und Uxmal gehören zu den wenigen Puuc-Städten, welche die alte Tradition der Basreliefstelen mit Herrschern und Gefangenen beibehielten. Etwa auf halber Strecke der *Sacbé* befindet sich eine Anlage, die El Mirador genannt wird. Südlich davon entdeckte man vor kurzem einen Komplex, den man als Stadtmarkt identifizierte. Bei den jüngsten archäologischen Grabungen in Sayil widmete man sich der Erschließung kleinerer Bauten und einer exakten Kartierung der Stadt. Anhand von Untersuchungen in den Außenbezirken ließ sich rekonstruieren, dass Sayil einmal eine Fläche von etwa 3,5 Quadratkilometer bedeckte, die überwiegend mit Wohnhäusern bebaut war, welche wiederum mit Zisternen verbunden waren. Diese Tatsache weist auf eine hohe Bevölkerungsdichte hin. Zwischen den Wohngebäuden lagen Gärten, in denen Feigenkakteen, Paprika, Mais, Obst- und Zierbäume angebaut wurden. Reste dieser Pflanzen hat man im Erdreich entdeckt. Die Grenzen dieser Gartenstadt bilden vier kleine Pyramidenkomplexe im Norden, Osten, Süden und Westen. Man hat bei den jüngsten Untersuchungen festgestellt, dass Sayil bemerkenswerterweise nicht von Chontal-Maya bewohnt wurde, sondern von Maya aus Yucatán.

164–165 Der Palast von Sayil ist vielleicht das deutlichste Beispiel für den Puuc-Stil, man erkennt an ihm auch die Ähnlichkeit mit dem bekannten fünfstöckigen Bauwerk in Edzná.

164 oben An der Eckmaske des Palastes von Sayil erkennt man von links nach rechts den langen schlangenförmigen Fortsatz, die Augen und die Ornamente der Ohren.

164 unten Die Fassade des Palastes von Sayil weist typische Puuc-Elemente auf: monolithische Säulen, Abschnitte mit Scheinsäulen und Masken von Gottheiten.

165 oben Dieses Ornament in Form einer Schlange gehört zu den Skulpturen des Palastes von Sayil. Man erkennt den Fortsatz am Maul des Tieres. Die lange „Nase“ mancher Maya-Gottheiten ist eigentlich eine extrem verlängerte schlangenartige Lippe.

165 unten Die lange „Nase“ einer Gottheit – hier bei einer Mosaikmaske am Palast von Sayil – scheint ein allgemeines Attribut für Heiligkeit zu sein, mit dem viele Maya-Götter ausgestattet sind.

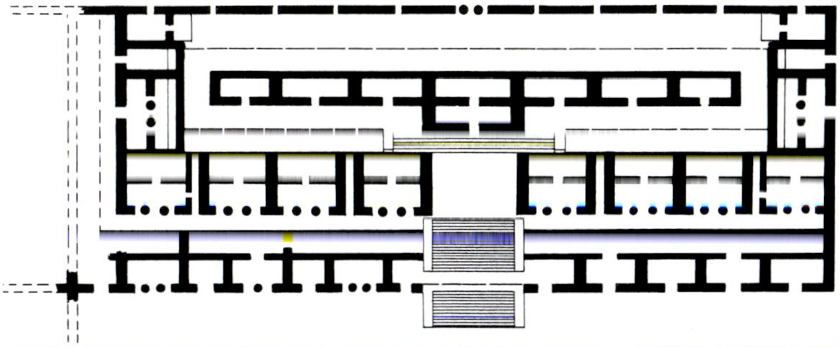

PLAN DES PALASTES, HAUPTGEBÄUDE VON SAYIL

166 links Der Blick auf den Palast von Labná zeigt eine nach rechts aus dem Bild laufende Sacbé, die zum Stadtkern führt.

166 rechts Diese Strukturen sind Details der Verzierung eines Bauwerkes in Labná.

166–167 Der Blick vom Gipfel der Pyramide El Mirador zeigt einen Teil der Grabungsstätte von Labná.

167 links Den Tempel der als El Mirador bekannten Hauptpyramide von Labná krönt ein großer Dachfirst, der ursprünglich mit skulptierten Elementen verziert war, die bereits John L. Stephens im Jahr 1840 registrierte.

167 oben rechts Die für den Puuc-Stil so typischen geometrischen Ornamente zeigt kein Maya-Bauwerk so ausgeprägt wie der Bogen von Labná.

LABNÁ

Labná ist ein gutes Beispiel für eine Puuc-Stadt mittlerer Größe. Im Zentrum besticht ein prächtiger zweistöckiger Palast, ähnlich jenem in Sayil. Unter den Skulpturen an seiner Fassade fällt am Ostflügel vor allem die Abbildung eines menschlichen Gesichtes auf, das aus dem Maul einer Schlange auftaucht. Diese Skulptur, die aus der Nähe betrachtet der „Königin von Uxmal“ ähnelt, könnte eine Darstellung von Kukulkan sein.
Vor dem Palast beginnt eine *Sacbé*, die an einer großen Tempelpyramide vorbeiführt, bekannt als El Mirador, die von einem hohen Dachfirst gekrönt wird.
Man weiß, dass dieses Heiligtum bis ins 19. Jahrhundert mit Skulpturen verziert war, die Schädel und Menschen darstellten, heute jedoch verschwunden sind.

167 Mitte rechts *Die Verzierungen an der westliche Fassade des Bogens von Labná unterscheiden sich deutlich von denen an der östlichen Fassade. In den beiden wie zwei Hütteneingänge anmutenden seitlichen Nischen standen einst vermutlich Skulpturen.*

Die *Sacbé* führt weiter zu zwei Anlagen, die mit einem herrlichen Torbogen verbunden sind, der zu den schönsten Monumenten der Puuc-Region gehört. Auf beiden Seiten sind unterschiedliche Dekorationen zu sehen.
Die Ostseite ziert ein Band mit Spiral- und Dreieckselementen, auf der Westseite sind zwei strohgedeckte Hütten abgebildet, deren Eingänge an Nischen erinnern, in denen vielleicht einst Skulpturen standen.
Dieser Torbogen, der auf einer berühmten Zeichnung von Frederick Catherwood dargestellt ist, wurde zu einem Symbol der Maya-Architektur schlechthin. Man hat so gut wie keine archäologischen Kenntnisse über diese Stätte, da sie niemals Ziel intensiver archäologischer Untersuchungen war. Viele Bauten in der Umgebung des Stadtzentrums warten deshalb noch immer auf ihre Erforschung.

167 unten rechts *Das aus einem Schlangenmaul auftauchende Gesicht als Detail der Verzierungen des Palastes von Labná erinnert an die als „Königin von Uxmal“ bekannte Skulptur.*

CHICHÉN ITZÁ

Geschichte

Chichén Itzá (Am Brunnen der Itzá) war zu Beginn seiner Geschichte eine prächtige Puuc-Stadt, und viele Bauwerke, die noch heute existieren, entstanden in jener Epoche. Die Blütezeit von Chichén Itzá begann um 950, als es die Itzá zur beeindruckendsten Verkörperung von Tollan in ganz Mesoamerika machten. Es wurde ein Zentrum für den Kult des Kukulkan, wie die Bezeichnung der Maya für Quetzalcóatl, die gefiederte Schlange, lautete, der auf vielen Bauwerken erscheint und oft als Herrscher der Stadt genannt wird. Die neueren Monumente wurden offensichtlich im Stil der Tolteken erbaut, und einige sind tatsächlich Kopien der Bauwerke von Tula in Hidalgo, der damaligen Hauptstadt des Tolteken-Reiches. Daraus entwickelten sich viele unterschiedliche Hypothesen über die Beziehungen zwischen den beiden Städten, mehr dazu auf den Seiten 180 und 181.

Sicher ist, dass Chichén Itzá die Hauptstadt eines äußerst mächtigen, multi-ethnischen Staatsgebildes wurde, dessen Herrscher Allianzen mit anderen Itzá-Gruppen unterhielten, zum Beispiel in Izamal, Mayapán und vielleicht auch in Edzná. Die Rivalität einiger dieser Städte beendete die Vorherrschaft von Chichén Itzá. Der Überlieferung zufolge raubte der Herrscher von Izamal die Gemahlin des Herrn von Chichén Itzá, und in dem so ausgelösten Krieg eroberte und plünderte Hunac Ceel, Herr von Mayapán und Angehöriger einer Cocom-Itzá-Familie, mithilfe mexikanischer Söldner die große Hauptstadt im Jahr 1221. Es ist nicht bekannt, ob diese Erzählung zumindest teilweise der Realität entspricht, aber das Zentrum von Chichén Itzá weist Spuren von Plünderungen auf, die zwischen 1200 und 1250 stattgefunden haben. Mit dem Niedergang von Chichén Itzá wurde Mayapán die neue Hauptstadt, deren Bauwerke wie eine Kopie der Architektur von Chichén Itzá wirken, wenn auch von minderer Qualität.

168 oben Eine grimmig dreinschauende Maske schmückt eine Ecke des sogenannten „Nonnenklosters" von Chichén Itzá.

168 unten Am Roten Haus in Chichén Itzá wird der Puuc-Stil des Gebäudes besonders am oberen Fries deutlich.

Die Stätte

Die Grabungsstätte von Chichén Itzá erstreckt sich auf über 30 Quadratkilometer, der eigentliche Stadtkern ist in mehrere Komplexe unterteilt. Die ältesten Bauten stammen aus der Puuc-Zeit, wie zum Beispiel das „Nonnenkloster", bestehend aus „Nonnentrakt", „Kirche" und Nebengebäuden, der *Akab Dzib*, das Rote Haus und die Terrasse mit dem *Caracól*. Der bedeutendste Komplex ist das Nonnenkloster, das von großen Masken mit langen „Nasen" sowie den typischen verschlungenen Ornamenten des Puuc-Stils geziert wird.

CHICHÉN ITZÁ

1 Nonnenkloster
2 Tempel der Tafeln
3 Caracol
4 Rotes Haus
5 Cenote
6 Grab des Hohen Priesters
7 Markt
8 Hof der tausend Säulen
9 Kriegertempel
10 Castillo
11 Tempelplattform der Venus
12 Tempelplattform der Jaguare und Adler
13 Tzompantli
14 Grosser Ballspielplatz
15 Jaguartempel
16 Heiliger Cenote

168–169 Das „Nonnenkloster“ gehört zu jenen Komplexen in Chichén Itzá, die in reinem Puuc-Stil erbaut wurden. Links auf dem Foto erkennt man den Anbau an das „Nonnenkloster“, rechts die Rückseite der „Kirche“.

169 links Der Caracól *ist ein Bauwerk aus der Puuc-Zeit, das zu Beginn der postklassischen Zeit umgebaut wurde.*

169 rechts Man vermutet, dass der Caracól *als astronomisches Observatorium diente.*

Der *Caracól*, der als astronomisches Observatorium gedient haben könnte, gehört zu den seltenen Rundbauten der Maya. Er wurde vermutlich zu Beginn der postklassischen Zeit umgebaut. Nördlich der Zone der Puuc-Bauten steht ein zweiter Komplex, der um jene Pyramide erbaut wurde, die als Ossarium oder als Grab des Hohen Priesters bekannt ist. Das Bauwerk zieren skulptierte Tafeln, die Greifvögel mit dem Kopf des Gottes K darstellen, ebenso wie die berühmte Mensch-Vogel-Schlange, die man auch im Kriegertempel findet. Die Balustraden zieren Abbildungen der Wolkenschlange, deren Nahuatl-Bezeichnung Mixcóatl lautet, und der gefiederten Schlange, die ineinander verschlungen sind. Auf der Pyramide ragen Säulen in Form der gefiederten Schlange in die Höhe, und unter der Pyramide befindet sich eine Höhle, vermutlich als symbolischer Zugang in das Totenreich.
Die großen Masken im Puuc-Stil und die unzähligen Überreste nachklassischer Weihrauchgefäße, die man nahe des Tempels fand, weisen auf die lange Zeitspanne hin, in der Menschen hier Rituale abhielten. Hier befindet sich auch eine Tempelplattform der Venus, die jener auf dem Hauptplatz sehr ähnlich ist, mit dem Unterschied, dass die Schlangen auf dem oberen Fries keine gefiederten Schlangen, sondern Wolkenschlangen sind.

Weiter nördlich erreicht man den großen Hauptplatz, umgeben von einer ungefähr sechs Meter hohen Mauer mit *Taluds*, hinter der sich die berühmtesten Monumente der Stadt befinden. In der Mitte des Platzes erhebt sich das Castillo, die große neunstufige Pyramide. Über der Pyramide thront ein Tempel, dessen Eingang von Säulen in Form der gefiederten Schlange flankiert wird. Da die Pyramide dieser Gottheit geweiht war, findet man ähnliche Figuren auch an den Balustraden der vier Treppen. Das Spiel von Licht und Schatten erweckt jeweils zur Tagundnachtgleiche im Frühling und Herbst den Eindruck, als würden sich die großen Schlangen an der Pyramide herabwinden. Unter dem Castillo befindet sich eine ältere Pyramide, die zwei Skulpturen birgt: einen Thron in Form eines rot bemalten Jaguars mit Inkrustationen aus Porphyr, auf dessen Rücken eine Mosaikscheibe liegt, und einen *Chacmool*, einen auf dem Rücken liegenden Menschen, der über seinem Bauch eine Schale für Opfergaben hält.

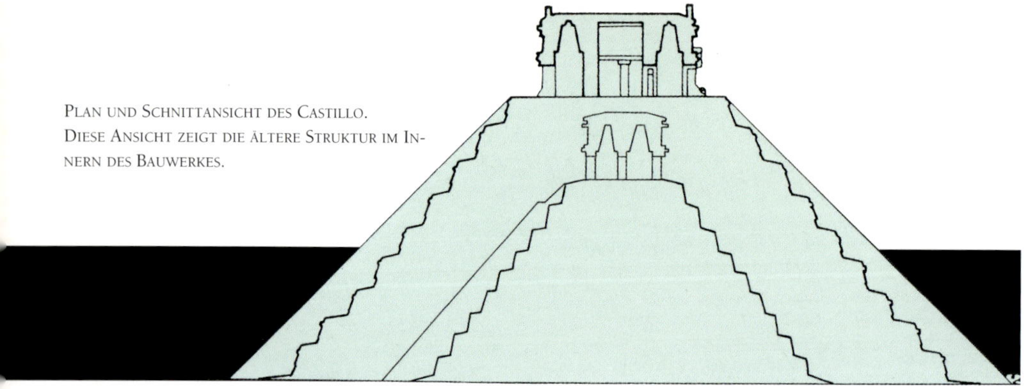

Plan und Schnittansicht des Castillo. Diese Ansicht zeigt die ältere Struktur im Innern des Bauwerkes.

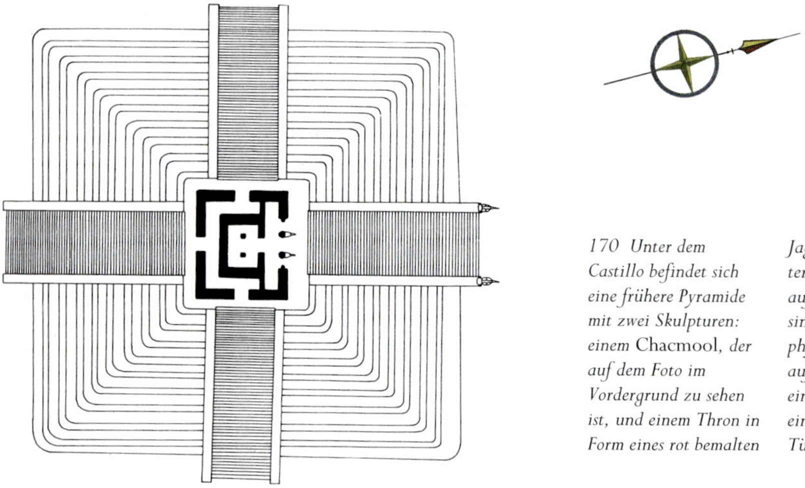

170 Unter dem Castillo befindet sich eine frühere Pyramide mit zwei Skulpturen: einem Chacmool, *der auf dem Foto im Vordergrund zu sehen ist, und einem Thron in Form eines rot bemalten Jaguars, hier im Hintergrund. Die Punkte auf dem Fell des Tieres sind aus grünem Porphyr angefertigt, und auf seinem Rücken liegt eine Holzscheibe mit einem Mosaik aus Türkisen.*

170–171 Das Castillo war Kukulkan geweiht, jenem Gott der Maya, welcher der gefiederten Schlange entspricht. Die Gottheit ist auf den Balustraden der vier Treppen und den Säulen des Tempels zu sehen.

171 links Der Akab Dzib *ist eines der Monumente von Chichén Itzá, die im Puuc-Stil erbaut wurden.*

171 rechts Das Grab des Hohen Priesters ist eine kleine Pyramide über einer natürlichen Höhle. Die Balustraden der Treppen zieren ineinander verschlungene Nebelschlangen und gefiederte Schlangen, die zusammen einen einzigen Kopf mit aufgerissenem Maul haben. Neben dem Baum steht die Skulptur einer Klapperschlange.

172 oben Dies ist einer der Atlanten, die den Tischaltar im Kriegertempel stützen. Bemerkenswert ist die Ähnlichkeit mit analogen Skulpturen, die in Tula gefunden wurden.

An der Ostseite des Platzes steht der Kriegertempel, eine Art Kopie des Tempels B von Tula, die jedoch wesentlich erlesener ist als das Original. Die Außenwände des oberen Tempels zieren Masken im Puuc-Stil und Bildnisse der Mensch-Vogel-Schlange, vermutlich eine Darstellung von Tlahuizcalpantecuhtli, der Venus als Morgenstern.

Hinter dem *Chacmool* am oberen Treppenabsatz liegt ein Eingang, den majestätische Säulen in Form von Schlangen flankieren. Durch diesen Eingang gelangt man in den eigentlichen Kriegertempel mit gemeißelten Bänken und Säulen mit Basreliefs von Kriegern. Unter dem Tempel der Krieger liegt der ältere Tempel des *Chacmool* mit Wandmalereien und polychromen Bänken, die Personen der Oberschicht zeigen, die auf Kissen aus Jaguarfellen sitzen. Daneben sind bewaffnete Krieger auf Jaguarthronen dargestellt.

Nördlich des Tempels des *Chacmool* erhebt sich der sehr ähnliche Tempel der Tafeln, in dem Säulen stehen, die noch die originalen farbigen Malereien aufweisen. Der Säulengang, der sich vor der Treppe zum Kriegertempel erstreckt, enthält Basreliefs, ähnlich denjenigen im Innern des Tempels. Diese Arkade ist verbunden mit den großen Säulengängen, die den Hof der tausend Säulen umgeben. An der Südseite des Hofes liegen der Markt und einer von drei Ballspielplätzen der Stadt. Auf dem zentralen Platz findet man verschiedene kleinere Tempelplattformen.

172 unten Die Pfeiler vor dem Kriegertempel sind mit Basreliefs verziert, die bewaffnete Soldaten und Tlahuizcalpantecuhtli, die Venus als Morgenstern, darstellen.

172–173 Der Kriegertempel von Chichén Itzá wirkt in mancher Hinsicht wie eine Kopie des Tempels B in Tula. In ihm mischen sich der Puuc-Stil und der Stil der Tolteken.

173 unten Das Zentrum des als Markt bekannten Komplexes liegt südlich des Hofs der Tausend Säulen.

Bereich des Kriegertempels

1 Kriegertempel
2 Tempel des Chacmool

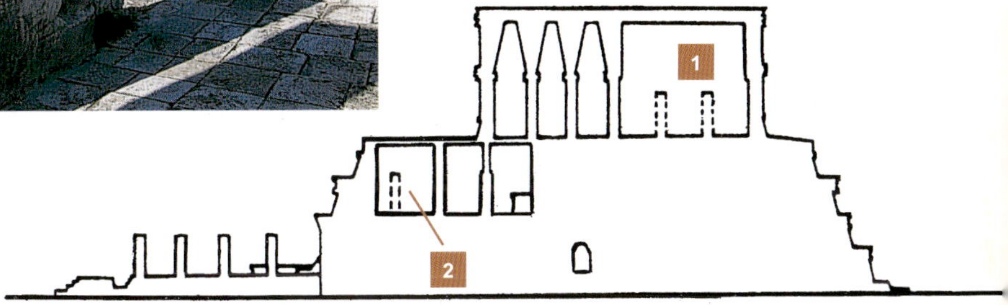

173 oben Der Blick vom Kriegertempel auf das Castillo geht über ein Chacmool vor dem Tempeleingang.

173 Mitte links Der Hof der Tausend Säulen befindet sich südlich des Kriegertempels. Die Säle mit den Säulen und die weiten offenen Bereiche sind typisch für die Städte der frühen postklassischen Zeit.

173 Mitte rechts Die monumentale Altarplatte im Kriegertempel wird von mehreren Skulpturen in Form von Atlanten getragen.

174 oben links Diese Skulptur in Form eines Schlangenkopfes ziert die Balustrade der Treppe des berühmten Kriegertempels. Darüber erkennt man eine Standartenhalterung, die anthropomorph gestaltet ist.

174 oben rechts Die Skulptur an der Fassade des Kriegertempels zeigt ein menschliches Gesicht, das aus dem Maul eines Fantasietieres mit Greifvogelkörper und Schlangenkopf blickt. Vermutlich ist es eine Darstellung von Tlahuizcalpantecuhtli, der Venus als Morgenstern. Diese Gottheit wurde mit der gefiederten Schlange assoziiert, der auch der Tempel B in Tula geweiht war.

174 Mitte Auf diesem Detail eines Frieses am Kriegertempel erkennt man einen Jaguar oder Puma und einen mit einer Lanze bewaffneten Krieger. Der Krieger trägt einen Nasenschmuck sowie Kreise um die Augen. Beides sind spezielle Charakteristika des zentralmexikanischen Regengottes.

174 unten Unter dem Kriegertempel entdeckte man eine als Tempel des Chacmool bekannte ältere Konstruktion.

175 Hinter dem Chacmool am Eingang des Kriegertempels erheben sich zwei Säulen auf Skulpturen von gefiederten Schlangenköpfen mit aufgerissenem Maul. Die „Kapitelle" der Säulen stellen wiederum gefiederte Schlangen dar.

a Machik

176 oben Diese Skulptur ist ein Detail einer der Masken des Gottes Chac, welche die Fassade des „Nonnenklosters" zieren.

Die Plattform der Venus mit Balustraden und Gesimsen, die von gefiederten Schlangen geziert werden, trägt Basrelieftafeln mit Darstellungen der Mensch-Vogel-Schlange, Verkörperung der Venus als Morgenstern.
Die Basreliefs an der nahe gelegenen ähnlichen Tempelplattform der Jaguare und Adler zeigen Greifvögel und Jaguare, die an Menschenherzen fressen, ein ikonografisches Thema, das man auch aus Tula kennt. Neben der Plattform der Jaguare und der Adler liegt der *Tzompantli*. Auf dieser Plattform, die hunderte Basreliefs von Totenköpfen zieren, stand das hölzerne Gestell für die Schädel der Geopferten.

176 Mitte oben Die Seiten der Tempelplattform der Jaguare und Adler. zieren Basreliefs von Greifvögeln und Raubtieren, die sich von Menschenherzen nähren. Das obere Gesims schmücken Bildnisse von Kriegern, die nach zentralmexikanischer Art gekleidet sind. Vermutlich wurden auf der Plattform Kriegsgefangene geopfert.

176 Mitte unten An den Seiten der Tempelplattform der Venus finden sich Darstellungen der Mensch-Vogel-Schlange, einer Form der Venus als Morgenstern. Am oberen Gesims erkennt man Abbildungen von gefiederten Schlangen, an den Ecken sieht man Symbole für den Planeten Venus.

176 unten Diese Details sind typische Verzierungen des Tzompantli. *Die mit Abbildungen von Schädeln bedeckte Plattform trug ein Holzgestell, auf dem die Schädel der geopferten Gefangenen zur Schau gestellt wurden. Der* Tzompantli *ist ein weiteres der vielen Elemente, die auf einen starken nördlichen Einfluss in Chichén Itzá hinweisen.*

176–177 Diese beiden Raubtierköpfe zieren die Balustrade der Tempelplattform der Jaguare und Adler.

177 Auf dieser Tafel mit Basrelief an der Tempelplattform der Jaguare und Adler erkennt man einen Jaguar, der ein Menschenherz verschlingt.

178 oben Die Kampfszenen am Anbau des Tempels der Jaguare, der rechts des Ballspielplatzes liegt, lassen vermuten, dass die hier ausgetragenen Partien den Charakter ritueller Schlachten hatten.

178 unten Der untere Tempel der Jaguare ist mit Basreliefs verziert und blickt auf den Hauptplatz von Chichén Itzá. Am Eingang dieses Tempels steht ein Thron in Form eines Jaguars.

Die Westseite des Platzes begrenzt den berühmten Ballspielplatz mit seinen Anbauten. Der untere Tempel der Jaguare, den Basreliefs zieren, ist dem Hauptplatz zugewandt. Am Eingang des Heiligtums steht ein Jaguarthron.
Im oberen Tempel der Jaguare, der auf den Ballspielplatz blickt, befindet sich eine Wandmalerei, die eine Schlacht darstellt. Die Wände des großen Ballspielplatzes, an dessen Seiten sich zwei gemeißelte Ringe befinden, sind bedeckt mit Basrelieftafeln von zwei Spielergruppen, die sich einer Szene in der Mitte zuwenden, welche die Enthauptung eines Spielers zeigt. Links erkennt man eine Figur, die das abgeschlagene Haupt und ein Messer hochhält, rechts erscheint neben dem Ball mit Totenschädel der enthauptete Spieler, aus dessen Hals sich Blut in Schlangenlinien ergießt.

An der Nordseite des zentralen Platzes beginnt die *Sacbé* (Weiße Straße), die zum *Cenote* führt, jenem großen natürlichen Wasserreservoir, das vermutlich zu den wichtigsten Kultstätten Mesoamerikas gehörte, weil es den Zugang zu den Wassergottheiten der Unterwelt verkörperte. In dem *Cenote* entdeckte man wertvolle Opfergaben aus weit entfernten Regionen, zum Beispiel aus Kolumbien, sowie die sterblichen Überreste geopferter Menschen.
Betrachtet man die Architektur von Chichén Itzá als Ganzes, so erkennt man darin zweifellos das beste Beispiel für die außergewöhnliche stilistische Verschmelzung, die für die nachklassische Maya-Zeit charakteristisch war. Sie ist ein Hinweis auf die neuen ideologischen und politischen Modelle, die aus den Regionen Zentralmexikos hierher gekommen waren.

179 Mitte Im oberen Tempel der Jaguare mit Säulen in Form von gefiederten Schlangen, der dem Spielfeld zugewandt ist, befindet sich eine Wandmalerei, die eine Schlacht zeigt.

179 unten links Das Detail eines Basreliefs des Ballspielplatzes zeigt einen geköpften Spieler, aus dessen Hals das Blut läuft. Unten links sieht man einen Teil des Balles, hinter dem ein Spieler steht, der den abgeschlagenen Kopf und das Opfermesser in der Hand hält. Rechts erkennt man einen Spieler in typischer Ausrüstung, bestehend aus einem Gürtel, dem aus dem Gürtel herausragenden „Palmwedel" und der „Axt".

178–179 Der Ballspielplatz von Chichén Itzá besitzt als Grundriss die typischen Form der römischen Ziffer Eins und ist ist einer der größten und eindrucksvollsten in ganz Mesoamerika.

179 oben links Dieses Detail eines Basreliefs am Ballspielplatz zeigt die Assoziation zwischen dem Spielball und dem Menschenkopf, wie sie in vielen verschiedenen Kunstwerken dokumentiert ist. Man findet sie zum Beispiel auch in mythischen Erzählungen, darunter das „Popol Vuh".

179 oben rechts Einige Quellen aus der Kolonialzeit berichten, dass beim Ballspiel die Mannschaft, der es als Erste gelang, den Ball regelgerecht durch das Loch im Ring zu befördern, das Spiel gewonnen hatte. Einer der beiden Ringe des Ballspielplatzes von Chichén Itzá ist mit ineinander verschlungenen gefiederten Schlangen geschmückt.

179 unten rechts Unheimlich ist der Blick in den heiligen Cenote von Chichén Itzá. In den Brunnen mit seinem vom Kalk trüben Wasser warf man Opfergaben und zu Ehren der Wassergottheiten der Unterwelt auch geopferte Menschen. Der Name der Stadt bedeutet „am Brunnen der Itzá". Die Herkunft verschiedener im Brunnen gefundener Opfergaben belegt, dass das Ansehen dieses natürlichen Heiligtums sich weit über das von Chichén Itzá beherrschte Territorium hinaus erstreckte.

Tolteken oder Zuyuan?

180 Dieser Atlant stammt aus Chichén Itzá. Die Figur ist eine der vielen toltekischen Ursprungs, die man in der nachklassischen Ikonografie von Chichén Itzá findet. Da viele Abbildungen militärischen Charakter haben, dachte man lange Zeit an eine echte Eroberung Chichén Itzás durch die Tolteken. Heute neigt man jedoch eher zu der Annahmen, dass die Städte Tula und Chichén Itzá die gleiche politische Ideologie verfolgten.

Die Ähnlichkeit zwischen Chichén Itzá und Tula fällt sofort ins Auge. Der Kriegertempel in Chichén Itzá ist praktisch das exakte Abbild des Tempels B in Tula. Der Hof der tausend Säulen erinnert an den Verbrannten Palast, und Elemente wie den *Chacmool*, die Säulen in Form von gefiederten Schlangen, die Bildnisse der Atlanten, die gemeißelten Bänke und den *Tzompantli* findet man in beiden Städten. Diese Elemente haben ihren Ursprung zweifellos im mittleren Nordmexiko, deshalb hielt man Chichén Itzá lange Zeit für Tlapallan. Dorthin war gemäß der Überlieferung Ce Acatl Topiltzin Quetzalcóatl nach seiner Flucht aus Tula ausgewandert, und dort schufen die ihn begleitenden Tolteken eine wunderbare Kopie ihrer Heimatstadt. Die vielen kriegerischen Ikonografien ließen auch an eine Eroberung denken, bei der die Tolteken die ortsansässigen Maya unterwarfen, denen der anfängliche Puuc-Stil der Stadt zugeschrieben wird. Die Eroberer machten dann Chichén Itzá zum Sitz des neuen Maya-Tolteken-Reiches.

In den letzten Jahren rückt man jedoch immer weiter von dieser inzwischen etwas unreflektiert wirkenden Interpretation ab. Die Chronologie beider Städte scheint ein Nachfolgemodell nicht zu bestätigen, und eine aufmerksamere Analyse der Bauten zeigt, dass viele der Monumente im Puuc-Stil gleichzeitig mit solchen im Stil der Tolteken entstanden. Chichén Itzá wird heute eher als Schwester denn als Tochter Tulas gesehen.

Kürzlich schlugen die mexikanischen Experten Alfredo López Austin und Leonardo López Luján eine neue Annäherung an das Problem vor. Ihre Hypothese lautet, dass sich gegen Ende der klassischen Zeit in Mesoamerika ein neues politisch-ideologisches System entwickelte, das die gefiederte Schlange zur Grundlage hatte und bis zur spanischen Eroberung bestehen blieb. Dieses als *Zuyuano* bezeichnete System – nach *Zuyuá*, einem der vielen Namen für das mythische Tollan – basierte auf dem Zusammenleben verschiedener ethnisch-politischer Gruppen, die nun jedoch unter einem einzigen politischen System geeint werden sollten.

Multi-ethnische soziale Gemeinschaften lebten unter einem Herrscher, der den Räten vorstand, die sich aus den Vorsitzenden der einzelnen ethnischen Gruppen zusammensetzten. Gleichzeitig wurde die gefiederte Schlange über die traditionellen Schutzgottheiten der ein-

zelnen ethnischen Gruppen erhoben und zur territorialen, stammesunabhängigen Schutzgottheit erklärt.
Diesem politisch-ideologischen System entsprachen besondere Formen der politischen Vereinigung und kriegerischer Aktivitäten. Erstere zeigten sich vor allem in Städtekonföderationen, die Organe der Rechtsprechung wurden und wesentlich weiter reichten als die einfachen Militär- oder Stammesallianzen, die für das klassische Maya-Reich typisch waren. Beispiel hierfür sind die Liga von Mayapán oder der Dreierbund. Die Zuyuan-Regime hatten eine starke militärische Komponente; Eroberungskriege, die vorher sehr selten waren, wurden üblich und häufig. Sie zielten nicht nur auf rituelle Unterwerfung und öffentliche Demütigung der besiegten Herrscher ab, sondern waren sehr konkrete und weltliche machtpolitische Instrumente, mit denen eine Annahme des eigenen Machtsystems erzwungen werden sollte.
Vermutlich entstand das *Zuyuan*-System in der Epiklassik in Städten wie Teotenango, Xochicalco und Cacaxtla, wo man einige Bestandteile der Teotihuacán-Kultur übernahm und weiterentwickelte. Es scheint, als ob viele Elemente des *Zuyuan*-Systems zuerst in Teotihuacán Einzug hielten. Vielleicht war die Stadt sogar das erste große irdische Tollan. Die neue Herrschaftsform verbreitete sich vermutlich unter den Tolteken und ihren Verbündeten in weiten Teilen Mesoamerikas, zum Beispiel bei den Chontal-Maya. Somit muss man Tula nicht als Hauptstadt eines großen mesoamerikanischen Reiches sehen, sondern als Zentrum der *Zuyuan*-Ideologie, die das politische Panorama in der nachklassischen Zeit dominierte.
Die Hauptstädte, in denen das Zuyuan-System herrschte, wie Tula, Cholula, Chichén Itzá, Mayapán, Tenochtitlán und viele andere, wurden also zu irdischen Nachbildungen des mythischen Tollan, jenem Ort, an dem die gefiederte Schlange regierte. Nicht zufällig tragen in den Überlieferungen viele Herrscher solcher Zentren den Namen Quetzalcóatl oder diverse Übersetzungen, wie Kukulkan, Gucumatz oder Nacxit.
Das *Zuyuan*-System breitete sich vermutlich auch in Mixteca und im Hochland Guatemalas aus. Einige Quellen berichten von Konföderationen expansionistischer Hauptstädte und von Herrschern, die sich auf Tollan beriefen, um die Insignien der Macht zu erhalten. Das *Zuyuan*-System wurde vermutlich von Chontal Maya nach Chichén Itzá gebracht, die durch ihre engen Kontakte zu Zentralmexiko damit in Berührung gekommen waren. Hier schufen sie eine multi-ethnische Regierung, die man in der Stadtikonografie erkennt, die keine Bildnisse einzelner Herrscher zeigt, sondern viele Szenen mit Gruppen hochgestellter Persönlichkeiten, die offensichtlich alle mehr oder weniger auf einer Ebene rangieren. Die Inschriften bezeichnen sie oft als *Yitah* (Brüder), was vermutlich in etwa „Kollegen" meint – Regierungsmitglieder gleichen Ranges.
Ein ähnliches Regierungssystem, das *Multepal,* von *mul* „zusammen" und *tepal* „regieren", war in Mayapán und anderen Städten Yucatáns zur Zeit der spanischen Eroberung weit verbreitet. Möglicherweise bezieht sich der Titel *Kukulkan* auf einen Primus inter Pares, der die größte Autorität im Regierungsrat genoss.
Vor der Ankunft der Spanier drohte ein neues politisches Modell das Zuyuan-System zu verdrängen. Die beiden mächtigen expansionistischen Staaten der Azteken und der Tarasken gründeten ihre Ideologie und Politik auf die Vorherrschaft des Schutzgottes der eigenen ethnischen Gruppe über die Schutzgötter der anderer Völker: Huitzilopochtli hatte bereits die Mexica in ihren Expansionskriegen geführt, und vielleicht hätte Curicaueri das Gleiche bei den Tarasken getan, wenn die Spanier nicht allem ein Ende bereitet und völlig neue Machtstrukturen und Ideologien eingeführt hätten.

181 oben Dieser toltekische Atlant trägt den gleichen Brustpanzer, den auch die Atlanten im Tempel B von Tula tragen. Kriegerbildnisse wie dieses gehören zu den typischen ikonografischen Elementen der frühen postklassischen Zeit, in denen sich die Zuyuan*-Ideologie widerspiegelt, mit welcher sich die aufkommenden multi-ethnischen und expansiven Systeme legitimierten.*

181 unten Solche Mosaikscheiben mit Schlangenbildnissen, genannt Tezcacuitlapilli*, entdeckte man sowohl in Tula als auch in Chichén Itzá. Sie befinden sich oft an der Rückseite der Gürtel von Kriegern aus der postklassischen Zeit, etwa bei Atlantenskulpturen in beiden Städten.*

Tulum

Geschichte

Unter der Herrschaft der Cocom Itzá von Mayapán erfuhr die Ostküste Yucatáns einen außergewöhnlichen Aufschwung, der sich hauptsächlich auf schwunghaften Handel gründete, welcher gemäß der Überlieferung seine Wurzeln tief in der klassischen Zeit hatte, als verschiedene Küstenstädte als Hafen für Cobá fungierten. Um das Jahr 1441 führte in Mayapán ein Aufstand der Xiú, die aus Ah Xupán kamen, zur Zerstörung der Stadt und zur Vernichtung und Vertreibung der Cocom. In der Folgezeit entstanden kleinere Städte, in denen sich verschiedene Chontal-Gruppen niederließen, zum Beispiel die Cheles in Tecoh, die wenigen überlebenden Cocom in Tibolón und die Tutul Xiú in Maní. Ein mächtiges Reich entstand im antiken Chetumal an der Südküste, das vermutlich nicht mit der gleichnamigen modernen Stadt identisch ist, sondern mit der Grabungsstätte Santa Rita Corozal.

182 oben Das bekannte Castillo, die Haupttempelanlage der Stadt Tulum, ist ein typisches Beispiel der späten postklassischen Architektur der Maya in Yucatán.

182 unten Am Zugang zum höchsten Tempel des Castillo erkennt man, dass die alte Tradition der schlangenförmigen Säulen, die aus Tula und Chichén Itzá kam, auch in Tulum gepflegt wurde. Vermutlich war das Castillo der gefiederten Schlange, dem Kukulkan, geweiht.

Die Überreste der Entwicklungen an der Küste in der postklassischen Zeit kann man heute in San Gervasio auf der Insel Cozumel, in Akumal, Xelhá, Tancah und Tulum bewundern. Tulum, das vielleicht identisch ist mit dem in historischen Quellen erwähnten Zamá, Morgendämmerung, ist die größte Siedlung dieser Gruppe, und die Schönheit seiner Ruinen wird noch unterstrichen von der Natur, die Tulum umgibt. Die Stadt wurde um das Jahr 1200 an der Karibikküste gegründet und war bis zur Ankunft der Spanier bewohnt, wie die Beschreibung der Expedition von Juan de Grijalva aus dem Jahr 1518 belegt.

182–183 Tulum, das seine Blütezeit in der späten postklassischen Epoche hatte, gehört zu den wichtigsten Grabungsstätten in Yucatán. Die zahlreichen Bauwerke der Stätte sind von einer Wehrmauer umgeben.

183 oben Neben Bildnissen des Herabsteigenden Gottes erscheinen an der Fassade des Castillo auch die unbekannter Gottheiten, wie die hier gezeigte Stuckskulptur.

183 Mitte Beim Blick auf die Zugangstreppe des Castillo in Tulum erkennt man die typische Form der vorspringenden Gesimse im oberen Bereich der kleinen angrenzenden Bauten.

183 unten Der sogenannte Herabsteigende Gott, der sowohl Keramiken als auch Friese in den Tempeln von Tulum schmückt, wurde als Xuk Ek, die Sternwespe, identifiziert. Es handelt sich somit um eine weitere Gottheit, die mit dem Planeten Venus in Verbindung stand.

184 oben Die bedeutenderen Wohngebäude in Tulum waren an der Vorderseite mit Portiken ausgestattet.

184 unten Zu den Gebäuden von Tulum gehört auch der lange Palast mit einem von Säulen umgebenen Atrium. Die Fassade des Bauwerkes ziert ein Bildnis des Herabsteigenden Gottes.

184–185 Tulum liegt direkt an der Karibikküste. Diese Lage erlaubte der Stadt, die vermutlich mit dem antiken Zamá identisch ist, eine weitgehende Kontrolle des Küstenhandels. Die Handelswege verbanden den Golf von Mexiko mit den anderen Küsten Mesoamerikas.

185 oben links Links an der Wand im Portikus des Tempels der Fresken kann man noch Malereien erkennen, deren Stil an Maya-Kodizes erinnert.

Die Stätte

Die Ruinen von Tulum umgibt im Süden, Westen und Norden eben eine *Tulum*, eine Verteidigungsmauer mit Türmchen, und im Osten blickt die Stadt auf das leuchtende Blau des Karibischen Meeres in Richtung Sonnenaufgang. Dieser Lage verdankt die Stadt vermutlich ihren Namen: Zamá, Morgendämmerung. Der Stadtkern wird vom Castillo, einer Tempelanlage, dominiert. Über der zweistöckigen Tempelplattform thront ein Bauwerk, dessen Eingang von Schlangensäulen flankiert wird und an dem man unzählige Stuckskulpturen von Gottheiten erkennt. Die Hauptgottheit ist der Herabsteigende Gott, der vermutlich mit Xuk Ek identifiziert werden kann, der Venus als Abendstern.
Dieselbe Gottheit ziert auch die Fassade des Tempels des Herabsteigenden Gottes und den Tempel der Fresken. In Ersterem kann man eine Wandmalerei bewundern, die sich über drei Register erstreckt. Im mittleren Register sind zwei ähnliche Szenen abgebildet: Eine Göttin reicht einem Gott eine Opfergabe. Zwischen den beiden Figuren erscheinen zwei ineinander verschlungene Schlangen, und am Rand der Szene ist eine dritte Gottheit zu erkennen. Die Malereien im oberen und im unteren Register stellen gemäß ihrer Lage die himmlische Welt und die Unterwelt dar.

Den Tempel der Fresken, an dessen Ecken sich Masken des Gottes Itzamná befinden, schmücken ähnliche Malereien, die verschiedene Gottheiten, Maiskolben und Bohnen darstellen. Diese Malereien sind, wie auch die im Tempel des Herabsteigenden Gottes, in Schwarz und Himmelblau ausgeführt. Ihr Stil erinnert aus der Nähe betrachtet an den „Pariser Kodex“, einen der wenigen bekannten Kodizes der Maya.

185 oben rechts Die Ecken des oberen Gesimses des Tempels der Fresken, der auch als Tempel 16 bekannt ist, zieren Stuckmasken, die Itzamná, die höchste Gottheit, darstellen.

185 Mitte Auf diesem Detail der Wandmalereien im Tempel der Fresken erkennt man eine weibliche Gottheit, die ein kleines Bildnis des Gottes K hochhält, der wiederum das Herrschertum repräsentiert.

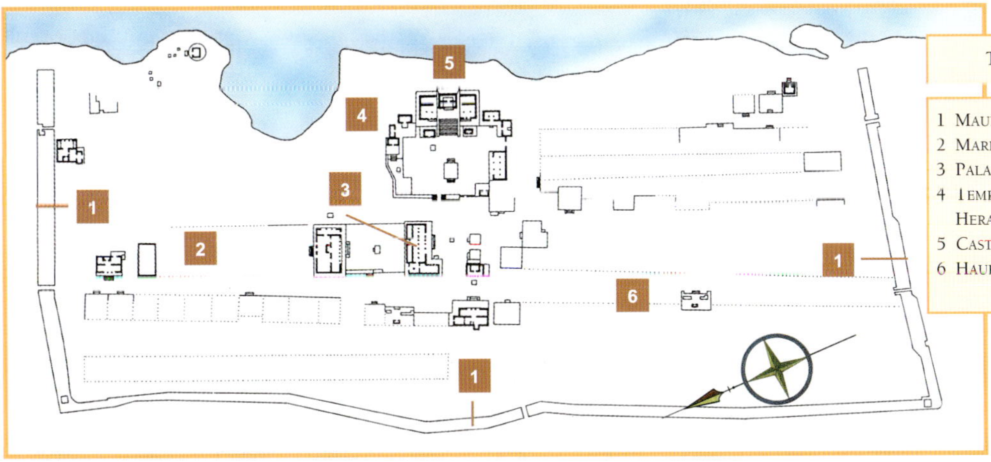

TULUM

1 Mauer
2 Markt
3 Palast
4 Tempel des Herabsteigenden Gottes
5 Castillo
6 Hauptstrasse

Glossar

(Herkunftssprache und wörtliche Bedeutung der Begriffe in Klammern hinter dem Stichwort)

ACOLHUA (Nahuatl, „die ein Kanu haben"): das Volk der Nahua, das in der nachklassischen Zeit in Zentralmexiko lebte. Seine berühmteste Hauptstadt war Texcoco, eine Verbündete von Tenochtitlán.

AH PUCH (Maya, „der vom Fleisch Losgelöste"): der Totengott der Maya, der als Skelett dargestellt wird, auch bekannt als Gott A oder als Kisin.

AZTEKEN: heute üblicher Name für das Volk, das ursprünglich Mexica hieß. Kommt aus dem Nahuatl, aztecfatl. So wurde von den Mexica das Volk genannt, unter dessen Herrschaft sie in ihrer ursprünglichen Heimat Aztlan lebten.

CACAXTLI (Nahuatl, „Bündel"): Bezeichnung für das von den Händlern getragene Bündel oder deren Rucksack.

CALLI (Nahuatl, „Haus"): auch der Name eines Tages im rituellen Kalender.

CALMÉCAC (Nahuatl): Schule für die Kinder des mexikanischen Adels.

CALPULLI (Nahuatl): Familienklan, Kernstück der aztekischen Gesellschaft.

CALPOLTÉOTL (Nahuatl): Schutzgottheit der Calpulli.

CENOTE: natürlicher Brunnen, der durch das Einstürzen eines unterirdischen Tunnels entsteht. In weiten Teilen Yucatáns war er das einzige Süßwasservorkommen und diente oft als Kultstätte für die Unterweltgottheiten.

CENTZON HUITZNAHUA (Nahuatl, „die vierhundert Jünglinge"): die gegnerischen Brüder, die von Huitzilopochtli auf dem Coatépetl besiegt wurden. Die Zahl 400 steht als Synonym für „unzählbar", und die „unzählbaren Jünglinge" symbolisieren die Gestirne am nächtlichen Firmament.

CHAC (Maya): Regengott der Maya mit langer, schlangenförmiger „Nase", auch bekannt als Gott B.

CHACMOOL (Maya, „rote Klaue"): Steinfigur, die einen auf dem Rücken liegenden Menschen darstellt, der über seinem Bauch eine Trankopferschale hält. Der Name „Rote Klaue" ist aus moderner Zeit und gebräuchlich, aber ohne Bezug zur Skulptur.

CHALCHIUTLICUE (Nahuatl, „die mit dem Juwelenrock"): aztekische Göttin der Gewässer, vermutlich die „Erbin" der Großen Göttin von Teotihuacán.

CHICHIMEKEN (Nahuatl): als chichimécatl bezeichneten die Azteken alle „barbarischen" Völker des Nordens, sowohl die Jäger und Sammler als auch die Bauern. Die von den Chichimeken bewohnte Gegend erstreckte sich bis in den Südwesten der Vereinigten Staaten.

CINTÉOTL (Nahuatl): Maisgott der Azteken, cintli bedeutet Mais.

CIPACTLI (Nahuatl): aztekischer Gott der Erdentiere in Form eines Alligators. Auch der Name des ersten Tages im rituellen Kalender.

COATLICUE (Nahuatl, „die mit dem Schlangenrock"): aztekische Göttin, Mutter des Huitzilopochtli.

COCIJO (zapotekisch): Regengott der Zapoteken.

COPAL: abgeleitet von Copalli (Nahuatl), Harz des Baumes Bursera jorullensis; wurde häufig als Weihrauch bei religiösen Zeremonien in Mesoamerika verwendet.

COYOLXAUHQUI (Nahuatl, „Glöckchen auf den Wangen"): aztekische Mondgöttin, die von ihrem Bruder Huitzilopochtli ermordet und zerstückelt wurde.

CUCHCABAL (Maya): typische politische Einheit in Yucatán in der nachklassischen und zu Beginn der Kolonialzeit, gleichbedeutend etwa mit „Provinz".

EHÉCATL (Nahuatl): aztekischer Windgott mit Schnabelmaske, eine weitere Verkörperung von Quetzalcóatl.

EXCAN TLATOLOYAN (Nahuatl, „Tribunal der drei Sitze"): Name für den Dreierbund, der die Mexica aus Tenochtitlán, die Acolhua aus Texcoco und die Tepaneken aus Tlacopan vereinte.

HAAB (Maya): Name für das Sonnenjahr.

HUEY TEOCALLI (Nahuatl „Großes Gotteshaus"): der Templo Mayor von Tenochtitlán.

HUITZILOPOCHTLI (Nahuatl, „Kolibri des Südens"): aztekischer Stammgott mit Sonnen- und Kriegereigenschaften, der das mesoamerikanische Pantheon beherrscht.

HUNAB KU (Maya): der Schöpfer oder Große Gott, höchste Gottheit des Mayapantheons.

HUNAHPÚ (Maya): einer der berühmten Zwillinge des „Popol Vuh". Wie sein klassischer Vorgänger Hun Ahau (Einsjäger) symbolisiert er den Planeten Venus.

ITZAM CAB AIN (Maya): Gott der Erdentiere bei den Maya in Form eines Leguans oder Alligators, entspricht dem aztekischen Cipactli. Sein klassischer Name ist Cauac.

IXBALANQUÉ (Maya): einer der berühmten Zwillinge des „Popol Vuh". Wie sein klassischer Vorgänger Yax Balam (Grüner Jaguar) symbolisiert er die Sonne.

K'AWIL (Maya): Gottheit, auch Bolon D'zacab (Neun Generationen) genannt; verbunden mit dem Mais, dem Blut und dem königlichen Samen; Schutzpatron der Maya-Herrscher, abgebildet auf deren Zeptern. Charakteristisch sind seine lange, schlangenförmige „Nase" und eines seiner Beine, das die Form einer Schlange hat. Diesem Bein verdankt er den Namen Hun Racan (Blitz mit einem Bein), auch bekannt als Gott K.

KINICH AHAU (Maya, „Herr mit dem Sonnenauge"): Sonnengott der Maya, auch bekannt als Gott G.

KUKULKANC (Maya): Synonym für den Gott Quetzalcóatl (Gefiederte Schlange).

MACEHUALTIN (Nahuatl): die Nichtadeligen in der aztekischen Bevölkerung.

MAYA: Name eines Volkes und ursprünglicher Name für die diversen Sprachen (alte und moderne), die die entsprechenden Sprachfamilien bilden. Die beiden Hauptsprachen der Maya im Tiefland waren in der klassischen Zeit das Maya Chol und das Maya von Yucatán.

MEXICA (Nahuatl): ursprünglicher Name der Azteken, abgeleitet von einer Schutzgöttin mit Namen Mexi.

MICTLAN (Nahuatl, „Totenreich"): aztekischer Name für die Welt der Verstorbenen.

MICTLANTECUHTLI (Nahuatl, „Herr des Totenreiches"): aztekische Gottheit, die das Totenreich regiert, dargestellt als Skelett.

MIXE-ZOQUE: Sprachfamilie, die heute die Sprachen Mixe, Zoque und Popoluca umfasst. Früher war sie in weiten Teilen des Isthmus von Tehuantepec verbreitet.

MIXTEKEN (Nahuatl, „Völker der Wolken"): ein Volk, das Otomangue gesprochen hat und vor allem im Norden des Staates Oaxaca lebte.

NAHUA: Bevölkerungsgruppe in Zentralmexiko, deren Sprache, das Nahuatl, zur uto-aztekischen Sprachgruppe gehört.

NAHUATL: Sprache, die von einigen Nahua, darunter die Azteken, gesprochen wurde.

OLMEKEN: Name der berühmten vorklassischen Kultur Mesoamerikas, vermutlich aus der Sprachgruppe der Mixe-Zoquen.

OMETÉOTL (Nahuatl, „Gott Zwei"): höchste Gottheit im aztekischen Pantheon.

OTOMANGUE: Sprachfamilie, die in Mesoamerika und im heutigen Mexiko weit verbreitet war. Zu ihr gehören unter anderem die Sprache der Zapoteken und der Mixteken.

OTOMI: Volk im mittleren Norden Mexikos, das Otomangue sprach.

PAHUATÚN (Maya): Gottheit in Form alter Männer, die das Universum an seinen vier Enden halten.

PIPILTIN (Nahuatl): der Adel im Reich der Azteken.

PITAO COZOBI (zapotekisch): zapotekischer Maisgott.

QUETZALCÓATL (Nahuatl, „gefiederte Schlange"): einer der wichtigsten Götter im mesoamerikanischen Pantheon, verbunden mit Venus, der Erschaffung des Menschen, dem Mais und der Zeit. Der Name bezieht sich auch auf den kulturellen Helden, der ihn auf Erden vertritt.

SACBÉ (Maya, „weiße Straße"): Straßen auf Erdwällen, die verschiedene Niederlassungen in Yucatán miteinander verbinden.

TABLERO: architektonisches Element, das unter anderem die Pyramiden von Teotihuacán schmückt. Es besteht aus einer horizontalen Platte in einem quadratischen Rahmen und ruht auf einem Talud.

TAJIN (totonakisch): Regen- und Donnergott der Totonaken.

TALUD: architektonisches Element von Teotihuacán, bestehend aus einer geneigten Wand, auf der oftmals ein Tablero ruht.

TECUHTLI (Nahuatl, „Herr"): allgemeine Bezeichnung für den Herrn oder Gebieter. Zur Zeit des aztekischen Kaiserreiches war der Tecuhtli der kaiserliche Beamte, der der Verwaltung im Calpulli vorstand.

TELPOCHCALLI (Nahuatl): Schule für die Kinder der Nichtadeligen im Azteken-Reich.

TEMAZCAL (Nahuatl): Dampfbad, typischer Bau in vielen Gegenden Mesoamerikas. Es handelt sich dabei um eine Art Sauna, in der man Wasser auf glühende Steine goss. Dies war eher von rituellem als von hygienischem Wert.

TENOCHTITLÁN (Nahuatl, „Der Ort, an dem Kaktusfeigen im Überfluss auf Steinen wachsen"): Hauptstadt des Azteken-Reiches.

TEOCALLI (Nahuatl, „Gotteshaus“): allgemein für „Tempel“. TÉOTL (Nahuatl): „Gott“.
TEPANEKEN: Nahua im Zentralmexiko der nachklassischen Zeit. Zu ihren bedeutendsten Städten zählten Azcapotzalco und Tlacopan. Azcapotzalco wurde durch die Azteken bei ihrer Ankunft im Hochtal von Mexiko unterworfen und Tlacopan war Mitglied des Dreierbundes.
TEZCATLIPOCA (Nahuatl, „rauchender Spiegel“): aztekische Gottheit der dunklen Welt, der Magie und Zerstörung, oft Gegner von Quetzalcóatl. In seiner anthropomorphen Form wird der Gott mit einem rauchenden Spiegel an Stelle eines Fußes dargestellt, in seiner tierischen Form ist er ein Jaguar.
TLAHUIZCALPANTECUHTLI (Nahuatl, „Herr der Morgendämmerung“): Darstellung des Quetzalcóatl in Form der Venus als Morgenstern.
TLÁLOC (Nahuatl): aztekischer Regengott, Erbe der entsprechenden Gottheit von Teotihuacán.
TLATLACOLIZTLI (Nahuatl): im Azteken-Reich eine Art Sklaverei. Tlacotli wurde man zum Beispiel wegen nicht bezahlter Schulden.
TLATOANI (Nahuatl, „Redner“): Bezeichnung für den aztekischen Herrscher und für Nahuastädte in Zentralmexiko.
TONA TUIH (Nahuatl): aztekischer Sonnengott.
TONALÁMATL (Nahuatl): göttlicher Almanach, bestehend aus tonalli. Das Wort enthält die Bedeutungen „Wärme“, „Strahlung“ oder „Tag“ und „Papier aus Rinde“. Es kann frei mit „Buch über die Einflüsse der Tage“ übersetzt werden.
TONALPOHUALLI (Nahuatl, „Zählung der Tage“): der rituelle Kalender mit 260 Tagen.
TZOLKIN (Maya, „Zählung der Tage“): heute übliche Bezeichnung für den rituellen Kalender der Maya, denn es ist nicht bekannt, wie er im Altertum genannt wurde.
TZOMPANTLI (Nahuatl): Plattform mit einem Holzgestell, auf dem die Schädel der geopferten Menschen aufgespießt und zur Schau gestellt wurden.
UHLE (Nahuatl): Harz des Gummibaumes, das bei rituellen Handlungen und für die Herstellung von Bällen verwendet wurde.
WITS (Maya, „Berg“): Name für das Heilige Gebirge, in dessen Innerem sich die Tür zur Unterwelt öffnet. In der Kunst der Maya wird das Heilige Gebirge oft in anthropomorpher Gestalt dargestellt.
XIBALBÁ (Maya, „Ort der Angst“): das Totenreich der Maya.
XICALANCA-OLMEKEN: Ein bis in die Epiklassik an der Golfküste lebendes Volk. Aus dem Begriff uhlmécatl, „Volk des Gummis“, schufen moderne Wissenschaftler für die berühmte vorklassische Kultur die Bezeichnung Olmeken, die nichts mit der gleichnamigen ethnischen Gruppe zu tun hat.
XIPE TOTEC (Nahuatl, „der vom Fleisch Losgelöste“): aztekischer Gott der Wiedergeburt und des Frühlings. Er wird bedeckt mit der Haut eines geopferten Menschen dargestellt, und ebenso kleideten sich seine Priester bei rituellen Zeremonien.
XIUHMOLPILLI (Nahuatl, „Gebündelte Tage“): Bündel aus 52 Rohrstöckchen, Symbol für das mesoamerikanische Jahrhundert. Es wurde bei der Zeremonie des Neuen Feuers verbrannt. Ein häufig verwendetes Element in der aztekischen Bildhauerkunst.
XIUHPOHUALLI (Nahuatl, „Zählung der Jahre“): der Name für den Kalender mit 365 Tagen.
XIUHTECUHTLI (Nahuatl, „Herr des Jahres“ oder „wertvoller Herr“): aztekischer Feuergott und Schutzpatron des Universums. Er verschmilzt mit Huehuetéolt, dem „alten Gott“, der ebenfalls Feuergott und Herr des Universums war.
YUM KAAX (Maya): Maisgott der Maya, auch bekannt als Gott E.
ZACATAPAYOLLI (Nahuatl), „Heukugel“: in die die blutigen Dornen nach der Selbstgeißelung gesteckt wurden.
ZAPOTEKEN: Volk im Staat Oaxaca, dessen Sprache das Otomangue war.

Bibliografie

Adams, Richard E.W., *Prehistoric Mesoamerica.* Revidierte Neuausgabe, Oklahoma University Press, Norman 1991.
Bernal, Ignacio und Mireille Simoni-Abbat, *Mexiko: von den frühen Kulturen bis zu den Azteken*, Beck, München 1987.
Blanton, Richard, Kowalewski, Stephen, Feinman, Gary und Laura Finstein, *Ancient Mesoamerica. A Comparison of Change in Three Regions*, Cambridge University Press, Cambridge 1993.
Broda, Johanna, Carrasco, Davíd und Eduardo Matos Moctezuma (Hg), *The Great Temple of Tenochtitlan. Center and Periphery in the Aztec World*, University of California Press, Berkeley-Los Angeles-London 1987.
Bustos, Gerardo und Ana Luisa Izquierdo (Hg.), *Los Mayas. Su tiempo antiguo*, Universidad Nacional Autónoma de México-Instituto de Investigaciones Filológicas, Mexiko 1996, S. 221-258.
Carrasco, Davíd, *Quetzalcóatl and the Irony of Empire. Myths and Prophecies in the Aztec Tradition*, University of Chicago Press, Chicago 1982.
Carrasco, Davíd, *Religions of Mesoamerica. Cosmovision and Ceremonial Centers*, Waveland Press, inc., Prospect Heights, Illinois 1990.
Caso, Alfonso, *El pueblo del Sol*, Fondo de Cultura Económica, Mexiko 1953. Englische Übersetzung: *The Aztecs, People of the Sun*, University of Oklahoma Press, Norman 1958.
Clark, John E. (Hg.), *Los Olmecas en Mesoamérica*, Citibank, Mexiko 1994.
Davies, Nigel, *The Aztecs. A History*, Macmillan, London 1973.
Davies, Nigel, *Die versunkenen Königreiche Mexikos*, Econ, München 1983.
Flannery, Kent und Joyce Marcus, *Zapotec Civilization. How Urban Society Evolved in Mexico's Oaxaca Valley*, Thames and Hudson, London-New York 1996
Freidel, David, Schele, Linda und Joy Parker, *Maya Cosmos: Three Thousand Years on the Shaman's Path*, William Morrow and Company, New York 1993.
Gendrop, Paul und Doris Heyden, *Architettura mesoamericana*, Electa, Mailand 1980.
Gonzalez Licón, Ernesto, *Zapotechi e Mixtechi*, Corpus Precolombiano, Jaca Book, Mailand 1991.
Hammond, Norman, *Sagenumwobene Maya*, Readers Digest, Stuttgart 2003.
Hernández, Arellano et al., *Maya. Die klassische Periode*, Hirmer Verlag, München 1998.
Hill Boone, Elizabeth (Hg.), *The Aztec Templo Mayor*, Dumbarton Oaks, Washington D.C. 1987.
Kubler, George, *Art and Architecture of Ancient America*, Penguin Books, New York 1984.
León Portilla Miguel, *Literaturas indígenas de México*, MAPFRE-Fondo de Cultura Económica, Madrid 1992.
López Austin, Alfredo, *Hombre-dios. Religión y política en el mundo náhuatl*, Universidad Nacional Autónoma de México, 2. Ausgabe, Mexiko 1989.
López Austin, Alfredo, *Breve historia de la tradición religiosa mesoamericana*, UNAM-IIA, Mexiko 1999.
López Austin Alfredo und López Luján Leonardo, *El pasado indígena*, Colegio de México-Fondo de Cultura Económica, Mexiko 1997. Englische Ausgabe: *Mexico's Indigenous Past*, University of Oklahoma Press, 2005.
López Austin Alfredo und López Luján Leonardo, *Mito y realidad de Zuyuá*, Colegio de México-Fondo de Cultura Económica, Mexiko 1999.
López Luján, Leonardo, Mastache, Guadalupe und Robert Cobean, *Xochicalco e Tula. Gli altopiani delle guerre*, Corpus Precolombiano, Jaca Book. Mailand 1996.
Manzanilla, Linda und Leonardo López Luján (Hg.), *Historia Antigua de México*, 3 Bände, INAH, UNAM, Porrúa, Mexiko 1994.

Marcus, Joyce, *Mesoamerican Writing Systems. Propaganda, Myth, and History in Four Ancient Civilizations*, Princeton University Press, Princeton 1992.
Marquina, Ignacio, *Arquitectura Prehispánica*, Instituto Nacional de Antropología e Historia, Mexiko 1951.
Matos, Moctezuma Eduardo, *The Great Temple of the Aztecs*, Thames and Hudson, London-New York 1988.
Matos, Moctezuma Eduardo, *The Aztecs*, Rizzoli, New York 1990.
Matos, Moctezuma Eduardo, *Teotihuacan, the City of the Gods*, Rizzoli, New York 1990.
Miller, Mary Ellen und Linda Schele, *The Blood of Kings: Dynasty and Ritual in Maya Art*, Kimbell Art Museum, Fort Worth 1986.
Miller, Mary Ellen und Karl Andreas Taube, *The Gods and Symbols of Ancient Mexico and the Maya*, Thames & Hudson, London 1993.
Nalda, Enrique et al., *Maya. Die nachklassische Periode*, Hirmer Verlag, München 1998.
Piña Chan, Román, *Gli Olmechi*, Corpus Precolombiano, Jaca Book, Mailand 1989.
La pittura murale mesoamericana, Corpus Precolombiano, Jaca Book, Mailand 1999.
Reents-Budet, Dorie, *Painting the Maya Universe: Royal Ceramics of the Classic Period*, Duke University Press, Durham & London 1994.
Riefler Bricker, Victoria, *The Indian Christ, the Indian King. The Historical Substrate of Maya Myth and Ritual*, University of Texas Press, Austin 1981.
Sabloff, Jeremy, (Hg.), Supplement to the Handbook of Middle American Indians, Bd. 1: *Archaeology*, Riefler Bricker, Victoria, (Hg. der Reihe), University of Texas Press, Austin 1981.
Sanders, William und Barbara Price, *Mesoamerica. The Evolution of a Civilization*, Random House, New York 1968.
Schele, Linda und David Freidel, *Die unbekannte Welt der Maya*, Orbis, München 1999.
Schele, Linda und Peter Mathews, *The Code of Kings. The Language of Seven Sacred Maya Temples and Tombs*, Simon & Schuster, New York 1998.
Schmidt, Peter, De la Garza, Mercedes und Enrique Nalda (Hg.), *I Maya*, Bompiani, Mailand 1998.
Sharer, Robert J., *The Ancient Maya*, Stanford University Press, Stanford 1994.
Tedlock, Dennis (Hg.), *Popol Vuh*, 1996. Deutsche Ausgabe: Pohorilles, Noah Elieser, Kiehl, Gabriela und Jens Freyler (Hg.) *Popol Vuh: Die heilige Schrift der Maya*, Traveldiary.de, Hamburg 2004.
Thompson, J. Eric S., *The Rise and Fall of Maya Civilization*, University of Oklahoma Press, Norman 1954.
Uriarte, María Teresa (Hg.), *El juego de pelota en Mesoamérica. Raíces y supervivencia*, Siglo Veintiuno Editores, Mexiko 1992.
Wauchope, Robert (Hg. der Reihe), *Handbook of Middle American Indians*, 15 Bände, University of Texas Press, Austin 1965-1975.
Weaver, Muriel Porter, *The Aztecs, Maya and their Predecessors. Archaeology of Mesoamerica*, Academic Press, New York 1993.

REGISTER

B = Bildunterschrift
Fett = Verweis auf ein Hauptkapitel

O

P

Q

R

S

T

U

V

W

X

Y

Bildnachweis

Archivio White Star: S. 14, 16 oben, 16 unten, 99 unten links, 102–103.
Antonio Attini/Archivio White Star: S. 7, 8, 10 oben, 10 unten, 12 unten, 13 oben, 13 unten, 18, 20 oben, 22 links, 23 links, 28–29, 32 oben, 32–33, 33 unten links, 33 unten rechts, 34 oben, 34 unten, 34–35, 35 oben, 35 Mitte, 35 unten, 36 oben, 36 Mitte, 36 unten, 36–37, 37 oben, 37 unten links, 37 unten rechts, 39 oben rechts, 40, 41 links, 41 rechts, 42 oben, 42 unten, 42–43, 43 links, 43 oben rechts, 43 unten rechts, 44, 46, 49 oben links, 49 unten links, 49 oben rechts, 49 unten rechts, 50, 51 oben links, 51 Mitte, 52 oben, 52–53, 53 oben links, 53 unten, 54 oben, 54–55, 54 unten, 55 links, 55 rechts, 56–57, 58 unten links, 58 unten rechts, 58–59, 58 oben links, 59 oben rechts, 60 oben links, 60 unten links, 60 rechts, 60–61, 61 unten rechts, 68–69, 69 oben, 69 unten, 70 oben, 70 unten, 70–71, 71 unten, 72 oben rechts, 73 oben, 73 unten, 76–77, 78 oben, 78 unten, 78–79, 79 oben, 79 unten links, 80 unten, 80–81, 81 unten links, 84 oben, 84–85, 85 unten links, 85 oben rechts, 85 unten rechts, 92 oben, 92 unten links, 92 unten Mitte, 92 unten rechts, 92–93, 93 oben rechts, 94, 94–95, 104 oben, 105, 112 links, 112 rechts, 112–113, 113 unten, 155 unten links, 180, 181 links, 181 rechts, 183 unten.
Massimo Borchi/Archivio White Star: S. 2–3, 79 unten rechts, 80 oben, 81 unten rechts, 85 oben links, 90, 91, 96 unten, 96–97, 97 oben links, 97 unten links, 97 oben rechts, 97 rechts Mitte, 97 unten rechts, 98, 98–99, 99 rechts, 100 links, 100 oben rechts, 100 unten rechts, 100–101, 101 oben, 101 unten, 102, 103, 104 unten, 107 oben, 107 unten links, 107 unten rechts, 108 unten links, 108–109, 109 oben links, 109 oben rechts, 109 unten rechts, 110 unten, 110–111, 114–115, 116 links, 116–117, 117 unten links, 117 unten Mitte, 117 unten rechts, 118, 118–119, 119 oben, 119 unten, 120 unten, 120–121, 121 oben links, 121 unten links, 121 oben rechts, 121 unten rechts, 122 links, 122 oben rechts, 122–123, 123 oben links, 123 unten links, 123 oben rechts, 123 unten rechts, 124, 125, 126 oben links, 126 unten links, 126 rechts, 126–127, 127 oben, 127 unten, 128 oben, 128–129, 129 unten links, 129 unten rechts, 130 unten links, 130 unten rechts, 130–131, 131 oben, 131 unten, 132, 133 oben links, 133 unten links, 133 oben rechts, 133 unten rechts, 136–137, 138–139, 144 oben, 144 unten, 144–145, 145 oben links, 145 oben rechts, 146 unten links, 146 unten rechts, 146–147, 147 oben, 147 unten, 148, 148–149, 149 oben links, 149 unten links, 149 oben rechts, 149 unten rechts, 152 oben, 152 unten, 152–153, 154 oben, 154–155, 155 oben links, 155 rechts, 156 oben, 156 Mitte, 156 unten, 156–157, 157 oben links, 157 oben rechts, 157 unten, 158 oben, 158 unten, 158–159, 159 oben, 159 unten, 160 unten, 160–161, 161 oben, 161 unten, 162 links, 162 oben rechts, 162 unten rechts, 162–163, 163 oben links, 163 oben rechts, 164 oben, 164 unten, 164–165, 165 oben, 165 unten, 166 unten links, 166 unten rechts, 166–167, 167 links, 167 oben rechts, 167 rechts Mitte, 167 unten rechts, 168 unten links, 168 oben rechts, 168–169, 169 unten links, 169 unten rechts, 170, 170–171, 171 unten links, 171 unten rechts, 172 oben, 172 unten, 172–173, 173 oben links, 173 unten links, 173 oben rechts, 173 unten rechts, 174 oben links, 174 oben rechts, 174 Mitte, 174 unten, 175, 176 oben, 176 oben Mitte, 176 unten Mitte, 176 unten, 176–177, 177 unten, 178 oben, 178 unten, 178–179, 179 oben links, 179 oben rechts, 179 Mitte, 179 unten links, 179 unten rechts, 182 oben, 182 unten, 182–183, 183 oben, 183 Mitte, 184 oben, 184 unten, 184–185, 185 oben links, 185 oben rechts, 185 unten rechts, 192.
Alberti/Index Firenze: S. 140 oben.
The Bridgeman Art Library: S. 17, 19 oben, 26.
Giovanni Dagli Orti: S. 1, 6, 9, 11, 12–13, 14–15, 19 unten, 20–21, 21 rechts, 22 rechts, 26–27, 27 unten, 48, 53 rechts, 68 unten, 72 unten rechts, 75, 76 links, 99 oben links, 115, 128 unten.
Oscar Alvarez De Fiz: S. 150 oben, 150 unten, 150–151, 151 oben, 151 unten.
R. Doniz: S. 38 unten, 39 links, 86 oben links, 86 unten links, 86 rechts, 87, 88, 89 links, 89 oben rechts, 89 unten rechts.
E.T. Archive: S. 23 rechts.
Robert Frerck/Franca Speranza: S. 140 unten.
Franck Lechenet/Hemispheres: S. 106–107.
Bruno Morandi/Franca Speranza: S. 142–143.
Tony Morrison/South American Pictures: S. 82 oben, 82 unten, 83 oben, 134–135.
Marco Pacheco: S. 38–39.
Iain Pearson/South American Pictures: S. 143 oben.
Scala Group: S. 24–25 unten, 30–31, 45, 76 rechts.
Henri Stierlin: S. 39 unten rechts, 51 unten, 51 oben rechts, 62 unten, 62–63, 63 oben, 63 unten, 64, 64–65, 65 unten, 66 oben links, 66 unten links, 66 Mitte, 66 rechts, 67 oben links, 67 oben rechts, 67 unten, 82–83, 83 unten, 134 rechts, 134 links, 135 oben, 135 unten, 140–141, 141, 142 oben, 142 unten, 143 unten.
Werner Forman Archive/Index: S. 15 unten, 24–25 oben, 72 links.

Die Karten und Zeichnungen in diesem Buch wurden für Veröffentlichungen von Edizioni White Star produziert. Sie wurden von Fabio Bourbon, Monica Falcone, Elena Tagliabò und Roberta Vigone angefertigt.